그리스도인의 정체성을 말하다

알렉스 켄드릭 · 스티븐 켄드릭 지음 | 김진선 옮김

하나님 안에서 진정한 정체성을 발견하고
그 정채성대로 살아가기

토기장이

Defined
by Stephen & Alex Kendrick

Copyright ⓒ 2019 by Kendrick Brothers, LLC
All rights reserved.
Published by B&H Publishing Group

Korean translation copyright ⓒ 2023 by Togijangi Publishing House
2F, 71-1, Donggyo-ro, Mapogu, Seoul 04018, Korea

This Korean edition is published by the permission of B&H Publishing Group(Nashville, Tennessee USA) through the arrangement of Riggins International Rights Service.

본 저작물의 한국어판 저작권은 Riggins International Rights Service를 통해 B&H Publishing Group과 독점계약한 '도서출판 토기장이'가 소유합니다. 저작권법에 의하여 한국 내에서 보호를 받는 저작물이므로 무단 복제를 금합니다.

특별한 표기가 없는 모든 성경 구절은 개역개정성경을 인용한 것입니다.

그리스도인의 정체성을 말하다

알렉스 켄드릭 · 스티븐 켄드릭 지음 | 김진선 옮김

토기장이

"나는 누구인가?" 가장 근원적인 질문에 대해 많은 사람들은 답하지 못하며 인생을 살아가고 있다. 「그리스도인의 정체성을 말하다」는 가장 근원적인 질문인 인간의 정체성에 대해 흔들리지 않는 뿌리를 제공해 준다. 칼빈은 "하나님을 아는 지식과 인간을 아는 지식은 연결되어 있다"고 말했다. 결국 인간이 자신이 누구인지를 알려면 하나님을 알아야 한다. 그리고 하나님의 관점을 통해서만 비로소 내가 누구인지를 알수 있게 된다. 저자는 단순히 성경적 정체성을 제시하는 것으로 끝나지 않는다. 무너진 세상 속에서 어떻게 거룩한 정체성을 소유할 수 있는지 알려 주고, 하나님의 관점으로 자신을 바라볼 수 있도록 돕는다. 에베소서를 정체성의 관점으로 바라본 것도 신선하다. 1-3장은 복음에 대해 다룬다. 그 복음은 4-6장의 실천으로 이어진다. 많은 사람들이 무엇을 어떻게 해야 하는가에 관심이 있지만 사실 그 뿌리는 내가 누구인지에 달려있다. "나는 누구인가?" 인류가 대답하지 못했던 역사적 질문 앞에 "나는 그리스도인입니다"라는 가장 쉬운 답으로 가장 깊이 있는 통찰을 제시해 준다. 인생을 걸면서 풀어야 하는 이토록 어려운 문제가, 하나님의 관점으로 보면 가장 쉽게 풀린다. 나는 그리스도인입니다. 그 안에 모든 삶의 해답이 담겨있다. 얼마나 쉬운 답인가! 언제나 진리는 단순하고, 강력하다.

고상섭 그 사랑교회 담임목사, CTCKorea 이사

그리스도인은 '선택받은 존재'이며 또한 '선택하는 존재'이다. 곧 그리스도인은 창세 전 '하나님의 선택'을 '받아' 구원의 세계로 초청을 받은 존재이며, 또한 소금과 빛으로의 삶, 그리고 그리스도의 편지로서의 삶을 '선택하며' 살도록 부르심을 받은 존재이다. 이것이 성경이 말씀하시는 그리스도인의 정체성이다. 저자는 그리스도인이 기억해야 할 '두

개의 선택'을 성경 말씀과 목회 경험을 기반으로 하여 정갈한 필치로 풀어간다. 이 책은 거울을 보고도 자신의 얼굴을 잊어버리는 그리스도인, 곧 구원과 영생을 은혜로 제공받은 그리스도인임에도 여전히 불안과 절망으로 흔들리는 그리스도인들에게 '그리스도인이 누리는 특권과 책임'에 대해 설명함에 있어 놀랄 만한 통찰력을 보인다. 책 전반부는 아브라함과 모세의 삶을 고찰하는 방법을 통해 '정체감의 의미'와 '정체감의 위기'를 동시에 다룬다. 또한 책 후반부에서는 에베소서를 중심으로 '하나님께서 그리스도 안에서 약속하신 은혜의 지극히 풍성함'에 대해 다양한 시각으로 조명한다. 특히 그리스도인들을 그리스도에게서 떨어지도록 유혹하는 악한 권세에 저항하기 위해 필요한 '성령의 조력'을 심도 있게 다룬 부분은 책을 덮은 후에도 오랜 감동으로 남는다. 지금보다 더 깊게 하나님을 알고, 지금보다 더 높게 하나님을 소망하고, 지금보다 더 뜨겁게 하나님을 사랑하는 길을 찾는 그리스도인들에게 저자의 글은 충분한 해법을 들려줄 것이다.

김겸섭 한마음교회 담임목사, 「천사는 오후 3시에 커피를 마신다」 저자

저자는 입양에 관한 개인의 경험을 통해 영적 정체성의 소중함을 이야기한다. 그렇다. 신앙생활에 활력이 없었거나, 사탄의 주된 타깃이 되었던 이유도, 자녀 됨의 권세를 누리는 특권이나 압도적인 영적 승리의 비결도, 결국에는 영적 정체성에 대한 깨달음에 달려 있다. 영적으로 성숙한 사람들은 믿음의 중심과 방향을 잘 잡는 사람들이다. 중심이 불안하다면 올바른 방향을 찾아갈 수 없고, 방향이 비뚤어졌다면 그 중심을 잡는 것은 별 의미가 없기 때문이다. 영적 정체성을 제대로 깨닫는 것은, 믿음의 중심과 방향을 가장 올바르게 만들어 주고, 탁월한 복음의 능력을 힘입어 살게 한다. 코로나 펜데믹을 통해 한국교회는 큰 타

격을 입었다. 보이는 외상뿐 아니라 비춰지는 이미지도 매우 심각하다. 그러나 여전히 소망은 있다. 교회의 부흥과 믿음의 회복을 꿈꾸는 모든 목회자와 성도들에게, 여기에 바로 답이 있다고 큰소리로 말하고 싶다. 이렇게 좋은 책을 만든 저자와 출판사에게 특별한 감사의 마음을 전하며 강력한 일독을 권한다.

안광복 청주상당교회 담임목사

저자들이 이 책을 쓴 이유는 독자들이 자신이 '누구'인지를 알도록 돕기 위해서라고 말한다. 피상적인 수준이 아니라 심도 있게 자신의 '신분'을 알도록 돕기 위해서 말이다. "당신은 누구인가?"
자신이 딸을 입양한 후 그녀의 삶이 완전히 달라진 것들을 설명하며 '하나님의 자녀'라는 놀라운 신분과 우리가 누릴 유업에 대해 에베소서를 기반으로 풀어간다. 그리스도 안에서 갖게 되는 영적인 정체성은 우리의 삶을 급진적으로, 송두리째 바꿀 수 있기 때문이다. 이 책은 "당신은 이 신분의 변화를 삶에서 구체적으로 누리고 있는가?"를 질문하며 동시에 우리가 그 신분에 걸맞게 살아가는 법을 가르쳐 준다. 하나님은 우리를 자신의 자녀로 입양하신 분이기에 그분의 친권을 끊임없이 행사하기를 원하신다. 그래서 우리를 축복하시고 사랑받는 아들과 딸로서 승리하며 사는 법을 가르쳐 주신다.
그리스도인으로 살면서도 자신의 영적 정체성을 제대로 인식하지 못하는 독자들이 혹시 있다면 그래서 자주 무너지고 우울하고 과거에 묶여 살고 있다면, 이 책은 그분들에게 소망이 될 것이다.

이찬수 분당우리교회 담임목사

사랑하는 부모님, 래리와 론윈 켄드릭 두 분에게 이 책을 드립니다.

아버지, 당신은 무대에서나 관중석에서나 어둔 그늘에서나 항상 저의 영웅이셨습니다. 아버지의 영향과 유산이라는 샘은 아버지 당신께서 아시는 것보다 제 삶의 훨씬 깊숙한 부분까지 흐르는 것 같습니다. 사랑으로 진리를 말씀해 주시고 하늘에 계신 아버지의 마음에 이르도록 이끌어 주셔서 감사합니다. 진심을 다해 저를 지지하고 조언해 주시고 기도해 주심으로 주의 복을 받게 해주셔서 감사합니다. 그분이 하늘에서 큰 상으로 갚아 주시리라 생각합니다.

어머니, 우리에게 이렇게 훌륭한 어머니를 주신 하나님께 감사를 드립니다. 수십 년에 걸친 어머니의 사랑과 희생적 섬김, 따스한 환대, 쉬지 않는 기도로 우리 자녀들뿐 아니라 수많은 사람들이 축복을 누렸습니다. 당신은 영원 속에 헤아리기 어려울 정도로 많은 보화를 쌓아오셨습니다.

어머니 당신과 아버지께서 저희에게 미치신 영향 덕분에 그리스도 안에서의 정체성이 어릴 때부터 우리 안에 확고하게 자리 잡았던 것 같아 감사합니다.

두 분을 정말로 사랑합니다.

스테판과 알렉스

차례

추천의 글
서문

1장 정체성의 중요성 • 23
2장 정체싱의 혼란 • 39
3장 정체성의 근원 • 53

1부
우리에 대한 하나님의 의도: 우리 이야기의 시작

4장 우리는 목적이 있어서 창조되었다 • 69
5장 하나님의 형상으로 만들어졌기에 더없이 귀중한 존재다 • 82
6장 원래 매뉴얼대로: 프레드의 비유 • 95
7장 우리는 망가지고 불완전한 존재다 • 99
8장 우리를 포기하지 않으시는 하나님: 잃었다 찾았노라 • 116
9장 믿음을 시험해 보라 • 132
10장 우리는 하나님의 놀라운 계획의 일부 • 148
11장 같은 출생, 다른 인생: 쌍둥이의 비유 • 164

2부
그리스도 안에 있는 우리의 정체성

12장 가장 깊은 내면에서 결정되는 정체성 • 177
13장 하나님의 입양된 자녀로서 우리가 받는 사랑 • 190
14장 하나님의 영적 아들로 누리는 축복 • 201
15장 하나님의 새로운 피조물로 구원을 받았다 • 208
16장 하나님의 구속함을 받은 성도로서 죄 용서를 받았다 • 217
17장 하나님의 거처로서 소중한 우리 • 228
18장 하나님의 특별한 일꾼으로서 은사를 받았다 • 236

3부
그리스도 안에 있는 우리의 유업

19장 하나님 아버지가 주신 풍성한 유업과 자원 • 249
20장 아들로 인해 하나님께 나아갈 권세를 가지다 • 259
21장 성령의 인치심과 강건케 하심 • 267
22장 우리에게는 하늘의 소망이 있고 천상의 집이 준비되어 있다 • 276

4부
정체성에 상응하는 삶의 의무

23장 생각이 새로워져야 한다 • 289
24장 말로 덕을 세워야 한다 • 297
25장 마음이 정결해야 한다 • 308
26장 성령으로 행해야 한다 • 316
27장 항상 사랑으로 행해야 한다 • 328

5부
요동치 않고 굳건히 서서 영적 전투에서 승리하라

28장 영적 공격을 당할 때 담대히 맞설 수 있다 • 343
29장 유혹을 받을 때 승리할 수 있다 • 355
30장 비난을 받을 때 묵묵히 자리를 지킬 수 있다 • 362
31장 넘어지더라도 일어날 수 있다 • 373
32장 상실의 고통을 겪더라도 믿음을 지킬 수 있다 • 380
33장 항상 하나님께 영광을 돌릴 수 있다 • 387
34장 끝까지 진실하라 • 400

서론

　현존하는 책 중에서 삶을 바꿀 가장 강력한 책을 하나 꼽는다면 나는 단연코 신약의 에베소서라고 생각한다. 소망을 주는 내용으로 가득한 이 책을 읽다 보면 그 깊이의 심오함과 신학적 풍성함에 놀라지 않을 수 없다. 짧은 여섯 개의 장으로 구성된 이 책은 하나님의 놀라운 자비의 마음과 하나님이 현재의 우리 모습 그대로 만나 주실 수 있는 이유를 생생하게 표현하고 있다. 또한 우리를 내면에서부터 변화시킬 뿐 아니라 우리 인생을 영원히 아름답게 회복시킴으로 하나님께 영광을 돌릴 수 있도록 도와준다.
　여러 해 동안 나는 겉핥기 식으로 에베소서를 읽었던 것 같다. 흥미를 느끼고 빠져들었던 개념들도 일부 있었지만 이해가 가지 않는 단락들은 전체 내용을 이해하고 삶으로 통합하는 법을 알지 못해서 대충 건너뛰기도 했다. 그러다가 몇 년 전 가족에게 뜻밖의 일이 생긴 후 에베소서를 대하는 내 생각이 완전히 달라지게 되었고 그때부터 에베소서의 생생한 색채와 그대로 대면할 수 있었다.
　우리는 어린 소녀를 입양했다.
　입양 과정을 마치고 우리 품에 안기기까지 딸의 여정은 에베소서의 여러 개념들과 놀라울 정도로 유사했다. 에베소서 전체가 처음으로 실제로 이해되기 시작했다. 이 과정에서 모든 진리가 더욱 선명하고 확실하게 이해가 되었고 이제 에베소서는 시간이 날 때마다 즐겨 읽는 성경 중 하나가 되었다.

이 경험이 너무나 강력해서 그 이후로 나는 사람들과 함께 에베소서를 배우며 하나님이 삶 속에서 그 말씀을 어떻게 사용하실 수 있는지 보여 주는 일에 큰 즐거움을 느끼고 있다. 이제 그 소녀를 입양한 이야기를 함께 나누며 성경의 너무나 많은 놀라운 진리 속으로 뛰어들 시간을 가지게 되어 감사하다. 먼저 입양을 하게 된 그날의 이야기로 시작하고자 한다.

어느 날 이른 아침, 아내 질과 나는 우리 형제가 공동 제작한 영화 〈담대하라Courageous〉를 극장에 개봉하기 전에 최종본을 승인할 목적으로 뉴욕으로 날아가고 있었다. 비행기에서 나는 기도하며 요한복음을 읽었다. 목숨을 버릴 정도로 자기 양을 사랑하며 보호하는 목자에 관한 예수님의 말씀 부분이었다. 나는 그날 아침 아버지로서 나의 역할을 생각하고 있었고 어린 네 자녀를 어떻게 하면 더 잘 돌볼 수 있을지 생각했다. 이렇게 말씀을 읽던 중에 하나님은 갑자기 전혀 예상치 못한 상태에서 내 마음에 선명하게 무엇인가를 말씀하셨다. 놀란 마음으로 나는 질에게 "하나님이 입양을 생각해 보라고 하시는 것 같아"라고 말했다.

아내는 빙그레 웃었다. 마치 이미 알고 있었다는 표정이었다. 아내는 하나님이 입양에 관해 내 마음을 돌려주시도록 혼자서 수년 동안 기도해오고 있었다. 하지만 자신이 나서지 않고 하나님이 주도해 주시기를 원했기 때문에 내게 그 사실을 알리지 않고 있었다는 것을 당시에는 모르고 있었다. 나는 펜을 들어 그날 하나님이 눈여겨보게 하신 핵심 구절 옆에 '입양'이라는 단어를 적고 옆에 날짜를 표시해 두었다.

그 뒤로 2년이 훌쩍 흘렀다. 산더미처럼 많은 입양 서류 작업을 마쳤을 때 1차 추천서를 담은 이메일 한 통이 핸드폰으로 전송되었다. 나는 기대감으로 마음이 흥분되었다. 핸드폰 화면에는 8개월 된 사랑스러운 여아의 사진이 나를 빤히 보고 있었고 사진에는 "이 아이를 입양하시고 싶나요?"라는 글귀가 쓰여 있었다.

아이는 우리가 원하는 모든 요건에 부합하였다. 하지만 한 가지 문제가 있었다. 지금에서야 털어놓지만 아무런 이유도 없이 매우 불안하면서도 무거운 마음이 나를 묵직하게 짓눌렀던 것이다. 당시 심리 상태를 이보다 더 적절하게 표현할 수 없을 것이다. 이상하게 마음이 전혀 편하지 않았고 나는 내게 무슨 문제가 있는지 혼란스러움을 느끼면서 몇 시간 동안 그 감정과 씨름했다. 모르는 아이를 입양하는 게 두려운가? 거절 의사를 밝히면 이 아이는 어떻게 되는가?

나는 입양 전문 상담사로 있는 친구에게 전화를 걸어 도움을 구했다. "스테판, 이런 문제는 정말 신중하게 결정해야 하네. 마음이 선뜻 내키지 않는다면 받아들여서는 안 된다는 말이야." 결국 나는 죄책감을 느끼며 입양 기관에 미안하다고 이메일을 보내고 그 건을 마무리했다. 질은 소리 내어 울었다.

다음 몇 주 동안 두 번 더 제안을 받았다. 두 아이 다 더없이 예쁘고 사랑스러운 아이였다. 제안을 받고 나면 여지없이 치열한 마음의 갈등, 기도, 아무 결정을 내리지 못하는 어정쩡한 감정 상태를 경험했다. 입양을 수락하고 싶은 마음은 굴뚝같았지만 마음에 확신이 서지 않았고 끝내 수락에 이르지 못했다.

더 난처한 마음으로 다시 거절 의사를 밝힌 이메일을 보낼 수밖에 없었다. 입양 담당자는 부모가 제안을 거절하는 경우는 흔치 않으며 심지어 두 번이나 거절한 경우는 찾아볼 수 없다고 말했다. 나는 이제 세 번이나 제안을 거절한 셈이 되었다. 슬슬 사람들의 시선이 걱정되기 시작했다. 우리 집 문을 두드리는 이런 소중한 아이들을 내가 계속 거부한다면 사람들이 어떻게 생각할까? 입양이 하나님의 뜻이라고 우리 입으로 말하지 않았던가?

네 번째 제안이 들어왔다. 그러나 이번에도 역시 마음에 아무 평안을 느낄 수 없었다.

나는 그 제안을 거절했다. 질은 이번에도 고통스럽게 울었다.

나는 마음이 찢어질 듯이 아팠다. 기쁘고 보람 있는 과정이라고 생각했던 경험이 롤러코스터를 타듯이 극과 극을 오가는 고통스러운 경험이 되었고 나는 진심으로 모두 포기하고 싶었다. 그 다음 달 입양 기관에서는 한 번도 제안을 하지 않았고 솔직히 말해 나는 적잖이 안도가 되었다.

그러다가 2013년 3월이 되었다. 내 메일함에 다섯 번째 추천서가 도착하였다.

그 메일을 본 순간 나는 도무지 열어 볼 엄두가 나지 않았다.

아이는 두 살 된 여아로 중국 대도시에서 버려졌고 중증 심장

병 진단을 받았다. 그동안 제안받았던 다른 아이들보다 건강 상태가 훨씬 심각했다. 그러나 아이의 사진을 보는 순간 우리 부부는 골로새서 3장 15절의 말씀처럼 마음의 평안을 느꼈다. 마치 하나님이 "너희가 그렇게 기다려오던 아이다"라고 말씀하시는 것 같았다.

입양 기관에 아이에 대해 문의한 후 아이의 생모가 딸의 수술비를 감당할 여력이 되지 않아 스스로 아이를 키우다가 사망하게 할 것인가, 아니면 아이를 포기하는 대신 아이를 살릴 것인가 사이에서 잔인한 양자택일을 할 수밖에 없었다는 사실을 알게 되었다. 그녀는 아이를 빨간 담요(중국에서 붉은색은 '행운'과 '사랑한다'라는 의미를 갖는다)에 싸서 길모퉁이에 두었고 필요한 수술에 대해 적은 쪽지를 함께 넣어 놓았다.

이후로 온갖 복잡하고 까다로운 일을 감당해야 하겠지만 이 아이를 우리 가족의 일원으로 받아들이는 일은 당연하고 옳은 일로 보였다. 신상기록을 보니 아이의 생일이 2011년 2월 14일로 적혀 있었다. 질은 "고장 난 심장을 갖고 밸런타인데이에 태어났네요"라고 대답했다. 우리는 더없이 평온한 마음으로 기쁨의 눈물을 흘리며 환영한다는 메일을 보내고 그 아이를 정식 입양하기로 했다. 모든 것이 순조롭게 진행되었다.

몇 주 후에 질은 입양과 관련해 하나님의 말씀을 들었던 그 비행기 안의 경험에 대해 물었다. "그 말씀을 들었던 때가 무슨 날이었나요? 혹시 기억하고 있어요?" 그날이 무슨 날인지 생각해 본 적이 없었던 터라 아무 기억도 나지 않았다. 나는 성경책을 넘기며 요한복음 10장 16절을 찾았다. 그 페이지를 열자 그 절 옆에 '입양'이라고 쓴 단어가 보였고 그 옆에 날짜가 적혀 있었다.

2011년 2월 14일.

중국에서 이 가냘픈 아이가 태어난 날이 아이를 입양했으면 좋겠다고 하나님이 비행기에서 내게 선명하게 말씀하신 바로 그날이었다.

이 사실을 알게 되자 온몸에 전율이 흘렀고 하나님에 대한 경외감으로 떨리는 가슴이 쉽사리 진정이 되지 않았다. 나는 우리가 알고 있는 것보다 훨씬 더 거대한 무엇인가에 일부로 참여하고 있다는 형언할 수 없는 감동을 느꼈다. 확실히 그분이 이 모든 상황을 주도하고 계셨고 우리는 그분을 신뢰하며 앞으로 나아가야 했다.

이후로 일은 일사천리로 진행되었고 하나님은 우리가 하는 모든 일을 끊임없이 축복하고 인도해 주셨다. 우리는 아이의 이름을 '미아'로 지어야 한다는 강한 충동을 받았다. 헬라어로 '하나'라는 의미였다(엡 4:5). 중국을 방문한 뒤 우리는 생모 역시 중국어로 '하나'라는 의미의 이름을 아이에게 지어 주었음을 알게 되었다.

미아를 입양하는 절차를 마무리하고 모든 비용을 지불한 후 드디어 아이를 집으로 데려갈 차례가 되었다. 이제 또다시 흥미진진한 비행기 여행이 기다리고 있었다. 친구들은 아이를 비행기로 데려오는 일이 쉽지 않을 것이라고 이미 경고한 터였다. 뉴욕까지 장시간 비행기를 타고 오면서 갓 우리 품에 안긴 딸은 큰 소리로 울며 칭얼거렸고 열두 시간의 비행 동안 대부분 자지러지듯이 소리를 질러댔다. (그 장면을 찍은 비디오가 아직 있다.)

미아는 지금 무슨 일이 일어나고 있으며, 우리가 누구인지 매우 혼란스러워했다. 아이는 이런 불안한 경험이 거대하고 놀라운 계획에 꼭 필요한 중요한 과정이라는 사실을 전혀 이해하지 못했다. 실제로는 우리가 자신을 절망적인 상황에서 구해내고 있다는 사실을 아이는 알 리가 없었다.

아이는 우리가 입양하지 않았더라면 암울한 미래가 기다리고 있었을 것임을 알지 못했다. 그곳의 고아들은 최소한의 돌봄을 받고 있었고 성장 과정에서 자신의 정체성과 가치관, 삶의 의미에 대해 혼란을 겪는 경우가 태반이었다. 가족의 사랑을 받지 못하고 미래에 대한 희망을 포기한 채 별다른 도움을 받지 못하며 결국 인신매매의 위험이 도사리는 거리로 나가 떠돌이 생활을 하는 경우도 적지 않았다.

그러나 이제 미아는 안전하고 행복한 가정을 갖게 될 것이고 건강한 가족과 함께 살게 될 것이다. 애정을 쏟아 줄 부모와 네 명의 언니들이 생길 것이고 양가의 할머니 할아버지, 열두 명이 넘는 사촌들이 생길 것이다. 모두 두 팔을 활짝 벌리고 미아를 환영할 준비가 되어 있었다. 이제 따뜻한 침대와 깨끗하게 세탁한 옷들이 기다리고 있었고 가지고 놀 새로운 장난감도 생길 것이다. 또 필요한 교육과 의료적 조치를 받을 수 있을 것이다. 켄드릭가의 언니들과 동등한 특권을 아낌없이 누릴 것이고 유산도 동등하게 받을 것이다. 이제 미아는 희망이 생겼다. 단순한 희망 사항이 아니라 미래로 가는 밝은 길이 열리게 되었다.

그러나 이런 놀라운 변화들 중 아이가 스스로 노력하거나 쟁

취해서, 혹은 우리에게 무엇인가를 줄 수 있어서 얻은 것은 아무 것도 없었다. 모두 현재의 상황으로 생긴 '정체성의 변화'라는 한 가지 핵심 사실 때문에 주어진 것이었다. 그녀는 더 이상 의지할 곳 없는 고아가 아니었다. 미아 켄드릭이 되었다. 우리가 선택하고 원하며 사랑하는 딸이 되었다. 그리고 이 일로 그 영향이 파문처럼 번져서 그녀 인생의 모든 것이 긍정적인 방향으로 완전히 바뀔 것이다.

미아가 비행기에서 이 사실을 이해했더라면, 자신이 누구인지, 새로운 가족들이 그녀를 얼마나 사랑하는지, 자신의 인생이 얼마나 좋아질지 이해했더라면 공포감으로 울어대지 않고 웃으며 즐거워할 수 있었을 것이다. 그 여행을 즐길 수 있었을 것이고 길고 지루한 비행을 더 편안하게 견딜 수 있었을 것이다. 더 큰 그림을 볼 수 있었더라면 집으로 가는 전 과정을 누릴 수 있었을 것이다.

우리도 마찬가지다. 미아에게 일어난 신분의 변화가 아름답고 근사하게 보이는 것 못지않게 이 이야기는 우리 각자에게 그대로 적용되기 때문이다.

중국에서 미아가 그랬던 것처럼 우리 중에 자신이 누구인지 혹은 왜 여기에 살고 있는지 알면서 태어난 사람은 아무도 없다. 우리는 모두 각자의 문제와 고유한 필요를 가진 채 태어난다. 저마다 단순히 물리적인 필요뿐 아니라 정서적이고 영적인 욕구를 가지고 있다.

우리는 또한 마음에 문제들이 있다. 이기심, 오만함, 욕심, 탐욕, 불안, 분노 그 외 수많은 문제들과 싸운다. 시간이 흐르면서 우리 자신의 인생과 저마다의 가정에서 고통과 역기능의 문제로 씨름할 뿐 아니라 미래에 대한 두려움과도 싸운다. 누군가에게 상처를 주고 또 받을 것이다. 혼란스러움과 싸울 것이고 이 세상에서 우리의 존재 가치를 의심하게 될 것이다.

그러나 성경은 세상에서 가장 사랑이 많은 아버지이신 하나님이 자기 아들에게 구원의 임무를 맡기고 세상에 보내심으로 우리 각 사람에 대한 사랑과 연민을 공개적으로 표현하셨다고 말한다. 예수님은 우리를 절망적인 미래에서 구원하시고자 자기 목숨을 버림으로 받을 자격이 없는 사랑을 증명하셨다. 그분은 우리를 구속하는 데 필요한 영적 비용을 지불하셨고 믿음으로 그분을 믿는 모든 자에게 새 생명을 베풀어 주셨다.

한번 생각해 보자. 우리가 우리 인생을 그분의 손에 맡길 때 성부 하나님은 우리를 입양하셔서 그분의 가족으로 받아들이시고 우리 신분을 완전히 바꾸어 주신다. 우리의 미래는 물론이고 우리의 영적 조건, 삶의 가치와 목적 역시 달라진다. 하나님은 부모로서 우리에 대한 친권을 행사하신다. 새로운 자원으로 우리를 축복하시고, 자신을 더욱 닮아가는 법을 배우도록 도와주시며, 사랑받는 아들과 딸로서 승리하며 사는 법을 말씀으로 우리에게 설명해 주신다.

그러나 사람들은 대체로 이것을 잘 이해하지 못한다. 개인적으로 그리스도를 따르는 사람들 역시 예외가 아니라고 생각한다. 사도 바울이 에베소서를 쓸 당시, 그의 편지를 받는 수신인은 하나님을 알면서도 자신들의 영적 정체성을 제대로 자각하지 못한 그리스도인들이었다. 바울은 하나님께서 그들이 누구인지, 그리스도 안에서 무엇을 누리고 있는지에 대해 깊이 깨달을 수 있도록 그들의 눈을 열어 달라고 기도했다. 영적 정체성은 급진적으로 그들의 모든 삶을 변화시킬 수 있기 때문이다.

이것이 이 책의 목적이다.

「그리스도인의 정체성을 말하다」라는 책을 쓴 이유는 독자들이 자신이 누구인지 알도록 돕기 위해서다. 피상적인 수준이 아니라 훨씬 더 심도 있게 자신의 신분을 알도록 돕기 위해서다. 하나님이 우리 인생에서 이미 행하고 계신 일에 대해 하나님의 말씀이 어떻게 말하는지 에베소서의 놀라운 진리들을 더 깊이 이해하기를 원한다. 우리는 하나님이 자기 자녀들에게 부여하신 정체성과 유업에 대해 성경의 가장 중요한 구절들을 살펴보고 확인하는 여정에 함께 참여하도록 독자 여러분을 초청한다. 수많은 형제자매들과 더불어 이 발견의 여정에 함께할 것을 심지어 강력히 촉구한다.

먼저 하나님이 우리를 어떻게 디자인하셨는지, 우리의 망가지고 상한 상태를 어떻게 다루시고 어떻게 기꺼이 우리를 용서하시는지 알아볼 것이다. 과거에서 벗어나서 하나님 안에서 우리 신분에 맞게 살아가는 것이 어떤 의미인지 배울 것이다. 그래서 우리의 생각과 말과 주변 사람들과 사랑으로 관계를 영위하는 법에 긍정적인 영향을 미치도록 할 것이다. 그런 다음 하나님의 성령께서 어떻게 유혹과 비난과 인생의 가혹한 싸움들을 더 성공적으로 다루도록 힘을 주시는지 마지막으로 배울 것이다. 그래서 승리의 인생을 살아가며 어떤 환경에서도 하나님을 공경할 수 있도록 도울 것이다.

이러한 목적을 염두에 두고 지금 이 책을 시작하는 이 시점에 다음의 세 가지를 결단하도록 도전하고자 한다.

첫째, 이 책을 하루에 한 장씩 읽는다.
앞으로 7주에 걸쳐 최소한 일주일에 5일간 이 책을 읽을 것을 제안한다. 하지만 각자의 일정에 따라 조정할 수 있다.

둘째, 매일 성경을 읽는다.
하나님의 말씀으로 하나님이 누구시며 우리는 누구인지 배우라. 마태복음이나 에베소서로 시작하기를 권하지만 각 장 말미에 참고하고 연구할 수 있도록 특정 성경 구절을 소개할 것이다. 우리의 신분에 관한 하나님의 말씀을 더 깊이 이해하게 해줄 것이고 이 여정으로 최대한 혜택을 얻도록 도와줄 것이다.

셋째, 매일 기도한다.
성경은 기도가 진리를 이해하고 믿는 데 도움이 되는 핵심적 요소라고 알려 준다. 매일 혼자 기도할 수 있는 장소와 시간을 정하라. 되도록 아침 시간이 좋다(시 5:3). 각 장이 끝날 때마다 하나님이 가르쳐 주신 것을 믿고 적용하도록 도와달라고 구하라. 그런 다음 자신의 삶에서 생기는 필요나 어려움을 구체적으로 기도하는 시간을 가지라.

각 장은 기도로 마무리할 것이다. 이 서론 단락 역시 기도로 마무리하고 구체적인 요청을 가지고 하나님께 나아가도록 초청할 것이다.

* * *

하나님 아버지, 제 마음의 눈을 열어서 당신을 알고, 당신이 저를 어떤 존재로 창조하셨는지 알아가도록 도와주소서. 매일 저를 향한 당신의 사랑을 받아들이고 당신을 향한 신실한 사랑으로 살아가도록 이끄소서. 주님 안에서 제 신분에 걸맞게 살도록 도와주소서. 당신의 뜻대로 행하도록 저를 축복해 주시고 힘을 주소서. 성령으로 충만하게 하시고 인도해 주시며 제 인생이 이 세상의 빛으로 사용되어 주님께 영광을 돌리게 하소서. 예수님의 이름으로 기도합니다. 아멘.

하나님의 사랑의 깊이와 자비를 각자 체험하고 우리 인생이 그분의 은혜를 드러내는 생생한 견본이 되어 미래 세대에 빛과 희망을 선사하는 통로로 사용되기를!

그룹 토의 질문
- 자신의 정체성을 어떻게 규정하는가?
- 미아의 입양 이야기에서 특히 눈길이 가는 부분은 무엇인가? 아이의 입양과 그리스도 안에서 우리의 영적 입양은 어떤 면에서 유사한가?
- 에베소서가 정체성에 관한 내용임을 알고 있었는가?

1장
정체성의 중요성

내가 지존하신 하나님께 부르짖음이여
곧 나를 위하여 모든 것을 이루시는 하나님께로다
시 57:2

예수 그리스도는 1세기라는 특정 시공간 속에 육신으로 오셨고, 지상을 거닐었던 인간 중에 가장 강력하고 영향력 있고 누구보다 큰 사랑을 베푼 분으로 공공연히 인정을 받고 있다. 그러나 그분의 전 생애는 정체성의 문제가 가장 중요함을 보여 주는 생생한 사례이기도 하다.

예수님은 서른 살에 유다로 오셔서 선지자 요한에게 세례를 받으셨다. 요한은 오실 메시아의 길을 예비하도록 사명을 받은 사람이었다. 마태복음, 마가복음, 누가복음은 모두 예수께서 세례를 받으시고 요단강에서 올라오시자 주변에 있던 사람들이 하늘에서 나는 천둥 같은 음성을 들었다고 한결같이 기록하고 있다. 그 음성은 이러했다.

"이는 내 사랑하는 아들이요 내 기뻐하는 자라"(마 3:17).

그리스도께서 공생애에 입문하시기 전에 이렇게 공식 인정을 받으신 의미를 생각해 보자. 하나님은 "가서 세상에 복음을 전하라"거나 "옳은 일을 하라" 혹은 "내 법을 지키라" 혹은 "죽음과 마주할 때 두려워하지 말라. 내가 다시 살릴 것이다"라고 말씀하실 수도 있었다. 그러나 하나님은 곧장 본론으로 들어가서 그분의 아들의 신분에 대해 구체적으로 말씀하셨다. 천국의 중요한 우선순위가 바로 이 정체성이었다는 말이다.

정체성이 가르침보다 우선했다.

흥미롭게도 하나님이 사랑과 인정의 이 청각적 축복을 선언하신 때는 예수께서 단 한 편의 설교도 하시지 않고 단 한 명의 제자도 부르시기 전이었다. 또한 최초의 기적을 행하시기 전이었고 아버지의 뜻을 완수하기 전이었다. 하나님은 자기 아들을 비롯해 그 자리에 있는 모든 사람이 예수님의 정체와 그분이 하늘 아버지에게 이미 깊은 사랑을 받고 있다는 사실을 음성으로 듣기를 원하셨다.

그리고 바로 이어 성령은 예수님을 광야로 이끌고 가서서 40일 동안 시험을 받도록 하셨다. 마태복음 4장과 누가복음 2장은 그리스도께서 받으신 세 가지 시험 중 두 가지가 구체적으로 그분의 정체성을 겨냥한 공격이었다고 기록한다. 예수님을 유혹한 사탄은 반복해서 "네가 하나님의 아들이어든"(마 4:3, 6)이라는 표현을 사용한다. 이렇게 그는 예수님을 유혹하고 예수님이 자신의 신분을 증명하고자 타협하도록 자극했다.

사탄은 예수님의 고결함과 자신의 신분에 어긋나지 않게 살고자 하는 간절한 마음이 그분의 결정에 강하게 영향을 미칠 것임을 알았다. 그러나 예수님은 자신의 감정보다는 성경의 진리로 사탄의 공격에 일관되게 대응하셨다. 압박이 심했음에도 그분은 천부께서 이미 사랑으로 확증해 주신 사실을 믿었다.

예수님은 이 경험을 하신 후 나사렛 고향으로 돌아가 회당으로 들어가셔서 메시아의 사명에 대해 이사야서가 말한 예언을 사람들에게 낭독하셨다. 그것은 예수님이 자신이 누구인지 공개적으로 선언하시고, "가난한 자에게 복음을 전하게" 하고 "포로 된 자에게 자유를, 눈 먼 자에게 다시 보게 함을 전파하며 눌린 자를 자유롭게"(눅 4:18-19) 하라는 소명을 대중들에게 공식적으로 인정하시는 행위였다.

나사렛 사람들은 그분이 그들의 메시아임을 깨닫지 못하여 그 말씀을 듣자 바로 "이 사람이 요셉의 아들이 아니냐"(눅 4:22)라고 반문했다. 그토록 고대하던 구세주를 받아들이기는커녕 오히려 격분하여 그분을 죽이고자 했다. 예수님의 첫날 사역은 결국 분노한 사람들의 살해 시도로 끝나고 말았다. 하지만 그분은 이것이 시작에 불과함을 아셨고, 분노한 군중들 사이를 걸어 나와 나사렛을 떠나 사명을 감당하기 위해 세상으로 나가셨다.

그 이후로 3년 동안 예수님은 전체 사역의 기반을 자신의 교육 수준이나 지인들 혹은 이행 가능한 기적에서 찾지 않고 오직 자신의 신분과 정체성에서 찾으셨다. 그분의 모든 말씀과 행동은 그분의 정체성에서 절대 벗어나지 않았다. 그분의 가르침은 놀랍고 탁월했을 뿐만 아니라 삶에서도 본보기가 되어 주었다.

예수님은 꾸준하게 자신의 메시지를 구체적인 삶의 현장에 적용하여 말씀을 듣는 청중들의 필요를 채워 주셨다. 그분은 자신의 정체성의 다양한 요소들의 의미를 구체적으로 드러내기를 원하셨다. 예를 들면 아래와 같다.

그분은 정체성에 맞게 **행동**하셨다. "나는 선한 목자라 선한 목자는 양들을 위하여 목숨을 버리거니와"(요 10:11).

그분의 정체성으로 우리가 그에게 **나아갈 이유**를 설명해 주셨다. "내가 곧 길이요 진리요 생명이니 나로 말미암지 않고는 아버지께로 올 자가 없느니라"(요 14:6).

그분의 정체성은 그분의 **권위**를 선명하게 드러내 주었다. "나는 부활이요 생명이니 나를 믿는 자는 죽어도 살겠고 무릇 살아서 나를 믿는 자는 영원히 죽지 아니하리니"(요 11:25-26).

예수님은 단순히 대담한 진리를 선언하시는 것에 그치지 않고 행동과 권능으로 그 선언을 뒷받침하셨다. 예를 들어 "나는 부활이요 생명이니"라고 선언하신 후 곧 죽은 자(나사로)를 무덤에서 일으키심으로 그것을 확증해 주셨다.

주님의 생애와 사역은 하나님이 주신 우리의 정체성을 아는 것이 우리 각자가 꼭 해야 하는 중요한 우선순위이며, 우리의 정체성을 자각하고 그대로 살도록 도와주실 분으로 하나님을 받아들이는 것이 우리의 인생 목적을 이루는 데 기본이 됨을 확인해 준다.

정체성이란 무엇인가?

정체성(identity)이란 단어는 우리의 존재 전체를 가리키는 말이다. 그것은 우리의 진짜 모습을 말한다. 우리는 손으로 만질 수 없는 추상적 자료 모음이 아니라 살아 숨 쉬며 실존하는 인간이므로 이미 하나님께 받은 정체성을 소유하고 있다. 스스로 알든 모르든, 원하든 원치 않든, 이해하든 그렇지 못하든 상관이 없다. 하나님이 주신 이 정체성은 인간 실존의 이해와 기능에 대한 기본적인 개념이다.

언어상으로 시간을 지칭하기 위해 우리는 '언제(when)'라는 단어를, 장소를 가리키기 위해서는 '어디서(where)'라는 단어를, 한 개인의 정체성을 가리키기 위해서는 '누가(who)'라는 단어를 사용한다. 성경에서는 '정체성'이라는 단어가 구체적으로 사용되지 않고 정체성을 나타내는 표현으로 '누가(who)'라는 단어가 수천 번 사용되고 있다.

관계상으로는 정체성의 상호 작용으로 서로를 알고 이해할 수 있다. 악수를 나누고 기본적인 개인 신상을 교환하는 것에서 나아가 궁극적으로 누군가의 생각과 기분과 마음을 알아가는 것에 이르기까지, 진솔하게 마음을 열며 당신이 누구이고 그들이 누구인지를 이해하며 사랑으로 진리를 말할 때 깊이 있고 건강한 관계는 최상의 상태가 된다.

성경에서 하나님은 무엇인가를 창조하실 때 항상 이름을 지어 주심으로 그 정체성을 확인해 주셨다. 아담이 에덴동산에서 처음 한 일은 돌보는 짐승들을 일일이 확인하고 이름을 지어 주는 것이었다(창 2:19). 역사가 시작된 이후로 세상 사람들은 누군가가 태어나면 여전히 이름을 부여함으로 그 정체성을 확인하고 있다.

하나님의 말씀에서 한 개인의 이름은 그 사람의 물리적 실존과 연관성을 지니는 것에서 그치지 않고 그 개인의 고유한 특성과 성격, 개인적 의미와 가치, 관계상의 역할과 책무까지 포함하며, 개인의 권위와 행동과 업적과 명성, 개인적 영향력도 반영될 수 있다. 또한 이름과 관련된 이 모든 것은 한 인격체로서 개인의 정체성의 일부가 될 수 있다.

이제 '우리'라는 존재의 복잡하고 신비로운 부분들을 알아볼 것이다. 이 시간을 통해 우리의 실존과 정체성과 가치와 영향은 매우 중요하며 큰 파급 효과가 있다는 사실을 분명히 알게 되기를 바란다. 또한 우리의 진정한 정체성이 하나님께 중요하며, 우리 정체성에 대한 하나님의 생각을 확인하는 것이 우리에게 중요함도 알게 되기를 바란다.

우리는 누구나 자기의 정체성을 발견해 가는 여정에 있다. 우리는 스스로에 대해 아무것도 모르고 태어나 현실 생활이라는 학교로 들어가서 계절마다 새로운 교훈을 배워야 한다. 우리가 일생 듣고 느끼며 판단하는 행위는 그 전체 스펙트럼에서 살펴보면 선한 교사뿐 아니라 나쁜 교사에게도 영향을 받으며 훌륭한 교훈과 이상한 교훈의 영향도 받는다. 이렇게 우리가 듣고 느끼는 내용을 습득하는 곳은 매우 다양하다. 그중에는 신뢰할 수 있는 출처도 있지만 절대 신뢰할 수 없는 출처도 있다.

우리의 정체성을 학습하는 경로는 단순하고 표면적일 수도 있다. "나는 오른쪽 팔꿈치에 점이 있어." 중요하고 결정적인 경우도 있다. "아버지가 나를 사랑하고 이해해 준다고 느낀 적이 한 번도 없었습니다." 시간이 흐르면서 이전에는 전혀 몰랐던 장점을 스스로에게 발견할 것이고 또한 꼭 극복하고 싶은 단점도 알게 될 것이다. 다시 경험하고 싶은 성공도 있을 것이고 숨기고 싶은 과거의 수치스러운 일도 있을 것이다. 이런 변화들 중에 일부는 받아들이고 적응하지만, 부정하고 의심하며 밀어내는 경우도 있을 것이다. 깊이 있는 관계와 피상적인 관계를 모두 경험하며 그 가운데 기쁨과 슬픔의 중요한 교훈을 배울 것이다.

이 모든 것을 통해 내린 결론은 자신과 자신의 인생과 환경과 관계를 바라보는 렌즈가 된다.

그렇다면 현실 생활에서는 자신에 대해 무엇을 배웠는가? 자신의 정체성이라는 이 문제에 대해 얼마나 깊이 있게 성찰해 보았는가? 자신이 누구인지 실제로 알고 있는가? 스스로는 자신을 알고 있다고 생각할지 모른다. 그래서 자신의 정체성에 대해 그렇게 깊이 고민하지 않는다고 말할 수도 있을 것이다. 그러나 사실 우리의 정체성은 매일 상시적으로 이루어지는 사고 활동 중 가장 기저에 자리한 심층적인 영역과 관련이 있다.

매일 쓰는 단어와 야심 이면에는, 반복되는 생각과 감정 이면에는 자신의 정체성과 가치에 대한 은밀한 믿음의 웅덩이가 있다. 이것은 실생활에서 필요한 선택을 명확하게 해줄 수도 있고 혼란스럽게 할 수도 있다. 이것은 거의 모든 영역에 영향을 미친다. 자신의 생각과 감정, 매일의 기회에 접근하는 방식, 문제에 대한 대처 방식, 하나님과 현재 환경을 바라보는 방식에도 영향을 미친다.

실화를 바탕으로 한 아래 사례들을 생각해 보라.

숀은 예리하고 지적인 직원으로 문제 해결 능력이 탁월하다. 자신의 신념을 전파하는 데 열성적이지만 품위 있는 태도를 잃지 않는다. 그가 실패하지 않거나 누군가 그를 비난하지 않는다면 말이다. 만약 그런 일이 생기면 그는 충격을 받고 분노를 폭발하며 다른 이들을 사정없이 비난하고 며칠이고 자기 연민에 빠져 헤어 나오지 못한다.

루안은 세 자녀에게 더없이 훌륭한 어머니다. 그러나 막내아들이 대학을 가기 위해 집을 떠나자 그녀는 갑자기 엄마로서 자신의 인생이 끝장난 것처럼 허무감에 빠졌고 자살 충동을 비롯한 뜻밖의 우울증에 급속히 빠져들었다.

콜비는 어릴 때부터 신앙생활을 했고 어린 나이에 하나님을 따르기로 결단했다. 그러나 십 대가 되자 음란물에 심각하게 중독되었고 10년 이상 그 중독에서 헤어 나오지 못했다. 그는 하나님의 도구로 사용되기를 간절히 원하지만 수치심에 시달리며 자신이 진정 구원받은 자인지 의심하고 있다.

첼시는 장래가 촉망되는 아름다운 그리스도인 여성이다. 하지만 대학 시절 데이트 중에 성폭행을 당한 후 정신적으로 심각한 충격을 받았고 스스로가 무가치하고 망가진 상품 같다고 생각한다. 잘못된 수치심에 짓눌려 괴로워하던 그녀는 급기야 고통을 줄이고자 술에 의존하기 시작했고 오랫동안 알코올 중독과 싸웠다.

제롬은 25년 동안 교인들의 큰 사랑을 받으며 목회 생활을 한 후 기쁘게 신학교를 갓 졸업한 젊은 사역자에게 목회를 물려주고 은퇴했다. 그러나 채 1년이 지나지 않아 그는 아무 할 일이 없는 자신의 일상에 좌절을 느꼈고 자신이 없이도 교회 목회가 아주 잘 이루어지고 있다는 사실에 분노하지 않으려고 괴로운 시간을 보냈다. 그는 신임 목사의 성공에 질투심을 이기지 못한 채 그의 교회가 그를 외면한다고 생각하고 하나님을 원망하는 마음이 점점 더 심해지고 있다.

이런 사람들과 한 자리에 앉아 식사를 하며 그들의 진솔한 이야기를 들어보면 숀은 단순히 화를 다루는 데 문제가 있는 사람이고, 루안은 빈 둥지 증후군을 앓는 어머니이며, 콜비는 음란물 인터넷 필터가 필요하고, 첼시는 주량을 조절할 필요가 있고, 제롬은 심술궂은 은퇴 노목사에 불과하다.

그러나 각 사례들의 경우 실상 그들의 외형적 행동은 마음에 깊이 뿌리내린 내면의 문제가 밖으로 표출된 것에 지나지 않는다. 어려운 환경이 그들의 이런 정체성을 만들어낸 것이 아니었다. 오히려 힘든 환경에서 그들의 정체성이 본격적인 검증을 받았고, 정체성에 대한 그들의 이해가 왜곡되었으며 그들의 정체성이 원래 뿌리내려야 하는 곳에 뿌리내리지 않았다는 사실이 드러났을 뿐이다. 표면적인 행동 이면을 살펴보면 각기 다음과 같은 사실을 발견할 수 있을지 모른다.

손은 타인의 의견과 한 인간으로서 자신의 가치를 분리해 바라보는 법을 모른다.

루안은 자신의 가치와 존재 목적이 엄마라는 역할보다 훨씬 더 거대하다는 사실을 확신하지 못하고 있다.

콜비는 그리스도 안에서 자신이 어떤 존재인지 혹은 자신의 정체성을 발견하는 것이 어떻게 자유를 누리는 삶에 도움이 될 수 있는지 이해하지 못하고 있다.

첼시는 하늘에 계신 아버지를 온전히 영접하고 그 사랑과 용납하심을 누리며 사는 법을 알지 못하고 있다.

제롬은 영적인 지도자임에도 정체성 문제에 대한 이해가 피상적인 수준에 머무르고 있음을 깨닫지 못하고 있다.

확실히 이들은 모두 사랑이 필요하다. 마땅히 그들의 어려움을 귀담아 들어주고 깊이 공감하며 이해해 주고 책임감을 가지고 관계를 누리며 격려의 기도로 지원해 주어야 한다. 그러나 또한 그들은 자신들의 정체성과 가치에 관한 핵심적인 진리들을 깨닫고 자유할 수 있어야 한다.

예수님은 "진리가 너희를 자유롭게 하리라"고 말씀하셨다(요 8:32).

이들의 이야기는 우리 주변의 모든 사람이 매일 부딪히는 수많은 싸움 중 불과 몇 가지 사례에 지나지 않는다. 인생은 매우 복잡하고 사람들은 수많은 문제와 씨름하며 그 이유도 너무나 다양하다. 정체성의 문제만 해결되면 개인이 가진 문제들이 모두 해결될 수 있다고 말한다면 지나치게 단순한 접근일 것이다. 우리는 이런 말을 하려는 것이 아니다. 이런 식으로 문제가 해결된다고 생각하지도 않는다. 그러나 정체성이 우리 인생의 거의 모든 영역에 지대한 영향을 미치는 핵심적이고 근본적인 문제라는 점은 분명히 알고 있다. 이 문제는 제대로 이해되지 않거나 종종 그 중요성이 간과되고 있다. 하나님은 이 문제를 매우 중요하게 생각하시므로 우리 역시 그것을 제대로 알고 이해할 필요가 있다.

자신이 누구인지 알고 있는가?

당신은 어떤가? 누군가가 오늘 당신 앞에 커다란 거울을 가져

다놓고 거울 속의 사람을 정확하고 정직하게 규정하고 설명하며 그 사람에 대해 가능한 모든 것을 알려 주면 백만 달러를 주겠다고 제안한다면 뭐라고 말하겠는가?

잠시 어색하게 생각하겠지만 자신의 이름을 주저하지 않고 소개하고 운전 면허증의 인종, 성, 키, 어쩌면 집 주소까지 이야기할지 모른다. 체중이나 통장 번호나 민감한 개인 정보를 이야기하기에 앞서 이 대화가 녹음 중인지 질문할 수도 있다. 그런 다음 가족과 자신의 역할에 대해 이야기할 수도 있다. 부모와 형제자매에 관한 것이나 심지어 친지에 대해 말할지도 모른다. 매일 일상적으로 감당하는 책무들을 일부 이야기하고 나아가 직장에서 현재의 직급이나 지위를 말할 수도 있다.

자신의 국적, 지지하는 정당, 소속된 종교 집단, 교육적 배경에 대해 이야기할 수도 있다. 자랑스러운 표정으로 자신이 가진 기술과 재능을 당당하게 드러내며 자신의 특별한 능력과 업적을 강조할 수도 있다. 개인적으로 좋아하고 미워하는 것을 공개할 수도 있다. 좋아하는 음식이나 음악, 스포츠 팀, 좋아하는 영화, 개인적으로 질색하며 싫어하는 것을 말할 수도 있다.

만약 속을 터놓아도 위험하지 않다고 생각하면 심호흡을 하고 기억에 남는 멋진 추억이나 심지어 과거의 혹독한 시련과 어려움에 대해 털어놓을 수도 있다. 할 수만 있다면 과거에서 지워 버리고 싶은 후회스러운 일들도 여기에 포함된다. 개인적으로 너무나 큰 고통을 안겨 주었던 사람들뿐 아니라 오랫동안 아낌없는 사랑을 보여 주었던 사람들에 대해 이야기하면서 목이 메어 잠시 울컥

할 수도 있을 것이다.

그럼에도 사람들에게 알리고 싶지 않은 부분들도 있을 것이다. 속으로 씨름하고 고민하는 문제들, 두려워하는 일들, 내면 깊숙한 곳에 품은 비밀스러운 생각들, 핵심적인 신념들과 여전히 의문이 풀리지 않는 문제들이 그것이다. 그러다가 마음이 내키면 그 모든 일의 이유에 대한 나름의 추측이나 인생의 진정한 목적과 의미라고 스스로 결론 내린 것들을 털어놓을 수도 있다.

그러나 며칠 혹은 몇 시간에 걸쳐 아무것도 방해받지 않고 심중에 있는 내용을 쏟아놓으며 여한 없이 속을 털어놓았다 하더라도 거울 속의 자신의 눈을 다시 똑바로 바라보며 아래와 같은 쉽지 않은 질문들에 대해 할 수 있는 한 솔직하게 대답해 보라는 요청을 받는다고 생각해 보라.

- 지금 거울 속에 보이는 사람을 진심으로 좋아하고 존중하며 관심을 기울이는가?
- 이 사람에 대해 실제로 어떻게 생각하는가?
- 이렇게 태어나서 감사하다고 생각하는가? 아니면 다른 사람으로 태어났으면 좋겠다고 진심으로 바라는가?
- 하나님이 그동안 당신의 인생에서 하신 일들이 화가 나는가? 감사하는 마음이 생기는가?
- 현재의 정체성에 대한 스스로의 시각에 가장 크게 영향을 준 사람은 누구라고 생각하는가?
- 성장하면서 부모님의 사랑과 격려를 얼마나 받았다고 생각하는가?

- 부모님에게 존중받고 이해받는다는 생각이 들었는가?
- 지금 사람들과의 관계에서 얼마나 사랑받는다고 생각하는가?
- 하나님이 당신을 어떻게 생각하신다고 느끼는가?
- 하나님이 실제로 당신을 보시고 돌봐주시며 내밀한 곳까지 친밀하게 알고 계신다고 확신하는가?
- 하나님이 당신을 용납하고 참아 주신다고 생각하는가? 아니면 당신을 거부하고 외면하신다고 생각하는가?
- 하나님이 당신을 사랑하신다고 진심으로 믿는가?
- 다른 사람들에게 얼마나 큰 상처를 받았는가?
- 지금도 여전히 상처가 단단히 여물지 못하여 힘들어하는가? 아니면 완전히 치유를 받았는가?
- 진심으로 행복을 느끼며 내면의 평강을 누렸던 때는 마지막으로 언제인가?
- 인생의 목적이 무엇이라고 믿는가? 달리 다른 생각이 있는가?
- 내면의 공허함과 무기력함을 느끼는가? 아니면 미래에 대한 희망으로 부풀어 있는가?
- 언젠가 죽으면 천국에 갈 것이라고 믿는가?
- 정말 확신이 있는가? 그렇지 않다면 그런 확신을 갖기를 원하는가?
- 스스로의 정체성을 확인하고 가장 크게 바라는 것은 무엇인가?

이 책의 목적은 자기중심적이 되거나 자신에게 관심을 집중하도록 하는 데 있지 않다. 이런 경험을 통해 하나님이 그동안 행하신 일과 당신을 통해 하시고자 하는 일의 신비함에 마음을 활짝 열고 하나님의 마음을 더 깊이 알아가도록 돕는 것이 우리가 진정 바라는 바다.

나를 알고 알리는 것은 놀라운 일이다.

사랑하고 사랑받는 것은 아름다운 일이다.

자신의 존재 목적을 알고 성취하는 것은 값으로 따질 수 없을 정도로 귀중한 일이다.

그러나 하나님을 알고 하나님의 사랑을 받으며 하나님께 알려진바 되는 것은 생명보다 낫다.

그것이 생명이다. '영원한 생명'이다(요 17:3).

＊＊＊

하나님 아버지, 저를 찾아 떠나는 이 여정을 시작할 때 제 마음의 눈을 열어 주셔서 당신이 누구시며 저는 누구인지, 당신은 어떤 존재로 저를 창조하셨는지 진리를 알고 깨닫게 하소서. 어떤 진리를 발견하든지 당신을 신뢰할 수 있도록 은총과 힘을 제게 주소서. 당신의 사랑을 알고 제 인생을 향한 당신의 놀라운 목적을 발견하고 이루어가도록 도와주소서. 예수님의 이름으로 기도합니다. 아멘.

더 깊이 알아보기
마 16:13-17 • 막 9:7-8 • 요 5:31-32

"하나님이여 나를 살피사 내 마음을 아시며 나를 시험하사 내 뜻을 아옵소서 내게 무슨 악한 행위가 있나 보시고 나를 영원한 길로 인도하소서" (시 139:23-24).

그룹 토의 질문
- 정체성이란 무엇인가?
- 예수님의 생애 가운데 어떤 면에서 그분의 정체성이 중요한 토대 역할을 하였는가?
- 정체성이 인생의 수많은 영역에 영향을 미치는 이유는 무엇인가?

2장
정체성의 혼란

> 너희는 이 세대를 본받지 말고 오직 마음을 새롭게 함으로 변화를 받아
> 하나님의 선하시고 기뻐하시고 온전하신 뜻이 무엇인지 분별하도록 하라
> **롬 12:2**

    정체성의 혼란은 어디서나 항상 일어나는 일이다. 우리는 우리의 정체성에 대한 무작위적이고 정반대되는 메시지를 쉬지 않고 무차별적으로 들어야 하는 디지털 시대에 살고 있다. 인종과 국적과 관련된 정체성, 성별과 성적 정체성, 정부의 정치적 정체성, 심지어 교회 내에서는 교파적 정체성을 둘러싸고 끝없는 논쟁의 구름이 휘몰아친다. 이렇게 정체성을 결정하는 요소들 중에는 선천적이고 하나님이 주신 요소들도 있지만 신념과 가치와 선택의 문제들도 있다.

    그러나 어느 경우이든 가정과 친구들의 모임과 직장 환경에서 우리가 사랑하고 관심을 갖는 사람들이 이런 문제들에 대해 서로 상반된 입장을 가지고 있는 경우가 태반이다. 사소하고 그다지

중요하지 않은 문제로 생기는 생각의 차이를 말하는 것이 아니다. 우리는 사람들의 삶이 피폐해지고 가족이 해체되고 약물 남용과 자살률이 전국에서 증가하고 있는 장면을 보고 있다.

정체성은 핵심적인 문제다. 하나님과 우리 자신에 대해 우리가 가진 믿음은 우리 마음에서 가장 중요하고 근본적인 믿음에 해당한다. 이런 마음의 신념들이 진리에서 멀어지고 왜곡될수록 정체성에 대한 왜곡된 해석이 우리 행동에 미치는 악영향도 심각해질 것이다.

스포츠 경기를 비유로 사용한다면, 자신의 진정한 정체성을 모르는 사람은 경기장에서 자신의 포지션이나 자신의 소속 팀을 모르는 축구 선수와 같다. 공을 쫓아 경기장을 뛰어다니며 닥치는 대로 선수들에게 태클을 시도할 수는 있지만 예측할 수 없는 그의 행동으로 모두가 괴로워할 것이다. "그만 좀 나를 비난하라고. 지금 최선을 다하고 있단 말이야. 내가 지금 하고 싶은 일이 무엇인지 모르겠어?"라고 소리 지를지 모른다. 그러나 그의 행동이 핵심 문제는 아니다. 자신이 누구인지 제대로 이해를 하지 못한다는 것이 문제다.

혹은 농장을 비유로 들어 보자. 자신이 닭이라고 생각하는 소가 있다고 해보자. 이 소가 달걀을 낳으려고 애를 쓰거나 횃대로 날아올라가 꼬끼오 하고 울기를 시도할 경우 쓸데없이 좌절하고 우울과 환멸에 빠져 스스로의 신세를 한탄하며 살지 모른다.

자신의 정체성에 대한 거짓말을 받아들이기 시작하는 사람들은 한편으로는 생각과 감정의 불일치로, 또 한편으로는 하나님의 말씀과 매일의 삶과의 불일치로 끊임없이 혼란과 싸워야 할 것이다. 예수님은 청중들에게 거짓된 전제와 자기기만으로 인생을 살아갈 위험성을 경고하시고(마 7:21-23), 그들의 생각에 영향을 미치는 사람들의 가르침을 잘 판단하고 경계하라고 가르치셨다(15-20절). 사도 바울은 이렇게 경고했다.

"이는 우리가 이제부터 어린 아이가 되지 아니하여 사람의 속임수와 간사한 유혹에 빠져 온갖 교훈의 풍조에 밀려 요동하지 않게 하려 함이라 오직 사랑 안에서 참된 것을 하여 범사에 그에게까지 자랄지라 그는 머리니 곧 그리스도라"(엡 4:14-15).

우리가 어디 출신이고 우리가 다루는 정체성 문제가 무엇이든 이 말씀을 마음에 깊이 새겨야 한다. 어린애처럼 누군가 큰 목소리로 열정적으로 이야기한다고 속아 넘어가서는 안 된다. 사랑으로 행하는 것과 진리로 행하는 것을 인위적으로 분리해서도 안 된다. 사랑으로 행하는 것과 진리로 행하는 것은 모두 소중하며 반드시 필요하다. 그렇게 하지 않으면 우리나 우리가 사랑하는 사람들은 모래 위에 인생의 집을 지을 것이고 결국 비극적 결과를 맞이할 것이다(마 7:24-27). 감정과 욕망과 타인의 시선이라는 쉽게 허물어지는 모래처럼 말이다.

감정은 허점이 많다

감정은 강력한 의사소통의 매개체이지만 신뢰해도 되는 진리의 원천은 아니다. 감정은 우리 인생에서 가장 깊이가 얕고 불안정한 부분 중 하나다. 논리를 간과하거나 진실을 무시하고 억측에 휩쓸리는 식으로 쉽게 흔들리고 동요된다. 감정은 기본적으로 신뢰할 수 있는 지도자가 아니라 변덕스러운 추종자에 가깝다. 기차를 끌고 가는 기관차가 아니라 기관차를 따라가는 객차라고 보아야 한다. 더 이상 감정에 끌려 살아가지 않고 진리로 행하기 시작하면 놀라운 자유의 신세계가 열릴 것이다. 감정은 실제로 우리 마음에 이미 믿고 있는 것을 발견하는 데는 도움이 될 수 있지만 무엇이 진리이며 우리가 무엇을 믿어야 하는지를 가늠하는 좋은 척도가 아닌 경우가 많다.

그렇다면 감정은 어디서 유래하는가? 감정의 출처는 다양하다. 그러나 성경은 감정을 이해하고 출처를 추적할 수 있는 방법에 대해 한 가지 단서를 제공한다. 우리 인간은 유기적으로 밀접하게 연결된 몸과 정신과 영혼으로 구성되어 있다(살전 5:23). 이 세 요소는 각기 독특한 방식으로 우리 감정에 영향을 미칠 수 있다.

1. **우리 몸**은 성전이라고 성경은 말한다(고전 6:19). 적절하게 에너지를 공급하고 제대로 관리해야 하는 이동용 성소라고 할 수 있다. 제대로 통제하지 않으면 결국 우리를 낭떠러지로 떨어뜨릴 것이다. 수면이 부족하거나 장염에 걸릴 때 혹은 약을 남용할 때 몸 상태에 부정적인 영향을 미칠 수 있다. 몸 상태가 아주 좋다고 느낄 날도 있다. 날아갈 듯 몸이 가볍고 벽이라도 너끈히 뚫고 지나갈 수 있을 것 같다. 하지만 무기력하고 우울해서 폭식을 하거나

종일 자거나 심지어 계속 누워 뒹굴고 싶은 생각이 들 수도 있다.

그러므로 몸은 잘 관리하고 조절해야 할 대상이지 도덕적 안내자로 신뢰하고 따를 대상이 아니다. 우리 몸은 옳고 그름에 관심이 없으므로 몸이 주도권을 쥐고 마음대로 하도록 방치한다면 곧 우리를 배신하고 종으로 삼을 것이다. 그래서 사도 바울은 "내가 내 몸을 쳐 복종하게 함은 내가 남에게 전파한 후에 자신이 도리어 버림을 당할까 두려워함이로다"(고전 9:27)라고 말했다.

2. **우리 정신**은 흔히 지정의로 구성되어 있다고 하며 이 정신 또한 우리 감정에 영향을 미칠 수 있다. 예수께서는 십자가에 처형되시기 전날 밤 "내 마음이 매우 고민하여 죽게 되었으니"(마 26:38)라고 말씀하셨다. 주님이 이런 감정 상태가 되신 것은 앞으로 일어날 일을 아셨기 때문이다. 우리 머리의 생각과 가슴의 핵심적 신념은 우리 감정과 기분에 직접적으로 영향을 미친다. 영적으로나 육체적으로 건강한 상태라 하더라도 악을 계속 생각하고 거짓말을 믿도록 스스로를 방치한다면 그 악의 어둠을 느낄 것이고 그 악에 종속되는 것을 느낄 것이다. 구약의 롯은 소돔성에서 자행되는 모든 악을 보고 그 의로운 심령이 상했다(벧후 2:8).

3. **우리 영** 역시 우리 감정에 영향을 미친다. 사랑, 기쁨, 평안은 영적 결과물이며 하나님과 동행할 때 우리 마음은 이런 사랑과 기쁨과 평안을 확실하게 느낄 수 있다. 이와 달리 다윗 왕은 영적 죄 가운데 살 때 기쁨을 상실하고 고통에서 빠져나오지 못했다(시

51편). 하나님은 마음의 평안이나 영의 확신을 이용해 우리를 종종 인도하시며(골 3:15) 이런 감정들은 우리 걸음을 순종으로 향하도록 인도하시는 데 유용할 수 있다. 그러나 하나님의 말씀이라는 필터가 여전히 진리의 다림줄이라는 것은 변함없는 사실이다(16절). 감정과 하나님의 말씀이 상반될 때 우리는 언제든지 쉽게 변하는 우리 감정이 아니라 변함이 없는 그분의 말씀을 신뢰해야 한다. 요한일서 3장 20절은 "이는 우리 마음이 혹 우리를 책망할 일이 있어도 하나님은 우리 마음보다 크시고 모든 것을 아시기 때문이라"라고 말한다.

그러므로 이 점을 꼭 명심하기 바란다. 많은 사람이 (그 출처에 관계없이) 감정으로 자신의 정체성에 관한 믿음을 결정하거나 도덕적으로 옳은 것을 결정하는 어리석음을 범한다는 것이다. 그들은 이렇게 생각한다. '사랑받는다는 사실을 느낌으로 확인하지 않는다면 사랑받지 못하고 있음이 분명하다. 괜찮다고 느껴야 실제로 괜찮은 것이다. 내가 옳다는 기분이 들어야 실제로 옳은 것이다. 누군가에게 매력을 느낀다면 하나님이 나를 이런 존재로 만드셨으므로 운명적으로 그 모습을 추구해야 한다. 하나님이 나를 미워하신다는 기분이 든다면 하나님은 나를 미워하시는 것이 틀림없다. 내가 무가치하다고 느끼고 나 자신이나 다른 사람에게 상처를 준다면 아마 나는 그런 사람이 맞을 것이다.'

이런 식의 사고 흐름은 퇴행적이며 비극적이다. 결코 신뢰하거나 받아들여서는 안 된다. 스스로 거짓말을 믿기로 한다면 거짓

말이 사실처럼 느껴질 것이다. 자신이 아프다고 생각하는 건강 염려증 환자는 실제로 몸이 아픈 것처럼 느낀다. 실제로 아무 일이 일어나지 않았음에도 이미 무서운 일이 일어난 것처럼 공포감을 경험할 수 있다.

따라서 고통스러운 경험은 매우 강력한 교사 역할을 한다. 호흡 곤란이 일어나거나 실제로 죽고 싶다고 생각할 정도로 심각한 고통을 경험하면 강력한 알약을 삼킨 것과 같다. 심리적 경험들은 기억에 깊이 각인될 수 있으며 마음에 유해한 교훈이라는 상처를 남길 수 있다. 이것이 우리의 가치나 정체성에 대한 거짓을 담은 메시지라면, 그리고 강렬한 감정으로 강화된다면 그 거짓말을 믿지 않기가 더 어렵고 그 거짓말에 기만당하지 않는 것이 더 어렵다.

그것이 언어적, 신체적 또는 성적 학대이든지, 누군가가 당신을 거부하고, 상처를 입히고, 당신이 무가치하며 사랑받지 못한다고 믿기 시작한다면, 정작 이것이 사실이 아니라고 할지라도 당신 역시 그렇게 느끼기 시작할 것이다. 마음의 믿음대로 느끼게 될 것이다. 비평가의 신랄한 말이든, 대놓고 거부한 친구 때문이든, 감정은 지금 심각하게 고민하는 거짓말의 씨앗에 물을 주고 마음에 뿌리를 내리도록 할 수 있다. 그렇게 해서 마음에 심긴 거짓말은 더 강력한 감정으로 공고하게 터를 잡을 것이다. 분노의 생각은 분노의 감정으로 이어지고 이 감정은 더 심각한 분노의 생각으로 연결된다. 우울한 생각은 우울한 기분으로 이어지게 된다.

남자임에도 스스로 여성이 아닌지 심각하게 의심하고 고민하고 결국 그렇게 스스로를 믿기 시작한다면, 감정이 자연스럽게 그 생각을 쫓아가고 그런 착각을 더 강화시킬 수 있다는 사실을 유의하라. 우리는 우리의 느낌이나 생각을 그대로 다 믿어서는 안 된다. "그렇게 믿고 느낀 지는 한참 되었습니다"라고 말할 수도 있다. 그러나 하나님의 말씀은 아무리 오랫동안 거짓말을 진실로 믿었다고 해도 그것이 진실이 되지 않는다고 알려 준다.

"그냥 마음 가는 대로 했을 뿐인데요"라고 우길 수도 있다. 그러나 예레미야 선지자는 인간의 마음이 이기적이고 악하며 기만에 능하고 또한 스스로도 기만당한다고 경고하였다(렘 17:9). 솔로몬은 힘들게 고통스러운 교훈들을 배웠고 많은 세월이 흐른 후 "자기의 마음을 믿는 자는 미련한 자요 지혜롭게 행하는 자는 구원을 얻을 자니라"(잠 28:26)라고 경고했다.

그러므로 계속해서 건강하게 사고하기 위해서는 지혜롭게 우리 감정을 잘 분별해야만 한다. 그렇게 해야 우리의 정체성에 대한 정확한 시각을 견지할 수 있다. 몸, 정신, 영에 상관없이 우리는 하나님 말씀에서 진리와 지혜로 이 모든 것을 걸러내야 한다. 성경은 "모든 이론을 무너뜨리며 하나님 아는 것을 대적하여 높아진 것을 다 무너뜨리고 모든 생각을 사로잡아 그리스도에게 복종"(고후 10:5)하라고 가르친다.

욕망의 기만성

많은 사람의 통념과 달리 우리의 욕망이 우리의 정체성이나 운명을 결정하지 않는다. 성경은 하나님을 공경하고자 하는 갈망을 따르고 악한 욕망을 멀리하라고 경고한다.

"내가 이르노니 너희는 성령을 따라 행하라 그리하면 육체의 욕심을 이루지 아니하리라 육체의 소욕은 성령을 거스르고 성령은 육체를 거스르나니 이 둘이 서로 대적함으로 너희가 원하는 것을 하지 못하게 하려 함이니라 너희가 만일 성령의 인도하시는 바가 되면 율법 아래에 있지 아니하리라 육체의 일은 분명하니 곧 음행과 더러운 것과 호색과 우상 숭배와 주술과 원수 맺는 것과 분쟁과 시기와 분냄과 당 짓는 것과 분열함과 이단과 투기와 술 취함과 방탕함과 또 그와 같은 것들이라 전에 너희에게 경계한 것 같이 경계하노니 이런 일을 하는 자들은 하나님의 나라를 유업으로 받지 못할 것이요 오직 성령의 열매는 사랑과 희락과 화평과 오래 참음과 자비와 양선과 충성과 온유와 절제니 이같은 것을 금지할 법이 없느니라"(갈 5:16-23).

우리의 감정에 관계없이 성경은 하나님께서 절대로 우리가 죄를 짓도록 유혹하시지 않는다고 말한다. 우리로 악한 일을 하도록 부추기는 것은 하나님이 아니라 우리의 악한 소욕이다(약 1:13). 하나님은 실제로 모든 선한 것의 근원이 되신다(17절). 그분은 우리의 가장 큰 관심을 염두에 두고, 나중에 비통함이나 후유증 없이 마음껏 하나님의 최고의 뜻을 누리기를 바라신다. 그러므로 잘못된 욕심에 대해 성경은 삶 속의 방해물에서 기꺼이 돌아서서 하나님의 말씀을 적용하고 "모든 더러운 것과 넘치는 악을 내버리고 너희 영혼을 능히 구원할 바 마음에 심어진 말씀을 온유함으로 받으라"고 명령한다(21절).

하나님은 우리 마음을 새롭게 하시고(롬 12:1-2), 우리 영혼을 구원해 주시며(약 1:21), 우리 영을 소생하게 하시고(시 23:3), 사랑으로 충만하게 채워 주시며(롬 5:5), 그리스도의 마음을 주실 수 있는 분(고전 2:16)임을 기억하라. 우리가 기꺼이 하나님을 신뢰한다면 우리를 위한 하나님의 최선이 실현될 것이다.

사람들의 의견은 변덕스럽다

사람들의 말과 의견은 다양하고 서로 모순되기도 하며 수시로 변하거나 극단으로 치달을 수 있다.

당신의 3학년 성적표를 보고 어머니는 똑똑하다고 칭찬을 해 주시지만 뒤늦게 집에 돌아온 형은 옷에 케첩을 묻힌 모습을 보고 얼간이라고 놀릴 수 있다. 당신의 축구 코치는 하이 파이브를 해 주고 승리의 일등 공신이라고 치켜세우지만 헤어진 여자친구는 세상에 둘도 없을 멍청이라고 온라인에 글을 올릴 수도 있다.

영화를 극장에 올리더라도 도무지 같은 영화를 보았다고 볼 수 없을 정도로 엇갈리는 비평이 쏟아지기도 한다.

"그동안 본 영화 중에 제일 좋았어. 무려 여섯 번이나 보았다니까!"

"너무 황당해서 맥이 빠지는 쓰레기 같은 영화야. 저 따위를 영화라고 극장에 올리다니!"

우리의 정체성에 관해서 우리를 잘 아는 열 명에게 우리가 어떤 사람이라고 생각하는지 말해 달라고 한다 해도 그들은 우리가 어떤 행동을 하고 어떤 말과 어떤 생각을 하는지 부분적으로만 알 뿐이다. 절대적인 전지함과 완벽한 이해를 가진 이는 누구이며, 우리의 모든 것을 하나도 틀리지 않고 말할 수 있는 이는 누구인가? 그들은 여기에 해당하지 않는다. 오직 하나님만이 그렇게 하실 수 있다.

예수님은 사람들의 생각이나 평가로 자신의 정체성을 확인하거나 바꾸지 않으셨다. 예수님의 말씀을 경청하고 따르는 사람들도 있었지만, 예수님이 무슨 일을 하시든 사사건건 의심하고 분노하며 반대하는 사람들도 있었다. 베드로가 그리스도를 위해 목숨을 내놓겠다고 호언장담하던 밤에 유다는 스승을 배신하고 은밀히 적들에게 내어주기로 작당을 하고 있었다. 예수님은 사람들이 그분을 믿고 따를 때조차 "그의 몸을 그들에게 의탁하지 아니"하셨다. "이는 친히 모든 사람을 아심이요 또 사람에 대하여 누구의 증언도 받으실 필요가 없었으니 이는 그가 친히 사람의 속에 있는 것을" 아셨기 때문이다(요 2:24-25). 그분은 여호와께 피하는 것이 사람을 신뢰하는 것보다 낫다는 사실을 알고 계셨다(시 118:8).

우리는 일생을 살아가면서 우리에 대한 너무나 다양한 유익한 말이나 상처를 주는 말을 들을 것이다. 사랑을 확인할 수 있는 말을 들을 수도 있고 증오에 찬 말을 들을 수도 있다. 그중에는 사실과 부합한 말도 있고 완전히 틀린 말도 있을 것이다.

말의 위력은 대단하다. "죽고 사는 것이 혀의 힘에 달렸나니"(잠 18:21). 때로 사람들이 우리에 대해 하는 말이 저주처럼 느껴질 수도 있다. 깊은 상처를 주는 말이 심장에 박혀서 사실로 느껴질 수도 있다. 그러면 우리는 그 말을 우리 마음으로 수백 번이나 되뇔 수 있다. 그 말을 거부할 수도 있고 그대로 사실로 받아들일 수도 있고 혹은 사실일지 의심할 수도 있다. 그러다가 그 말을 다시 확인해 주는 일이 일어나면 두려움으로 과잉반응하고 그 말이 틀렸다는 것을 증명하려고 버둥거릴 수도 있다. 바보처럼 사람들에게 비쳐질까 하는 두려움이든, 실패에 대한 두려움이든, 무시당하고 외면당할지도 모른다는 두려움이든, 거부당하고 사랑받지 못하고 버림받을지도 모른다는 두려움이든, 하나님이 우리에 대해 말씀하시는 견고한 진리를 똑바로 붙들지 않는 사람이라면 이 모든 두려움이 끔찍한 고문처럼 우리 생각을 괴롭힐 수 있다. 꼭 기억하고 잊지 말아야 할 것이 있다.

"사람을 두려워하면 올무에 걸리게 되거니와 여호와를 의지하는 자는 안전하리라"(잠 29:25).
"하나님이 우리에게 주신 것은 두려워하는 마음이 아니요 오직 능력과 사랑과 절제하는 마음이니"(딤후 1:7).

결론을 말한다면 정체성의 뿌리를 변덕스러운 사람들의 판단에 두지 않도록 주의하라는 것이다. 그렇게 하다가는 결국 실패와 낙담에 빠져 헤어 나오지 못할 것이다. 쉽게 변하는 감정이나 변덕스러운 욕심, 페이스북의 '좋아요'와 리뷰, 남들의 평가가 아니라 하나님이 우리를 규정하시도록 해야 한다. 우리는 모두 해결할 문제를 안고 있으므로 기꺼이 배우고 자라가며 겸허하게 사랑으로 행해야 한다. 그러나 앞으로 살펴보겠지만 우리의 본질을 정확히 아시는 분의 말씀을 기준으로 우리의 진정한 정체성을 확인하는 일은 잠재력을 최대한 발휘할 수 있도록 인생을 바꾸어 주는 돌파구 역할을 할 수 있다. 최고의 순간은 아직 오지 않았다.

* * *

하나님 아버지, 제게 지혜와 분별력을 주셔서 제가 받는 온갖 메시지를 잘 걸러내게 도와주시고 진리 위에 제 인생과 생각을 세우도록 인도하소서. 하나님, 제 마음을 변화시켜 주시고 제 안의 모든 죄악과 상처에서 저를 깨끗하게 해주소서. 은혜를 베푸셔서 저의 생각과 습관을 새롭게 해주소서. 사랑 안에서 진리를 말하게 하시고, 개인적인 기분이나 욕심에 흔들려 주를 사랑하고 주의 뜻대로 순종하는 길에서 이탈하지 않도록 도와주소서. 예수님의 이름으로 기도합니다. 아멘.

더 깊이 알아보기

요 8:30-36 • 고후 10:4-5 • 약 1:19-25

"주의 빛과 주의 진리를 보내시어 나를 인도하시고"(시 43:3).

그룹 토의 질문

- 사람들은 어디서 정체성을 확인하려는 경향이 있는가?
- 성장 과정에서 개인의 정체성에 영향을 미치는 요소들은 무엇인가?
- 현재 문화에서 보이는 정체성의 문제들은 무엇인가?
- 감정을 정체성의 근거로 신뢰하기 어려운 이유는 무엇인가?
- 다른 사람이 우리 정체성을 규정하도록 허용해서는 안 되는 이유는 무엇인가?

3장
정체성의 근원

> 그는 우리 각 사람에게서 멀리 계시지 아니하도다
> 우리가 그를 힘입어 살며 기동하며 존재하느니라
> 행 17:27-28

모세는 정체성 문제로 내적인 어려움을 겪었던 사람이다. 히브리인 부모에게 태어났지만 애굽식 이름을 받았고 바로의 딸에게 아들로 입양되어 자랐다. 동족을 지키려다 한 남자를 살해한 후 히브리 형제들에게 "누가 너를 우리를 다스리는 자와 재판관으로 삼았느냐"(출 2:14)라는 비웃음을 들었다. 이 일로 바로가 죽이려고 하자 목숨을 잃을까 두려워 애굽에서 도망쳤다. 이제 미디안이라는 낯선 이방 땅에서 이방인이자 망명자가 된 그는 40년 동안 떠돌이 목자라는 하층민 생활을 감수해야 했다.

그러던 어느 날 하나님이 시내산에서 불타는 떨기나무로 모세에게 갑자기 나타나셨다. 그를 만나려 내려오셔서 직접 그에게 말씀하신 것이다.

하나님과의 대화로 모세는 두려움에 빠졌다. 하나님은 그의 이름을 불러 주셨고 그의 언어로 말씀하셨으며 과거의 조상들과 현재의 형제 관계를 다 알고 계셨다. 모세를 지으셨으며 그에게 자신의 대사로서 다시 애굽으로 돌아가 하나님의 백성들을 건져 내라고 지시하셨다. 또한 하나님은 그의 미래에 대해 아시고 자세하게 알려 주셨다(출 3:12).

하나님이 모세에 대해 이미 다 알고 계심이 너무나 분명했지만 모세는 하나님에 대해 거의 알지 못했고 자신의 정체성과 사명에 대해서도 전혀 파악하지 못하고 있었다.

혼란스럽고 불안했던 모세는 "내가 누구이기에 바로에게 가며 이스라엘 자손을 애굽에서 인도하여 내리이까"(11절)라고 반문했다. 자신은 이민자로서 양을 먹이는 목자일 뿐이며 말도 잘 못하기 때문에 지도자로서 자격이 없다고 생각했다. 그는 하나님의 부르심에 수차례나 의문을 제기한 후 계속 핑계를 대며 다른 사람을 보내라고 하나님께 간청했다.

그러나 하나님은 자신이 하는 일을 정확히 알고 계셨고 모세의 진정한 정체성과 능력과 인간적 약점들을 낱낱이 다 파악하고 계셨다. 또한 모세에게 힘을 주어 세상을 바꾸는 이 사명을 이룸으로 애굽의 모든 신에게 수치를 가하고, 한 민족을 노예 생활에서 능력으로 구원하여 언약 백성으로 세우며, 그들의 후손들에게서 성육신한 그리스도가 탄생하여 세상을 구원하게 될 것을 아셨다.

인간적으로 볼 때 모세는 여든이 된 이주 노동자로서 여생을 다람쥐 쳇바퀴 돌듯 주어진 일만 하다가 눈을 감을 운명이었다. 그의 세속적인 인생의 궤적과 정체성을 보면 비겁자에 불과했고 뒤죽박죽 꼬인 인생이었다. 스스로에 대해 긍정적으로 생각할 이유가 없었고 자신감도 없었다. 그의 감정이나 욕구는 하나님의 온전한 계획을 방해했다. 그리고 모세가 그의 아내나 형제 혹은 애굽의 어떤 사람에게 하나님이 주신 사명이나 지도자로서 그의 자격 요건에 맞는지 물어본다면 아마 제정신이 아니라고 비웃었을 것이다.

그러나 타오르는 불로 강력한 권능 가운데 그에게 말씀하고 계시는 '스스로 있는 자'(출 3:14)는 모세의 일생 동안 체계적이고 강권적으로 개입하시어 그를 이 일을 감당할 이상적인 적임자로 다듬으셨다. 그는 수십 년간 자신의 일부처럼 익숙하게 사용한 목자의 지팡이를 가지고 자신이 태어나고 자란 나라로 되돌아가서 이전에 사용했던 언어로 바로와 대화하고 그의 동족들을 노예살이에서 건져낸 후 2백만이 넘는 사람들을 이끌고 광야를 건너 자신이 이미 40년간 일했던 시내 산으로 돌아와야 했다. 모세는 이 일을 할 수 있는 적임자였다.

모세의 진정한 정체성을 아는 이는 누구인가? 모세인가? 하나님인가?

이제 이것을 우리에게 적용해 보자. 누가 우리의 진정한 정체성을 알고 있는가? 당신인가? 하나님인가? 하나님이 당신에게 나타나셔서 당신의 이름을 알고 평생 당신을 지켜보았다고 말씀하시며 이제 당신과 당신에게 맡기실 소명에 관해 그분을 믿으라고 요구하신다면 그분을 신뢰하겠는가, 아니면 그 자리에서 도망가고 싶겠는가?

자신의 인생을 이해하는 데 도움이 되는 가장 신뢰할 만한 근원으로 솔직히 지금 무엇을 믿고 의지하고 있는가? 자기 자신인가? 가족인가? 과거의 경험인가? 혹은 자신의 형상으로 당신을 만드시고 거짓말을 모르시며 모든 호흡을 주관하시고 손바닥으로 당신의 영원을 쥐고 계시는 우주의 하나님인가?

하나님이 우리 정체성과 관련해 절대적으로 신뢰할 만한 분이라는 것과 관련해 염두에 둘 몇 가지가 있다.

1. 하나님은 우리 전 인생의 모든 세세한 부분까지 완벽하게 알고 계신다. 하나님의 말씀은 하나님이 우리를 속속들이 탐색하시고 세세히 아신다고 말한다(시 139:1-6). 세상의 그 누구보다 하나님은 우리가 현재 어떤 모습인지 정확하게 알고 계신다. 심지어 주머니 속에 든 핸드폰의 위치 추적 소프트웨어도 아신다. 하나님은 우리 심장 박동 소리를 들으시고, 우리 눈이 보는 대로 다 보고 계시며, 우리가 앉고 일어날 때를 아시고, 숨을 쉬거나 걸음을 내디딜 때를 아신다.

그동안 흘렸던 눈물 한 방울까지 잘 알고 계시며(시 56:8), 그렇게 우는 이유도 잘 알고 계신다. 설령 지금 머리카락이 거의 없을지라도 이전의 우리 머리카락 개수도 정확히 말해 주실 수 있다(마 10:30). 그분은 영원부터 영원까지 세시는 데 아무 어려움이 없다(시 90:2).

그러나 하나님이 우리가 미처 생각하기도 전에 이미 우리가 무슨 생각을 할지 아시고, 입으로 내뱉기도 전에 무슨 말을 할지 아신다는 사실은 더욱 놀랍다. 그분은 지나온 우리의 모든 과거를 다 아시고 오늘의 우리 일정과 우리의 내일에 대해 다 알고 계신다. 우리 마음에 품은 모든 의문과 사랑의 생각, 마음 깊은 곳에 품은 은밀한 죄악을 알고 계신다(렘 17:10). 하나님은 우리 조상들의 이름을 모두 알고 계시며, 원대한 포부와 가장 은밀하고 어두운 두려움을 알고 계시고, 수천 년이 지나 당신이 어디에 있을지 말해 주실 수 있다(벧후 3:8). 그분은 모든 말을 듣고 계셨고, 그동안 올린 인터넷의 글과 보낸 문자를 다 보고 계셨으며, 당신이 관계한 모든 일에 대해 여전히 주권적으로 간섭하시며 다 알고 계신다(시 33:15).

온 우주에서 당신을 누가 가장 잘 알고 있다고 믿는가? 당신의 어머니인가? 동생인가? 아니면 연인인가? 아니다. 오직 하나님이다. 너무나 분명하다. 하나님과 견줄 사람은 아무도 없다.

2. 하나님은 우리에 대한 완전한 소유권을 가지고 있으시다. 하나님은 우리를 단순히 아시기만 하는 것이 아니라 우리를 소유하신다. 첫째, 그분은 우리를 창조하셨다(시 100:3). 둘째, 그분은 그리스도를 통해 우리를 구속하시고 사셨다(사 43:1; 고전 6:19-20). 우주 밖에서 보더라도 하나님은 이 지구의 주인이시다. "땅과 거기에 충만한 것과 세계와 그 가운데에 사는 자들은 다 여호와의 것이로다"(시 24:1). '내 몸', '내 권리', '내 선택'을 외쳐대는 세대

에서 무엇인가를 합리화하려고 할 때마다 하나님은 이런 결론들이 우리에 대한 소유권과 관련해 완벽한 거짓말에 근거하고 있음을 알려 주신다.

솔직히 말해, 우리 두 형제가 어떤 문제에 대해 하나님의 뜻이 무엇일지 고민하면서 마음으로 하나님과 변론을 벌일 때, 각자 "너는 내 것이다"라고 깨우쳐 주시는 하나님의 음성을 마음으로 듣는 순간들이 있다. 그리고 개별적으로 들리는 이 한 구절로 인해 우리 마음의 고민과 괴로움은 사라지고 그분을 신뢰하게 된다. 우리 인생의 주인이신 하나님은 우리에 대한 소유권을 주장하시고 우리 이름을 지어 주시며 우리를 인도하시고 우리가 어떤 존재가 되기를 원하는지 말씀하실 권리가 있다.

3. 하나님은 우리에 대한 궁극적 권한을 갖고 계신다. 하나님보다 더 높은 권한을 가진 분은 없다. "여호와께서 그의 보좌를 하늘에 세우시고 그의 왕권으로 만유를 다스리시도다"(시 103:19). 성부 하나님은 그리스도에 대해 "만물을 그의 발 아래에 복종하게 하시고 그를 만물 위에 교회의 머리로"(엡 1:22) 삼으셨다. 예수님 역시 "하늘과 땅의 모든 권세를 내게 주셨으니"(마 28:18)라고 자신에 대해 말씀하셨다. 가장 막강한 권위를 가지신 분이 궁극적 권한을 가지셔야 한다.

이것을 설명하기 위해 개인적 경험을 나누고자 한다.

9학년이 된 딸 조이가 고등학교 농구부 선수 선발 심사를 받은 지 얼마 지나지 않아 코치는 조이가 그 시즌 선발 출전선수 명단에 포함될 것이라고 알려 주었다. 조이는 도무지 믿어지지 않을 정도로 가슴 설레고 흥분이 되었다. 신입생임에도 경기를 대기석에서 시작할 것이라 기대했다.

그러다가 조이는 걱정 어린 표정으로 나를 찾아왔다. 선배들이 이 사실을 어떻게 생각할까? 9학년 신입생처럼 경기에서 뛰지 못하는 자기 딸들을 볼 때 그 부모들은 뭐라고 말할까?

다행히 조이의 경우에는 모두가 흡족하게 생각했고 조이가 팀에 기여한 공로가 있다고 믿었다. 그러나 그들이 그렇게 생각하지 않았다면 어떻게 되었겠는가? 선배들이 선발선수 5인에 소속되지 않았다고 말했더라면 어떻게 되었을까? 다른 부모들이 불만이 생겨서 학교에 전화를 걸어 따지고 항의 서한을 보냈더라면 어떻게 되었을까? 아니면 조이 스스로 선발선수 자격이 없다고 믿었더라면 어떻게 되었을까? 사실 이런 것들은 실제로 하나도 중요하지 않았다.

그 팀에 대한 결정 권한을 지닌 사람이 내리는 결정만이 유일하게 중요했기 때문이다. 그 사람은 바로 코치였다. 조이에게 그 역할을 맡긴 것은 그의 결정이었다. 그는 조이와 다른 선수들의 팀 내 포지션을 결정할 권한이 있었다. 다른 사람들이 무엇을 원하든 혹은 뭐라고 말하든 중요하지 않았다. 결정 권한이 없는 사람들은 상황에 아무 변화를 주지 못할 것이다.

마찬가지로, 창조주께서는 그분의 피조물의 운명을 결정하실 권한이 있다. 하나님은 당신을 규정할 권한을 갖고 계신다. 그렇다고 실질적인 권한이 없으면서도 대화에 끼어들어 마치 하나님이 결정하시는 데 영향을 미칠 것처럼 행동하는 다른 시끄러운 소리들이 전혀 없을 것이라는 의미는 아니다.

주변의 문화가 우리를 규정하려 할 것이다. 집이나 일터나 교회나 지역 사회의 다른 사람들이 당신의 정체성을 평가하고 규정하려 할 것이다. 심지어 공식적인 지능 검사나 정서 지능 검사, 혹은 공인된 심리 테스트들이 우리를 규정할 권한을 가진 전문가인 양 행세할 수도 있다. 하지만 그들에게는 그런 권한이 없다. 모세도 마찬가지였다.

오직 우리를 만드신 하나님만이, 우리를 구속하신 그리스도만이 우리 정체성을 규정하고 우리의 본래적 창조 목적을 규정할 절대적 권한과 지식과 완전한 소유권을 갖고 계신다. 우리의 정체성은 오직 하나님만이 결정하신다. 더 이상 왈가왈부하지 말아야 한다. 우리가 이것을 더 빨리 깨닫고 그분이 말씀하신 내용을 더욱 빨리 알수록 더 편안할 것이다.

만물의 정체성을 결정하는 열쇠

모세가 답을 찾고자 했고 우리 역시 분명하게 답해야 할 가장 중요한 두 가지 질문이 있다면 "하나님은 누구신가?"와 "나는 누구인가?"이다. 그러나 이 두 질문의 답은 서로 밀접하게 관련되어 있다는 사실을 모르는 사람들이 있다. 사과와 그 사과를 맺은 사과나무는 서로에 대해 많은 것을 알려 줄 수 있다. 모든 피조물은 궁극적으로 그 존재 의미와 정체성을 창조주이신 하나님에게서 발견한다.

하나님이 하신 말씀과 행동은 모두 하나님의 속성과 일치하며, 하나님은 스스로에게 진실하시고 완전무결하고 신실하시므로 자신의 본성과 어긋나는 어떤 말이나 행동도 하시지 않는다. 그러므로 하나님이 창조하신 모든 개별 사물의 정체성은 하나님 자신의 본성이나 속성과 영구적으로 연결되어 있다.

> "창세(세상이 창조된 때)로부터 그의 보이지 아니하는 것들 곧 그의 영원하신 능력과 신성이 그가 만드신 만물에 분명히 보여 알려졌나니"(롬 1:20).

여기서 '창조'라는 단어는 창조주를 전제로 하는 정체성과 관련된 단어다. 그러나 또한 이것은 하나님이 우리에 대해 말씀하신 다른 모든 내용에도 해당된다. 창조되고 유지되며 알려지고 사랑을 받거나 용서를 받는 것 역시 창조주가 필요하다. 우리를 붙들어 주시고 아시며 사랑하시고 용서해 주시는 분이 필요하다.

우리의 정체성과 존재는 오직 그분 안에서만 온전히 이해할 수 있다.

"우리가 그를 힘입어 살며 기동하며 존재하느니라"(행 17:28).

역설적이게도 악과 죄악조차 하나님의 본성과 관련지어서 볼 때만 그 정체성을 발견할 수 있다. 죄는 경건하지 않음이나 불의로 묘사되곤 한다(롬 1:18). 다시 말해서 하나님의 속성과 닮지 않은 것이다. 거룩하지 않고 사랑하지 않는 것은 거룩하시고 사랑이신 하나님의 구체적 속성과 정반대다.

어둠이 빛의 결핍이며 차가움이 뜨거움의 결핍이듯이 거짓은 진실의 결여다(롬 1:25). 증오는 사랑의 결여이며 사망은 생명의 결여다(요일 3:13-16). 그러므로 악을 제대로 이해하고 싶다면 악을 연구해서는 안 된다. 하나님을 연구해야 한다. 어둠 속에 숨어 있는 것은 어둠 속에 있어야 드러나는 것이 아니라 빛을 밝혀야 드러난다.

지식, 명철, 지혜의 원천은 하나님이다. 옳고 그름, 진실과 거짓, 경건함과 불의함을 분별하는 능력은 하나님에게서 흘러나온다. 죄와 어둠에 골몰하면 이 세상과 인생에서 옳고 그름을 분별하지 못하게 된다. 하나님을 알아야 우리 죄를 더 잘 알게 되듯이 창조 세계를 제대로 알기 위해서도 하나님을 잘 알아야 한다. 하나님이 누구신지 아는 것은 모든 생명을 더 잘 보고 이해할 수 있게 빛을 밝히는 것과 같다. 그분은 세상의 빛이시다. 그러므로 하나님의 성품과 속성을 아는 지식이 깊어질수록 하나님이 창조하신 세상에 대한 기본적 지식과 이해가 더 깊어질 것이고, 올바른 삶을 사는 법을 아는 지식도 더불어 더 깊어질 것이다.

역사상 위대한 과학자와 발명가들은 이런 지식과 이해로 이 세상이 어떻게 설계되고 운행되는지 더 잘 이해하게 되었다. 갈릴레오(망원경), 로버트 보일(화학, 과학적 방법), 아이작 뉴턴(미적분, 중력), 요하네스 구텐베르크(인쇄술), 조지 워싱턴 커버(쿠킹 오일, 인쇄용 잉크), 굴리엘모 마르코니(라디오)는 모두 하나님을 깊이 경외하고 신뢰하며 하나님을 아는 지식이 있었다.

"여호와를 경외하는 것이 지식의 근본이거늘"(잠 1:7). "여호와를 경외하는 것이 지혜의 근본이요 거룩하신 자를 아는 것이 명철이니라"(잠 9:10). "대저 여호와는 지혜를 주시며 지식과 명철을 그 입에서 내심이며(잠 2:6). "지혜로도 못하고, 명철로도 못하고 모략으로도 여호와를 당하지 못하느니라"(잠 21:30). "그 안에는 지혜와 지식의 모든 보화가 감추어져 있느니라"(골 2:3).

자신의 진정한 정체성을 이해하고 알도록 하나님의 도우심을 구한다면 하나님은 그 요청을 귀히 여기실 뿐 아니라 그분을 더 잘 알기 위해서 그분에게 집중하라고 요청하실 것이다.

이 점을 명심한 채 모세가 하나님의 이름을 물었던 순간을 다시 살펴보자.

하나님은 "나는 스스로 있는 자이니라"(출 3:14)라고 대답하셨다. '존재하다'라는 어근을 근거로 이렇게 번역한 것이다. 처음에 "나는 스스로 있는 자이니라(I am who I am, 나는 나이다)"라는 이름을 들으면, 하나님이 아무 대답도 하지 않으신 것처럼 들리거나 아무 도움도 되지 않는 것처럼 들린다. 그러나 하나님이 자신에 대해 말씀하신 내용과 그 함의를 계속 곰곰이 생각하다 보면 그 의미가 폭발적일 정도로 풍부하고 다양함을 알게 된다.

하나님에 대해 이 외에 더 많은 의미를 소개할 수 있지만 여기서는 일단 하나님이 계시하신 이름을 통해 하나님의 15가지 속성을 살펴보고자 한다.

나는 스스로 있는 자이다 (I am who I am)

함의	하나님의 속성	성경 구절
하나님은 살아 계신다	존재하신다	히 11:6
하나님은 유일한 하나님이시다	한 분이시다	신 4:4
하나님은 현재의 하나님이시다	현존하신다	시 46:1
하나님은 전능의 하나님으로 존재하신다	전능하시다	계 19:1
하나님은 자신 그대로이다	성결하시다	시 18:26
하나님은 거짓되지 않고 참되시다	진실하시다	요일 5:20
하나님은 보이지 않는 것을 드러내신다	빛이시다	요 1:9
하나님은 언제나 계시며 살아계신 분이다	생명이시다	요 1:4
하나님은 한결같이 변치 않으신 분이다	미쁘시다	요일 1:9
하나님은 초월하여 존재하신다	초월하신다	요 1:3
하나님은 변함없이 영존하신다	영존하신다	계 4:8
하나님은 영원하신 초월자이시다	창조주시다	시 90:2
하나님은 지성을 사용하신다	지식에 뛰어나시다	골 2:3
하나님은 우리와 소통하신다	스스로를 알리신다	요 17:3
하나님은 자신의 모든 것을 드러내신다	친밀하시다	요 17:3

하나님을 더욱 깊이 알아갈수록 자신의 정체성을 더욱 분명하게 자각할 수 있고 진실에 더욱 가까워지며 미래도 더욱 선명해질 것이다. 예수님이 인간의 육체로 나타난 하나님의 풍성함이므로 (골 2:9; 히 1:3) 그리스도를 아는 지식이 자랄수록 하나님과 나아가 자신을 아는 지식도 자랄 것이다. 이 사실을 염두에 두고 다음

구절을 깊이 음미해 보라. "어두운 데에 빛이 비치라 말씀하셨던 그 하나님께서 예수 그리스도의 얼굴에 있는 하나님의 영광을 아는 빛을 우리 마음에 비추셨느니라"(고후 4:6). 하나님을 알면 또한 우리를 알게 된다.

* * *

하나님 아버지, 우리를 속속들이 아시며 당신을 알려 주시니 감사합니다. 저의 인생에 대한 당신의 소유권과 권위를 인정하도록 도와주소서. 성령과 말씀으로 진리의 빛과 당신을 아는 지식을 제 마음에 비추어 주셔서 당신을 더 알고 더 사랑하며 제가 누구인지 발견하도록 도와주소서. 주님의 성품에 합한 삶을 살도록 인도하소서. 예수님의 이름으로 기도합니다. 아멘.

더 깊이 알아보기
출 3:1-15 • 시 89:11-18 • 롬 14:8-9

"또 아는 것은 하나님의 아들이 이르러 우리에게 지각을 주사"(요일 5:20).

그룹 토의 질문
- 우리 정체성을 규정하는 데 하나님이 가장 적격이신 이유는 무엇인가?
- 하나님이 우리 인생의 주인이심을 믿는가? 하나님이 우리에 대한 소유권을 가진다는 사실이 우리 정체성에 어떤 영향을 미치는가?
- 하나님의 정체성과 우리 정체성은 어떤 연관이 있는가? 하나님을 아는 것이 우리 정체성을 발견하는 데 어떤 도움이 되는가?

1부

우리에 대한 하나님의 의도:
우리 이야기의 시작

4장
우리는 목적이 있어서 창조되었다

> 내가 주께 감사하옴은 나를 지으심이 심히 기묘하심이라
> 주께서 하시는 일이 기이함을 내 영혼이 잘 아나이다
> 시 139:14

하나님은 우리를 직접 창조하셨을 뿐 아니라 놀랍도록 특별한 존재로 창조하셨다.

여러 대륙에서 호흡하고 있는 수십억의 사람들 중에서 똑같은 존재는 한 명도 존재하지 않으며 존재한 적도 없었다. 이 사실을 생각하면 참으로 경이로운 마음이 들고 흥분이 된다. 우리는 이제까지 한 번도 본 적이 없는 일종의 독창적인 걸작품인 것이다.

예를 들어, 지금 당신은 당신만이 가진 고유한 지문을 지면에 찍어가며 이 책을 읽고 있다. 또한 아름답고 복잡한 무늬의 홍채는 사람들마다 다 다르다. 심지어 이 문장을 읽는 당신의 오른쪽 눈과 왼쪽 눈의 홍채 무늬도 다르다. 인간의 치아 역시 사람마다 독특한 측에 속한다. 혀의 미뢰도 개인마다 독특하다. 개인마다

독특한 걸음걸이가 있으며 목소리의 억양도 저마다 독특하다. 심장은 저마다 박동 패턴과 리듬이 다르고 얼굴도 누구나 식별이 가능하도록 생김새가 다르다. 심지어 쌍둥이도 세세한 부분에서는 다르다.

우리의 세포 속에는 수십억 마일에 해당하는 DNA가 나선 구조로 존재하고 있으며 각자에 맞게 암호화되고 프로그램되어 있다. 심지어 모든 생체 인식 표지는 서명과 비슷하여 당신이 얼마나 특별한 존재인지 우주의 스포트라이트를 비추어 주는 역할을 한다.

이 모든 것은 하나님이 작정하신 것이며 하나님만이 하실 수 있고 하나님의 무한한 능력으로 이루어진다. 하나님은 하실 수 있기 때문에 하신다. 하실 수 있는데 하지 않으실 이유가 없지 않겠는가?

하나님께 두 사람을 똑같이 만들어 달라고 요청하는 것은 모차르트에게 교향곡을 음표와 선율 하나까지 똑같도록 다시 써달라고 요구하는 셈이나 마찬가지일 것이다. 그분이 이런 요구에 응할 이유가 있겠는가? 이미 같은 곡이 있다. 뭔가 참신하고 획기적인 새로운 것이 있어야 한다. 당신만의 독특한 디자인, 놀라운 독특성, 대체불가능성으로 당신은 참으로 소중한 존재가 된다. 이른바 걸어 다니는 기적이 되는 것이다.

당신이 어머니 태중에서 잉태되던 어느 새벽에, 무려 3억 개에 달하는 경쟁자와 앞다투어 목표물을 향해 달려가며 치열한 경쟁을 치렀고 당신이 이겼다. 그런 다음 몇 개월 동안 세포에서 수십

억 가지 기적이 성공적으로 일어났고, 발달 과정을 거치면서 생명을 유지할 수 있게 되었다. 어머니의 태중에서 하나님은 아주 다양하고 복잡한 신체 기관들을 서로 엮고 이어 주는 작업을 하심으로 이 기관들이 적정하게 기능하고 뇌와 신속히 소통할 뿐 아니라 궁극적으로 생명이라는 직조물로 완성이 되도록 하셨다. 인간의 임신과 출생이 가장 위대한 생명의 기적이라고 불리는 이유가 여기에 있다.

다음으로, 당신이 첫 호흡을 하기 위해서는 정신적 사령부, 고동치는 심장, 확장하는 폐, 새롭게 형성된 근육들이 교향악단처럼 하나로 조화를 이루어야 했다. 당신은 우연히 생겨난 존재가 아니다.

우연과는 전혀 거리가 먼 존재다.

실제로 이 순간에도 이 글을 읽기 위해 당신의 몸은 눈으로 빛을 받아들이고, 혈류량이 증가한 뇌가 당신이 이해하는 언어로 이 활자들을 처리하며, 영양을 제대로 공급받은 뉴런들이 추상적인 생각들을 해석하고 처리하도록 열심히 일하고 있다.

우리 인체는 정교하게 디자인되어 있고, 놀라울 정도로 복잡하며, 기능적으로 회로들이 이어져 있을 뿐 아니라 유기적으로 긴밀히 연결되어 있다. 인간이 단순히 시간과 우연의 결과물이라는 주장은 터무니없는 우스운 주장일 뿐이다. 이것은 마치 세상에서 가장 복잡한 컴퓨터가 우연히 스스로를 디자인하고 우연히 회로판을 연결하고 스스로 전기에 연결해 우연히 일관되고 체계적인 디지털 언어를 만들어 소통하고 운영 체계에 필요한 모든 코드를

작성하며 본인의 의사와 상관없이 살아남아 수천 세대 동안 성공적으로 스스로를 복제할 수 있었다고 믿는 것과 같다.

성경이 강조하듯이 우리는 스스로 우리를 만들지 않았다(시 100:3). 놀랍도록 창의적이시고 사랑의 의지가 확고하시며 강력한 능력을 가지신 하나님이 우리 개개인을 독특하게 디자인하시고 정성들여 빚으셨다(시 139:13). 그래서 우리는 걸어 다니는 우연의 산물이 아니라 탁월하고 놀라운 정체성의 소유자라 할 수 있다.

하나님은 우리 심장이 고동치고 우리 뇌가 생각하도록 만드신 분이다. 사랑의 마음으로 우리의 인종과 성을 결정하시고 몸의 뼈들이 긴밀하게 기능하도록 하시며 우리의 장기를 소중한 선물로서 일일이 유기적 관계를 이루도록 하신 분이다. 우리의 키를 정해 주셨고 머릿결을 지정해 주셨으며 출생 일자를 선택해 주셨다. 그분은 다양하고 풍부한 표정이 얼굴에 드러나도록 하셨고 특유의 감성으로 우리의 독특한 개성이 두드러지도록 하신 분이다.

그러므로 이 모든 것을 생각하며 잠시 마음을 비우고 스스로에게 물어보라. 당신을 이렇게 만드신 하나님의 디자인에 어떻게 반응해 왔는가? 하나님께 감사를 드린 적이 있는가? 하나님을 신뢰하였는가? 아니면 거부하고 저항했는가?

하나님의 선택에 대해 감사하는가? 아니면 하나님이 이렇게 나를 만드신 것에 화가 나는가? 하나님이 손으로 하신 일을 받아들이고 감사하였는가? 아니면 분노하였는가? 사랑하는 이에게 선물을 주려고 수없이 고민하고 정성을 쏟았을 때 그 사람이 기쁘게 그 선물을 받고 진심으로 좋아해 주기를 바라는 것이 인지상정이 아닌가?

우리에게 원하시는 하나님의 마음도 마찬가지다. 앞 장에서도 일부 소개한 적이 있는 로마서 1장의 구절을 자세히 읽어 보고, 사람들이 하나님이 인생에 베푸신 선의를 거부하고 감사하지 않기로 할 때 어떤 일이 생기는지 그 과정을 확인해 보라.

> "창세로부터 그의 보이지 아니하는 것들 곧 그의 영원하신 능력과 신성이 그가 만드신 만물에 분명히 보여 알려졌나니 그러므로 그들이 핑계하지 못할지니라 하나님을 알되 하나님을 영화롭게도 아니하며 감사하지도 아니하고 오히려 그 생각이 허망하여지며 미련한 마음이 어두워졌나니 스스로 지혜 있다 하나 어리석게 되어"(롬 1:20-22).

하나님을 인정하고 하나님의 설계를 받아들이는 사람은 더욱 지혜로워지며 하나님의 속성과 성품을 더 깊이 알아가게 된다. 그러나 하나님을 거부하고 감사하지 않을 때 사람들의 마음은 허망하여지고 어두워지며 오만하고 어리석게 된다.

인간에게는 자신이 겪은 최악의 일만을 생각하고 마음에 원망을 품거나 스스로를 피해자로 간주하면서 창조주와 다투고 하나님을 우리에게 호흡을 주신 분으로 신뢰하지 않고 오히려 판단하려는 오만한 성향이 있다. 자신의 약점을 누군가의 장점과 비교하기도 하고 고통스러운 순간에 남들의 행복한 모습과 비교하기도 한다. 그리고 자신이 남들보다 더 열등하거나 무가치하다고 생각하며 하나님은 우리에게 별로 관심이 없거나 돌봐주실 마음이 없다고 거짓된 결론을 제멋대로 내려 버린다.

그러나 솔직해지자. 하나님께는 원하는 대로 무엇이든 하실 권리가 없는가? 어떤 결정을 내릴 때 우리에게 설명하셔야 할 의무가 하나님께 있는가? 진흙이 토기장이보다 지혜롭지 않으므로 (사 29:16) 실상 우리는 창조주와 다툴 자격이 없다. 로마서 9장 20절의 말씀대로다. "이 사람아 네가 누구이기에 감히 하나님께 반문하느냐 지음을 받은 물건이 지은 자에게 어찌 나를 이같이 만들었느냐 말하겠느냐."

우리가 세상에 태어난 것은 어떤가? 부모가 계획하지 않았음에도 갑자기 아이가 생긴 경우라면 어떻게 하겠는가? 이런 일은 누구에게나 해당될 수 있다. 그러나 실제로 이것은 별로 중요하지 않다. 우리의 출생을 둘러싼 환경이나 상황과 상관없이 우리는 우연히 태어난 존재이거나 하찮은 존재가 아니다. 부모님은 계획에 없었다 하더라도 하나님은 계획에 있으셨고 이 점이 훨씬 더 중요하다. 우리를 만드신 것이 하나님의 실수라고 생각한다면 계속 스스로를 비하할 것이고, 자신의 가치를 받아들이며 중요한 영역에서 하나님을 신뢰하기가 쉽지 않을 것이다.

장애는 어떤가? 우리는 특별한 필요들을 실수라고 생각하기 쉽다. 그러나 이런 상황이라도 하나님의 결론은 사려 깊다. 예수님은 선천적인 시각 장애인에 대해 "그에게서 하나님이 하시는 일을 나타내고자 하심이라"(요 9:3)라고 말씀하셨다. 모세는 언어 장애로 인해 대인 관계에 자신이 없었고, 하나님의 명령을 거부하고 이스라엘을 노예 상태에서 건지는 임무를 거부할 구실로 이 장애를 이용하고자 했다. 그러나 하나님은 모세에게 이렇게 반문하셨다. "누가 사람의 입을 지었느냐 누가 말 못 하는 자나 못 듣는 자나 눈 밝은 자나 맹인이 되게 하였느냐 나 여호와가 아니냐 이제 가라 내가 네 입과 함께 있어서 할 말을 가르치리라"(출 4:11-12).

하나님이 고의로 누군가의 눈이나 귀를 멀게 하시거나 말을 못 하게 하실 수 있는가? 이 구절에 따르면 그렇다. 창조주로서 하나님은 지혜로운 방법으로 기꺼이 이렇게 하실 것이다. 미아의 심장 상태처럼 그런 특별한 필요들은 하나님의 특별한 계획의 특별한 일부임을 알 수 있다. 하나님은 선한 목적으로 모세에게 언어 장애를 주셨다고 말씀하셨다. 모세는 바로와 대면할 때 자신이 아니라 하나님을 의지하는 법을 배웠고 '지면에서' 가장 겸손한 사람이 되었기에 하나님의 이 계획은 확실히 효과가 있었다(민 12:3). 이런 장애로 그는 하나님을 늘 가까이하며 의지할 수 있었고 하나님은 그런 그를 크게 사용하셨다.

약점이나 한계로 힘들어하는가? 학습 장애로 애를 먹고 있는가? 기형이 있는가? 당신은 이런 제약으로 하나님을 더 의지할 수 있는가? 더 겸허해지고 더 친절하며 남의 고통에 더욱 공감하며 사랑할 수 있는가? 이런 제약에도 하나님의 장기적인 의도를 오해하지 않고 하나님께 감사하며 영광을 돌릴 수 있겠는가?

가족은 어떤가? 그들을 하나님이 허락하신 부모와 형제로 받아들이는가? 하나님이 주신 가족에 대해 하나님께 영광을 돌리고 있는가?

가족 간의 갈등은 많은 사람에게서 흔히 볼 수 있다. 우리는 모두 결함이 있는 가족이 있다. 성경에서 가인은 훌륭한 아우를 시기하고 질투한 나머지 그를 죽이고 그로 인해 고통을 겪었다(창 4:3-16). 다윗의 형들은 다윗을 무시하고 하찮게 여겼다. 그럼에도 하나님은 다윗을 역사상 가장 위대한 이야기 중 하나인 '승리한 약자(underdog)'로 만드셨다. 우리는 오늘날까지도 수많은 '다윗과 골리앗'의 싸움을 이야기한다.

많은 사람이 불가항력적인 고통스러운 사건들을 겪고 가족들에 대한 깊은 분노를 품고 자란다. 어떤 이들은 싱글맘의 자녀로 태어난 자신의 신세를 한탄하기도 하고, 어떤 이들은 부모의 고통스러운 이혼을 보며 자랐거나 입양아로 자라 친부모에게 버림받았다는 배신감으로 괴로워한다. 그렇다. 문제없는 가정은 없으며 당신의 가정은 또 다른 문제로 새로운 차원의 어려움을 겪을 수도 있다. 어쩌면 선하신 하나님이 이 모든 일을 어떻게 허락하실 수 있는지 이해하지 못해 내면에 치열한 싸움이 벌어지고 있을지도 모른다.

그러나 하나님의 말씀은 우리가 망가진 세상에서 망가진 존재로 살아가고 있다고 내내 말하고 있으며, 하나님은 그분의 빛을 우리의 어둠 속으로 비추어 망가진 우리를 만나 주시며 놀랍고 신비한 방법으로 우리 상황을 회복해 주시는 데 관심이 있다고 말한다. 하나님은 언제나 우리보다 더 큰 그림을 보시며 불행한 상황을 이용해 선을 이루시는 전문가시다.

요셉을 생각해 보라. 그는 형들에게 미움을 받았고 배신을 당했다(창 37:23-28). 그것도 모자라 무고히 고소를 당해 억울하게 옥살이를 했다. 이런 일들을 견디기가 쉽지 않았을 것이다. 그러나 하나님은 그곳에서 그를 만나 주셨다. 후에 애굽에서 내로라하는 고위 관리가 되었지만 요셉은 자신의 지위를 이용해 수백만 명의 목숨을 구하는 겸손하고 헌신적인 인격의 소유자가 되었다. 그는 하나님께서 선한 뜻을 가지고 자신에게 온갖 억울함과 고통을 허락하셨음을 믿었다. 나중에 그는 형들에게 "당신들은 나를 해하려 하였으나 하나님은 그것을 선으로 바꾸사 오늘과 같이 많은 백성의 생명을 구원하게 하시려 하셨나니"(창 50:20)라고 말했다.

당신은 어떤가? 거부당하고 배신당했다는 생각이 드는가? 가족에게, 스스로의 육신에, 혹은 결혼이라는 틀에 구속당한 채 살아간다고 생각하는가? 이제 하나님을 어렵고 괴로운 당신의 상황으로 초청하고, 그 가운데서도 용기를 내어 하나님께 감사를 드리며, 어둠을 비추는 하나님의 빛으로서 그분에게 영광을 돌리기로 결단할 시간이다.

이제 여기서 한 단계 더 나아가 보자. 당신이 왜 그해에 태어났는지 아는가? 혹은 지금 살고 있는 그 나라에 태어난 이유는 무엇인지 아는가? 하나님의 말씀은 하나님이 우리가 어디서 살고 언제 그곳에서 살지 미리 정하신다고 말한다. 그 이유는 한 가지다.

"인류의 모든 족속을 한 혈통으로 만드사 온 땅에 살게 하시고 그들의 연대를 정하시며 거주의 경계를 한정하셨으니 이는 사람으로 혹 하나님을 더듬어 찾아 발견하게 하려 하심이로되 그는 우리 각 사람에게서 멀리 계시지 아니하도다"(행 17:26-27).

하나님이 특정한 시기, 특정한 위치에 우리를 두신 이유가 무엇인지 유의해 보라. 그분을 더듬어 찾아 발견하도록 하기 위해서다. 그분을 더듬어 찾아보았는가? 그분을 발견했는가? 하나님은 자신이 만든 피조 세계를 이용하셔서 그분이 살아계시며 우리를 돌봐주심을 우리에게 계시해 주시는 분이다.

한번 생각해 보자. 하나님은 당신을 아무 어려움 없이 지금과 다르게 만드실 수도 있었다. 1800년대에 태어나게 하실 수도 있었고 다른 나라에 태어나게 하실 수도 있었다. 다른 피부와 성으로 태어나게 하실 수도 있었고 지금과 다른 기질과 성격을 갖고 태어나게 하실 수도 있었다. 다른 가정에 태어나게 하심으로 다른 배경을 갖게 하실 수도 있었다. 그러나 하나님은 그렇게 하지 않으셨다. 완벽하게 더 큰 그림을 보시기에 그렇게 하시지 않으셨다. 당신을 당신답게 하기를 원하셨다. 저주가 아니라 축복이 되기를 원하셨다. 단순히 당신만을 축복하시지 않고 세상을 축복하기를 원하셨다. 당신에 대한 하나님의 설계는 탁월할 뿐 아니라 분명한 목적이 있었다. 하나님이 스스로 자신이 하고자 하는 일을 정확히 알고 계셨음은 분명하다.

이런 사실을 마음에 깊이 되새기도록 하라. 이 사실에 대한 확신이 생기면 당신의 인생은 영원히 달라질 수 있다. 하지만 선택은 각자의 몫이다. 하나님의 설계를 거부하고 1루를 고수하며 남은 인생을 허비할 수도 있고, 하나님을 신뢰하며 우리를 위해 그동안 그분이 하신 모든 일로 그분을 찬송하며 확신을 가지고 다음 베이스로 진출할 수도 있다. 다윗은 시편 139편에서 바로 이런 내용으로 노래하고 있다. 그가 형제들 중에 별 볼일 없는 아들이었고 무시당하는 아들이었다는 사실을 기억하라. 그가 드린 아래 기도를 꼼꼼하게 읽어 보라. 스스로에 대해 어떤 사실들을 발견했는지, 또한 그런 사실들을 알고 하나님께 어떻게 반응했는지 잘 살펴보라.

"주께서 내 내장을 지으시며 나의 모태에서 나를 만드셨나이다 내가 주께 감사하옴은 나를 지으심이 심히 기묘하심이라 주께서 하시는 일이 기이함을 내 영혼이 잘 아나이다 내가 은밀한 데서 지음을 받고 땅의 깊은 곳에서 기이하게 지음을 받은 때에 나의 형체가 주의 앞에 숨겨지지 못하였나이다 내 형질이 이루어지기 전에 주의 눈이 보셨으며 나를 위하여 정한 날이 하루도 되기 전에 주의 책에 다 기록이 되었나이다 하나님이여 주의 생각이 내게 어찌 그리 보배로우신지요 그 수가 어찌 그리 많은지요 내가 세려고 할지라도 그 수가 모래보다 많도소이다"(시 139:13-18).

우리도 다윗처럼 반응해야 한다. 교만함을 버리고 기쁨으로 감사하며 하나님께 나아가야 한다. 하나님의 말씀은 우리가 '심히 기묘하며' 우리의 대한 그분의 디자인은 '기이하다'고 말한다. 그분이 우리를 얼마나 많이 생각하시는지 헤아릴 수 없고 심히 '보배롭다'. 우리의 인생과 나날들은 우연이 아니라 철저히 계획에 따른 것이다.

우리 마음은 하나님을 의심하고 스스로를 미워하는 대신 하나님을 향한 신뢰와 공경으로 꽃피워야 마땅하다. 우리는 하나님을 거부하며 밀어내지 말고 그분을 기뻐하고 감사하는 일을 시작해야 한다.

그렇다면 자기중심적인 교만함을 버리고 겸손함과 감사함으로 창조주께 감사의 기도를 올려드리며 이 장을 마무리하지 않겠는가? 우리 인생에 대한 하나님의 설계를 거부하는 태도를 버리고 담대하게 우리의 몸과 가족과 큰 어려움을 주었던 환경의 모든 면에 대해 하나님께 감사해 보지 않겠는가? 하나님이 지금 있는 모습 그대로, 현재 당하는 고통과 어려움 그대로 우리를 만나 주시며 우리의 과거와 연약함과 인생을 선하게 회복해 주심으로 세상을 이롭게 하고 하나님께 영광이 되도록 해달라고 기도하지 않겠는가?

* * *

사랑하는 하나님, 당신이 저를 창조하셨음을 믿습니다. 저를 심히 기묘하게 특별한 존재로 만들어 주셔서 감사합니다. 항상 최악을 생각하며, 저의 몸을 설계하시고 가족을 만들어 주신 당신을 거부했던 저를 용서해 주소서. 처음부터 끝까지 당신은 저의 인생을 살펴보시며 더 큰 그림을 보고 계시는 분이십니다. 오늘 당신을 신뢰하고 감사를 드리기로 결단합니다. 제가 당신을 찾고 당신을 더욱 알아가며 주의 계획이 저의 유익과 당신의 영광을 목적으로 함을 믿도록 도와주소서. 저의 인생과 미래를 구속해 주시고, 제가 이 세상에 당신을 알리는 빛이 되게 도와주소서. 예수님의 이름으로 기도합니다. 아멘.

더 깊이 알아보기

시 95:6-7 • 사 43:1-7 • 요 1:1-4

"그는 우리의 하나님이시요 우리는 그가 기르시는 백성이며 그의 손이 돌보시는 양이기 때문이라"(시 95:7).

그룹 토의 질문

- 하나님이 당신을 설계하셨음을 믿는가? 당신을 위한 하나님의 설계가 실수처럼 생각된 적은 없는가?
- 하나님이 당신을 존귀하게 여기시는 것처럼 스스로를 가치 있게 생각하는가?
- 이 장의 말미 내용대로 기도를 드리고 당신을 이렇게 만들어 주신 하나님께 감사드렸는가?

5장
하나님의 형상으로 만들어졌기에
더없이 귀중한 존재다

하나님이 이르시되 우리의 형상을 따라 우리의 모양대로 우리가 사람을 만들고 …
하나님이 자기 형상 곧 하나님의 형상대로 사람을 창조하시되
창 1:26-27

 하나님이 만드신 우리 몸은 신비로울 정도로 정교하고 특별하며 아름답다. 그러나 사실 우리 인체의 여러 기능이나 탁월하면서도 효율적인 작동 방식은 빼어난 디자인을 갖춘 벌새나 퓨마나 비버에게도 동일하게 해당될 수 있다. 동물들 역시 특별한 뇌와 골격과 혈액 공급 방식을 갖추고 있고 하나님은 이를 조율하시고 선사하셨다. 한 투견(맹견) 안에 내장된 DNA 코드는 다른 투견의 DNA와 달리 유일하다. 하지만 그렇다고 인간인 당신의 놀라운 가치가 사라지지는 않는다. 다만 하나님이 만드신 모든 피조물에 일관되게 그 속성이 반영되어 있다는 점에서 영광스러운 하나님의 동일한 지문이 피조물에 보인다고 하는 것이다.
 그러나 창조 때에 엄청난 일이 추가로 일어났고 우리는 이 점

을 유의해 살펴볼 필요가 있다. 하나님은 우리 정통성의 핵심과 직결되는 위대한 일을 인간에게 하기로 결정하셨다. 성경은 식물이나 동물들과 달리 인간이 '하나님의 형상으로' 만들어졌다고 말하며(창 1:27) 이마고 데이(Imago Dei)라는 라틴어 구절로 이것을 확인해 주고 있다.

이것은 마치 당신의 오토바이가 초호화 여객기 수준으로 업그레이드되었다는 사실을 알게 되는 것과 같다. 이런 차별화된 청사진은 실제로 우리의 가능성과 관계적 잠재력, 영원한 가치의 향상으로 이어진다. 창세기 1장에서 하나님은 능력으로 빛과 하늘, 땅과 바다, 식물과 나무와 해와 달과 별을 만드신 후 방향을 바꾸어 날아가는 새, 헤엄을 치는 각종 생물과 기어 다니는 짐승들로 분류되는 생물들을 전 세계적 규모로 충만하게 채우는 작업을 하셨다. 이 모든 것을 '좋았다'고 선언하신 후(창 1:25) 창조 작업을 멈추시고 창조의 마지막 정점을 완수하기 전에 삼위 하나님끼리 중요한 대화를 나누셨다. 하나님은 이렇게 말씀하셨다.

> "우리의 형상을 따라 우리의 모양대로 우리가 사람을 만들고 그들로 바다의 물고기와 하늘의 새와 가축과 온 땅과 땅에 기는 모든 것을 다스리게 하자 하시고 하나님이 자기 형상 곧 하나님의 형상대로 사람을 창조하시되 남자와 여자를 창조하시고"(창 1:26-27).

그렇게 해서 하나님은 창조 마지막 날에 지상에서 가장 뛰어나고 지적이며 관계 지향적인 통치하는 존재를 창조하셨다. 하나님은 그분의 형상으로 인간을 만드셨다. 우리 개개인이 하나님의 형상으로 만들어진 존재라니 얼마나 놀라운 특권이자 영광인가!

여기서 '형상'에 해당하는 히브리어는 '닮음'이라는 의미로 사용될 수도 있다. 마치 특정 인물이나 동물의 모양이나 형태를 본떠서 조각한 동상의 경우와 유사하다(롬 1:23). 그러나 하나님의 형상으로 만들어진 존재로서 우리의 위치는 신체적 닮음에 국한되지 않는다.

'모양'에 해당하는 히브리어 역시 여러 성경 구절에서 외형이나(겔 8:2), 소리(사 13:4)가 유사하거나 무엇인가를 닮은 것(시 58:4)을 서술할 때 사용하고 있다. 그러므로 하나님이 원래 인간을 그렇게 만드셨기 때문에 우리는 그분을 닮았을 뿐 아니라 여러 면에서 그분과 같을 수 있다. 우리는 성경을 통해 하나님이 우리에게 그분의 속성과 영광을 반영하고, 이 세상의 권위로 그분을 대표하며, 친밀하고 지적이며 영광스러운 방식으로 하나님과 다른 사람들과 직접적인 관계를 맺게 하셨다는 것을 알 수 있다.

이마고 데이(Image Dei)에 포함되는 전체 특징이 무엇인지는 확실하지 않다. 어떤 이들은 물리적인 면에서 인간이 하나님과 닮은 점을 의미한다고(실제로 그분을 닮았다는 의미로) 해석하는 반면(겔 1:26-28) 어떤 이들은 정신적 성향이나 도덕성, 관계적 능력의 유사성을 의미하는 것이라고 주장한다.

그러나 확인하기 불가능한 문제들은 지금 논의의 대상에서 제외하고자 한다. 또한 하나님이 말씀으로 명확하게 명시하시지 않은 경우라면 창조 당시 하나님의 완벽한 생각이 무엇인지 안다고 주장할 생각도 없다. 그러나 우리가 '하나님의 형상과 모양으로' 만들어졌다는 것이 유다의 모든 사자와 계곡의 백합들을 비롯해 지상의 그 어떤 존재보다 우리가 하나님을 더 닮았다는 의미라는 사실은 확실하다.

하나님의 형상으로 만들어졌다는 것은 인간에게만 고유하게 나타나는 수많은 경이로운 특징을 포함하거나 최소한 동반한다는 의미. 이 때문에 우리는 우리 인생에 베푸신 하나님의 선하심에 감사하고 찬양하는 마음으로 벅차오르게 된다.

시편 기자는 이렇게 썼다.

"사람이 무엇이기에 주께서 그를 생각하시며 인자가 무엇이기에 주께서 그를 돌보시나이까 그를 하나님보다 조금 못하게 하시고 영화와 존귀로 관을 씌우셨나이다 주의 손으로 만드신 것을 다스리게 하시고 만물을 그의 발 아래 두셨으니"(시 8:4-6).

그러므로 이제 확실히 알 수 있다. 하나님은 우리를 생각하시며 돌보시고 우리를 자신과 천사들보다 조금 못하게 하셨지만(히 2:5-9) 이 땅과 식물과 짐승들보다는 더 탁월하게 지으셨다. 또한 우리에게 그분의 손으로 만드신 것을 다스리는 권세를 주셨다(시 8:6).

이 외에 성경은 인간이 하나님과 어떻게 닮았는지에 대해 또 어떻게 말하고 있는지 살펴보자.

하나님의 형상으로 만들어진 인간이 부여받은 특징은 아래와 같다.

1. 존엄과 가치(창 9:6). 성경은 인간이 죄로 타락한 후에도 여전히 하나님의 형상을 유지하며(고전 11:7), 영광과 존귀로 관을 쓴 존재라고 말한다(히 2:9). 인간을 저주하는 것을 심각한 악으로 규정하는 이유가 이 때문이다. 인간은 "하나님의 형상대로 지음을 받은" 존재이기 때문이다(약 3:9). 하나님은 특별히 살인을 금하시며 살인은 자기 형상으로 만들어진 존재를 죽이는 것이므로 사형을 받아 마땅하다고 분명하게 말씀하셨다. "다른 사람의 피를 흘리면 그 사람의 피도 흘릴 것이니 이는 하나님이 자기 형상대로 사람을 지으셨음이니라"(창 9:6).

우리 자신이나 배우자나 가족이나 만나는 모든 사람을 진화 과정을 거친 동물이나 자연의 무작위적 우연의 결과물이 아니라 하나님이 원래 창조하신 대로 바라보기 시작한다면 어떤 일이 생기겠는가? 그분의 형상으로 만들어진 특별히 존귀한 피조물로서 사랑과 존중과 영광과 보호를 받기에 합당한 존재로 인간을 바라본다면 어떤 일이 생기겠는가? 이렇게 사람들을 바라보면 수많은 문제가 해결되고 우리 인생이 긍정적으로 변화되며 교회와 이 세상이 영원히 달라질 것이다.

2. 통치 능력과 세상에 대한 지배력(시 8:4-6). 기업과 교회와 정부와 스포츠팀들은 모두 자기 조직을 감독하고 지도할 수 있는 가

장 강력하고 지혜롭고 유능한 지도자들을 발굴하고자 노력한다. 하나님은 세상과 모든 짐승을 창조하신 후에 피조 세계를 다스리고 관리하며 통치할 역량과 능력과 책임감을 갖춘 인간을 창조하셨다.

짐승들에게는 이런 책임이 없으며, 세상의 문제들을 해결하고자 하는 의미 있고 일관된 대화를 나눌 정신적 능력도 없이 자기 보호 본능에 충실하다. 그러나 인간은 전기나 핵에너지, 생화학, 우주여행, 위성 기술, 수혈, 인터넷과 같은 전문 분야들을 이해하고 관리하는 데 직접적으로 관여할 수 있다. 하나님은 농사를 짓고, 도시를 건설하며, 과학 기술을 발전시키고, 질병을 차단하고, 자원을 최대한 활용하고, 폐기물을 재활용하고, 전 지구적으로 소통하고, 국제적 갈등을 해결할 능력을 인간에게 주셨다. 하나님은 우리가 그분이 주신 선한 자원들을 이용하고 온전히 향유하기를 원하시는 동시에(딤전 6:17; 사 65:21) 우리에게 위탁하신 세상을 관리하고 보호하며 청지기로서 사명을 균형감 있게 감당하기를 원하신다(시 24:1). 예를 들어 아담은 에덴동산을 망치지 않고 관리하며 일구고 정돈하고 누리고 보존해야 했다(창 2:15; 전 2:24-25).

3. 인간의 몸으로 나타나신 예수님. 아담과 하와가 하나님을 닮았든 아니든 확실한 것은 성부 하나님이 마리아의 태를 이용해 예수님을 세상에 보내셨고 예수님이 하나님의 형상으로 만들어진 사람의 몸을 입으셨다는 사실이다(빌 2:6-7). 예수님은 곰의 몸으

로 지상에 나타나시지 않았고, 천사로 내려오시지도 않았으며, 수생 생물처럼 헤엄을 치시지도 않았다. 부활하셔서 영화롭게 된 몸으로 사람들에게 나타나셨을 때조차 여전히 사람의 육신을 입고 직접 걷고 먹고 사람들과 교류하셨다.

예수님은 의심하는 도마에게 "네 손가락을 이리 내밀어 내 손을 보고 네 손을 내밀어 내 옆구리에 넣어 보라"(요 20:27)라고 말씀하셨다. 그리스도의 부활하신 몸으로 나타난 하나님의 형상은 여전히 인간과 같았다. 적어도 동물원의 동물이나 날개를 가진 천사들보다는 우리와 같은 사람에 더 가까우셨다.

예수님은 동물이 아니라 하나님의 형상으로 만들어진 죄인들을 구원하러 오셨다. 죄를 위한 합당한 제물로서 인간의 몸으로 십자가에서 그 피를 드리셨다. "염소와 송아지의 피로 하지 아니하고 오직 자기의 피로" 단번에 모두를 위해 성소에 들어가서 "영원한 속죄를" 이루셨다(히 9:12). 예수님이 사자의 모양으로 오셨다면 그분의 죽음으로 죄를 전혀 모르는 사자들만 구속함을 얻을 수 있으므로 우리 인간들은 여전히 우리 죄로 정죄를 받은 상태에 있을 수밖에 없었을 테니 참으로 슬프지 않겠는가?

우리와 온전하게 관계를 누릴 수 있는 인간으로서 우리를 위해 중보하시는 주님이 계시니 하나님께 감사를 돌리자(히 4:15). 하나님과 인간 양쪽과 동등한 존재라야 하나님과 인간의 괴리를 메울 수 있다. 그리고 예수님이 바로 그런 분이었다. "하나님은 한 분이시요 또 하나님과 사람 사이에 중보자도 한 분이시니 곧 사람이신 그리스도 예수라"(딤전 2:5).

요한은 계시록을 쓸 때 천상의 예수님의 모습을 "인자 같은 이가 발에 끌리는 옷을 입고" 있다고 묘사했다(계 1:13-14). 인간과 같은 발과 눈과 머리를 하고 걷고 있는 모습이 보였다. 그분은 사람의 음성으로 말씀하셨고 사람과 같은 손이 있었으며 얼굴은 "해가 힘있게 비치는 것"처럼 빛났다(16절).

예수님의 모습이 두려웠을까? 그렇다. 성경은 요한이 "그의 발 앞에 엎드러져 죽은 자"같이 되었다고 말한다(17절). 그 영광 앞에서 도무지 견딜 수 없었다. 그러나 괴물이나 저승의 짐승을 볼 때의 공포는 아니었다. 요한은 조금도 과장하지 않고 예수님의 인격 그대로를 육안으로 보고 있었다. 여전히 인간의 형체를 하셨지만 육신을 입으신 하나님이시며 인간의 형태로 하나님의 영광을 드러내시는 분을 정면으로 보았다.

4. 하나님과 다른 사람들과 깊은 친밀감을 누릴 수 있는 관계. 하나님은 "우리의 형상대로 사람을 만들자"라고 말씀하셨다. 이것은 삼위일체 간의 완벽한 연합을 모델로 하고 있다. 아담과 하와의 하나 됨이라는 독특함은 하나님의 하나 됨을 반영한다(창 2:18, 24). 하와는 고도의 지성과 깊은 정서적 친밀감과 영적 친숙함을 누리는 수준에서, 하나님을 경외하는 방식으로, 아담과 관계를 영위하며 그와 함께 만물을 통치할 수 있는 특별한 존재로 만들어졌음이 분명하다. 아담이 돕는 자에게 요구하는 자질은 짐승이 절대 충족시켜 줄 수 없고 아담을 닮은 다른 인간만이 충족시킬 수 있었다.

마찬가지로 에베소서 5장 22-33절을 보면 하나님의 형상으로 만들어진 모든 남자와 여자는 그리스도(우리의 영적 신랑)와 그분의 몸 된 교회이자 신부와의 관계를 대표할 수 있다. 이것은 지상의 그 어떤 존재가 아닌 오직 우리만이 예수님과 관계를 누리며 그분을 사랑하고 함께 통치할 수 있기 때문이다. 예수님은 자신과 아버지가 하나이듯이 우리가 그분과 하나가 되며 또한 서로 하나가 되게 해달라고 반복해서 기도하셨다(요 17:21).

우리는 하나님을 예배하고 사랑할 능력이 있고 서로 사랑할 능력이 있다. 동물들에게는 없는 능력이다. 개나 고양이, 원숭이들도 지능이 있고 감정을 느낄 수 있으며 반려동물로 한 집에서 살 수도 있다. 하지만 하나님의 형상으로 만들어진 존재는 아니다. 성경 어디서도 하나님께서 자신을 동물들의 아버지라고 하시거나 그들을 그분의 자녀라고 언급하신 곳은 없다. 예수님은 자신을 '사람의 아들'이라고 여러 번 말씀하셨다. 동물들은 심판대 앞에 서서 의로운 행위에 대해 보상을 받거나 죄악에 대해 정죄를 받지 않을 것이다.

그러므로 "들의 모든 나무"는 "손뼉을 칠" 수 있지만(사 55:12) 그 사실을 스스로 의식하지 못한다. "공중에 날아다니는 독수리의 자취"처럼(잠 30:19) 동물의 신비한 생리가 아름다울 수는 있지만, 오직 하나님의 은혜로 구원을 받고 성령으로 충만한 사람만이 하나님을 예배할 수 있다. 우리의 모든 것으로 하나님을 사랑하고 이웃을 내 몸과 같이 사랑하라는 우리의 소명은 우리가 그 스스로 사랑이신 하나님의 형상으로 만들어졌다는 사실을 통해 새로운 의미를 지니게 된다(요일 4:16).

5. 하나님의 영광을 대변함. 하나님의 놀라운 속성 중 많은 부분은 오직 하나님에게만 있는 것이다. 가령 지혜와 지식이 무궁하신 하나님의 전지하심과 어디서나 계시는 하나님의 무소부재하심이 대표적이다. 그럼에도 하나님은 우리 안에 자신과 유사한 많은 속성들을 주시고 그분에게 영광을 돌리도록 하셨다. 우리가 서로를 알고 이해할 수 있는 이유가 바로 이 때문이다. 사랑하고 사랑받으며 하나님과 친밀함을 누리고 그분을 예배하며 교감하고 다른 사람들과 실제적이고 순수한 관계를 향유할 수 있는 것도 이 때문이다. 우리 정체성의 이런 선천적 요소들 때문에 우리는 단순히 물리적인 면 이상으로 특별히 경이로운 존재다.

하나님은 관계와 사랑의 하나님으로서 그분의 속성과 특성이 우리 안에 내재하기를 원하신다. 우리 정체성의 고유한 특성 안에 그분의 속성과 특성이 내재되어 그 어떤 사람도 할 수 없는 방법으로 우리만의 삶과 이야기를 통해 하나님이 알려지기를 원하시는 것이다. 오직 이 목적만으로도 우리는 영원한 가치를 지닌다.

그래서 하나님은 우리를 하나님을 예배하는 존재로 만드셨다. 타인의 필요에 대한 우리 민감성을 깨우신 이유도 여기에 있다. 하나님은 우리에게 자신의 입장이 아닌 상대방의 입장에서 생각하는 능력을 주셔서 어려운 이들에게 손을 내밀고, 그들의 필요를 채워 주며, 하나님의 진리를 전하고, 그분의 사랑을 그들에게 보여 줄 수 있도록 하셨다. 이런 이유로 맞춤형 사명을 감당하도록 우리를 정교하게 훈련시키시고, 이 일을 감당하도록 "전에 예비" 해 주셨다(엡 2:10). "이때"를 위해 에스더를 준비시키신 것처럼 (에 4:14) 특정한 시기와 장소에 우리를 두신 이유도 이 때문이다.

우리가 하나님의 형상으로 만들어졌다는 사실을 창세기를 읽다가 잠시 스치듯 음미하고 지나가는 멋진 표현처럼 생각해서는 안 된다.

거대하고 엄청난 개념인 이 내용을 제대로 이해하기 위해서는 우리가 하나님의 형상으로 만들어짐으로 엄청난 보물을 받았다는 사실을 제대로 알아야 한다. 하나님의 형상으로 만들어졌다는 사실은 우리에 대한 하나님의 거대한 신뢰이자 우리의 특권이며 엄청난 책임이다. 또한 우리가 너무나 존귀한 존재라는 증거다. 하나님은 인간을 세상의 모든 다른 피조물과 자연계의 피조물보다 서열상 더 우월한 존재로 만드셨다. 아무리 웅장하고 거대하며 보기에 매력적이고 감탄스러운 존재라도 결코 인간보다 더 우월한 피조물은 없다. 하나님은 동물과 달리 우리에게 양심을 주셨고, 예수님은 인간으로 오셔서 대속의 피를 흘리심으로 우리 양심을 깨끗하게 해주셨다(히 9:13-14). 하나님은 우리를 그분의 대변하는 존재로 창조하시고(고후 5:20), 다른 사람들이 보고 인식할 수 있고, 그들을 만드신 분을 가리킬 수 있게 창조하셨다. 그분을 알고 그분을 알리며 그분께 영광을 돌리는 것이 바로 우리가 존재하는 이유다(요 17:3-4).

이 선물을 활용할 기회와 그 가치를 폄하하고 무시해서는 안 된다. 너무나 소중한 것이다.

우리는 신체적으로, 정서적으로, 경험적으로 특별하다. 하나님의 형상으로 만들어진 우리는 지금까지 진술한 모든 것을 소유하고 있다. 값으로 따질 수 없는 고귀함, 통치 능력, 예수님과 닮은 인간적 부분, 심오한 관계를 향유하는 능력이 있으며, 사람들이 우리를 통해 하나님을 알도록 그분의 영광을 대표로 드러낼 수 있다. 우리는 그분의 권능과 사랑의 신비다.

자신이 무가치하고 하찮은 존재이며 사람들에게 외면당하는 존재라는 생각이 들 때 창조주께서 이 진리로 우리에게 전하고자 하시는 바는 무엇이라고 생각하는가?

* * *

사랑하는 하나님, 주께서 저를 사용하기로 선택하신 것이 경이롭고 놀랍습니다. 당신은 저를 식물이나 동물로 만들지 않으시고 당신의 형상을 닮은 살아있는 영으로 만드셨습니다. 삶의 목적과 책임을 지닌 존재로 저를 만들어 주셔서 감사합니다. 진정으로 주를 알고, 신실하게 당신을 예배하며, 더욱 친밀하게 당신과 교제하도록 저를 도와주소서. 오늘 당신을 찬양하며 경외하는 마음으로 엎드리오니 그 어느 때보다 저를 향한 당신의 뜻에 더욱 가까이 다가서게 도와주소서. 저를 통해 하시고자 하는 바를 이루어 주소서. 예수님의 이름으로 기도합니다. 아멘.

더 깊이 알아보기

창 1:25-31 • 고전 15:47-49 • 골 1:15-17

"우리가 흙에 속한 자의 형상을 입은 것같이 또한 하늘에 속한 이의 형상을 입으리라"(고전 15:49).

그룹 토의 질문

- 하나님의 형상으로 만들어졌다는 것은 무슨 의미인가?
- 하나님의 형상을 닮은 존귀한 존재로 사람들을 대하고 있는가? 스스로에 대해서도 이렇게 바라보는가?
- 모든 사람 속의 '이마고 데이'를 존중한다면 인생이 어떻게 달라지리라 생각하는가?

6장
원래 매뉴얼대로: 프레드의 비유

사람이 미련하므로 자기 길을 굽게 하고 마음으로 여호와를 원망하느니라
잠 19:3

프레드라고 하는 청년이 있었다. 그의 부모는 그를 너무나 사랑해서 졸업 선물로 새 자동차를 사 주었다. 그의 아버지는 도로 법규를 숙지하고 자동차 매뉴얼을 읽고 교통 법규를 따라야 한다고 일렀지만 프레드는 아버지가 괜히 까다롭게 자유를 제한하고 재미를 앗아가려 한다고 생각하고 아버지의 말을 무시했다.

프레드는 자동차 유류비로 돈을 쓰고 싶지 않아서 식용유를 자동차 연료 탱크에 넣었다. 당연히 프레드의 차는 시동이 걸리지 않았다. 할 수 없이 그는 차를 수리하는 일주일 동안 자전거를 타고 일하러 가야 했다. 프레드는 새 차가 작동이 되지 않아 한낮의 불볕더위에 자전거를 타도록 한 하나님에게 너무나 화가 났다. 하나님이 사랑의 하나님이라면서 어떻게 이런 일을 당하게 하는지

분노가 치밀었다.

고장 난 새 차를 팔고 중고차를 산 후에는 계기판의 성가신 경고 표시등을 무시하고 오일을 한 번도 갈지 않았다. 어느 날 프레드의 차는 과열이 되어 고장이 났고 엔진이 영구적인 손상을 입었다. 프레드는 자동차가 고장이 나서 동생의 자전거를 타고 뜨거운 여름철에 두 달이나 일하러 가도록 만드신 하나님께 너무 너무 화가 났다. 그는 더 싼 자동차를 찾았다.

마침내 프레드는 자신의 여력으로 감당할 수 있는 낡은 중고차를 찾았다. 헤드라이트는 깨져 있었고 앞 유리는 금이 가고 오랫동안 씻지 않은 개털에서 나는 냄새가 났다. 그러나 후미등은 멀쩡했기 때문에 프레드는 백미러를 보면서 역주행하기로 마음먹었다. 그가 도로에서 왔다 갔다하며 방향을 바꿀 때 당사자인 프레드는 물론이고 주변의 모든 사람이 극심한 스트레스를 받았다. 사람들은 차 경적을 울렸지만 프레드는 창 밖으로 고함을 지르며 간섭하지 말라고 화를 냈다.

그 다음 날 프레드는 큰 사고를 내고 말았다. 많은 사람이 다쳤고 프레드의 차는 고랑에 뒤집힌 모습으로 뉴스에 보도되었다. 프레드는 사고를 당하고 운전 면허증을 경찰에게 압수당할 때까지 두고 보신 하나님께 이루 말할 수 없이 화가 났다. 꼬박 일주일간 병원 신세를 지고, 6개월간 옥에 갇히고, 직장에 출근하지 않아 해고를 당하도록 방치하신 사실도 화가 났다. '선하시다는 하나님이 어떻게 이 모든 불행이 일어나도록 두고 보실 수 있다는 말인가?' 그는 생각했다.

그 다음 해에는 급여가 짠 직장에서 꼬박 일 년간 일을 하며 여동생의 자전거를 타고 다녀야 했다. 어느 날 프레드의 아버지는 아들에게 자동차 매뉴얼을 제대로 읽고, 적정 등급의 기름을 넣고, 자동차 오일을 제때 교체해 주고, 도로에서 역주행을 하지 않으며, 교통 법규를 제대로 지킨다면 다른 중고차를 사도록 도와주겠다고 말했다.

프레드는 너무 화가 나서 아버지에게 더 이상 판단하거나 통제하려고 들지 말라고 소리를 질렀다. 자신에게는 더 많은 규율이 아니라 더 많은 자유가 필요하다고 말했다. 그래서 그는 자신의 소지품을 챙겨 남의 차를 얻어 타고 다른 도시로 떠났다. 전과 기록이 있고 이동 수단마저 없었던 프레드는 결국 노숙자 신세로 전락했고 거리에서 구걸을 하며 생활하게 되었다. 그는 자신을 뜨거운 대낮에 밖에 나와 구걸을 하고, 끼니를 다 챙겨 먹지도 못하고, 박스를 깔고 잠을 자는 신세로 만든 하나님을 생각하면 화가 나서 견딜 수가 없었다. '자비로우신 분이라는 하나님이 어떻게 이런 일이 나한테 일어나게 두신다는 말인가?' 그는 생각했다.

어느 날 아침, 쓰레기 더미에서 찾아낸 돼지 껍데기를 먹던 중 프레드는 자동차 매뉴얼을 보게 되었고 제대로 읽어 보기로 했다. 그날 오후 프레드는 인생을 바꾸는 계시를 받았다. 자동차가 어떻게 작동하도록 설계되었는지 처음으로 알게 되었던 것이다. 그는 자동차 작동법을 알려 주는 매뉴얼이 그를 다치게 하거나 재미를 앗아가기 위해서가 아니라 가능한 안전하면서 자유롭게 운전하도록 하기 위해서였음을 알고 깜짝 놀랐다. 매뉴얼은 심지어 어떤 연료를 넣어야 적정한지, 오일을 정기적으로 교체해야 하는 이유가 무엇인지에 대해 자세히 알려 주었고, 그렇게 하지 않을 때의 위험까지 친절하게 경고해 주고 있었다.

또한 프레드는 좌석 벨트나 에어컨처럼 차내에 여러 멋진 기능들에 대해서도 배웠다. 이런 기능들에 대해 수없이 들었지만 지금까지 작동법을 전혀 모르고 있었다. 매뉴얼 마지막 장을 다 읽고 나자 프레드는 울기 시작했다. 아버지가 그동안 자신을 얼마나 사랑했는지 또 하나님도 얼마나 자신을 사랑하셨는지 마음 깊이 깨닫게 되었던 것이다. 그날 밤 프레드는 집으로 돌아가서 아버지에게 용서를 구하고 앞으로 아버지의 말을 귀담아듣기로 결심했다.

일 년 후 프레드는 자동차 에어컨을 틀고, 라디오를 켠 후, 안전벨트를 매고, 이 나라에서 가장 성공한 자동차 주차장 소유주이자 새로 그의 절친이 된 아버지와 함께 일하는 일터로 안전하게 운전을 했다. 얼굴에는 내내 미소가 떠나지 않았다. 끝.

더 깊이 알아보기

"여호와의 말씀이니라 너희를 향한 나의 생각을 내가 아나니 평안이요 재앙이 아니니라 너희에게 미래와 희망을 주는 것이니라"(렘 29:11).

그룹 토의 질문

- 프레드의 이야기에서 가장 중요한 교훈은 무엇인가? 성인들은 이것을 어떻게 적용할 수 있는가?
- 청소년기에 부모의 조언을 존중하고 받아들였는가? 부모의 조언을 존중했을 때 인생에 어떤 변화가 있었는가?
- 하나님의 계획을 존중하는가? 거부하는가?

7장
우리는 망가지고 불완전한 존재다

> 그러므로 한 사람으로 말미암아 죄가 세상에 들어오고
> 죄로 말미암아 사망이 들어왔나니
> 이와 같이 모든 사람이 죄를 지었으므로 사망이 모든 사람에게 이르렀느니라
> **롬 5:12**

 이 장은 읽기가 매우 괴로울 수도 있다. 하지만 마음을 굳게 다잡고 끝까지 읽어야 한다. 이것은 마치 원치 않는 혈액 검사 결과를 들으려고 병원을 방문하는 것과 비슷하다. 하지만 장기적으로는 정확히 대처할 방법을 찾아낼 수 있으므로 진실을 아는 것이 좋다. 걱정하지 말라. 이제부터 계속 좋아질 일만 남았다!

 하나님은 놀라운 실력으로 우리 인체를 디자인하시고 자기 형상으로 우리를 만드셨을 뿐 아니라 모든 생명체가 기능하며 살아가는 법도 설계하셨다. 그분은 최고의 건축가이시다. 하나님의 말씀은 우리에게 부여된 책무와 관계와 결혼 관계와 재력과 사랑과 성과 가족과 자유와 그 외 많은 인생의 핵심 요소들을 어떻게

다루며 그것으로 하나님께 어떻게 영광을 돌릴 수 있는지 알려 준다.

그분의 길은 우리의 길보다 더 높고 더 훌륭하다. 그분은 생명의 청사진을 설계하시고 그 복사본들을 만드셨다. 우리는 그분을 신뢰해야 한다. 그리고 그분을 따라갈 때 우리는 그분의 성품과 속성과 뜻을 신뢰하고 존중함으로 더 건강하고 지혜로우며 알차게 일을 이루어갈 수 있음을 늘 확인할 수 있을 것이다.

그분의 길대로 따라가면 더 건강한 가정을 만들 수 있고 더 건강한 가족이 될 수 있다. 더 알차고 보람 있는 관계를 영위할 수 있고 몸이 더 건강하게 될 수 있다. 세상에 더 긍정적인 영향을 미칠 수 있다. 하나님은 우리에게 여러 다른 형태의 교훈을 주셨지만 이 교훈들은 모두 훌륭한 보상을 선사한다. 시편 19편 7-11절과 하나님의 말씀을 따를 때 얻는 유익을 생각해 보라.

"여호와의 율법은 완전하여 영혼을 소성시키며 여호와의 증거는 확실하여 우둔한 자를 지혜롭게 하며 여호와의 교훈은 정직하여 마음을 기쁘게 하고 여호와의 계명은 순결하여 눈을 밝게 하시도다 여호와를 경외하는 도는 정결하여 영원까지 이르고 여호와의 법도 진실하여 다 의로우니 금 곧 많은 순금보다 더 사모할 것이며 꿀과 송이꿀보다 더 달도다 또 주의 종이 이것으로 경고를 받고 이것을 지킴으로 상이 크니이다"

프레드의 이야기에서 알 수 있듯이 사람들이 하나님의 법과 디자인을 무시하면 그들의 신체적, 정신적, 심리적 건강뿐 아니라 생활과 관계와 명성 역시 결국 엉망이 된다. 우리를 세심하게 정성들여 창조하시고 자기 형상대로 만드신 하나님은 우리가 겪는 어려움과 성향을 다 알고 계신다. 그러나 우리는 우리의 길로 가기를 원한다.

성경은 이것을 죄라 부른다. 하나님의 형상을 반영하고 영광을 돌려야 하는 우리 삶의 목적에 이르지 못하는 것을 죄라고 한다. 사실 그것은 하나님을 사랑하고 영화롭게 하는 것과는 정반대의 모습이다. 죄는 잠시 쾌락을 주지만 궁극적으로는 사망으로 이끈다(롬 6:23).

또한 죄는 하나님의 모든 축복을 누리고 그분과 깊이 동행하는 데 가장 큰 방해물이며, 우리 인생을 망가뜨리는 수많은 겪지 않아도 될 문제와 고통스러운 심적 고통의 원인이다. 우리 마음의 죄와 사람들의 마음의 죄와 이 세상의 죄도 여기에 포함된다. 하나님의 기뻐하시는 뜻과 축복 이상의 것을 원하는 것이 죄다.

우리는 하나님보다 더 잘 안다고 생각하는 경향이 있고 따라서 우리 뜻대로 가기를 원한다. 하나님의 말씀을 무시하고 인생에 대한 우리 식의 청사진을 만들어낼 수 있다고 생각한다. 때로 행복을 위해서는 죄를 지어도 무방하다고 믿으며, 우리 창조주께서 사랑으로 작동하도록 설계하신 방식대로 삶의 방식을 한정 짓는다면 진정한 삶을 누리지 못하고 놓치게 된다고 믿는다. 하나님은 우리가 진실하고 성실하며 사랑으로 이타적인 삶을 살기를 원하시고, 존귀하고 겸허하며 마음과 생각이 정결하기를 원하시지만 우리는 항상 이렇게 살기를 원치 않는다.

단순히 어느 한 사람만이 아니라 모든 인간이 이런 생각을 한다. 세상의 모든 사람이 죄로 망가져 있고 불완전하다. 하나님의 전지하신 시각에서 보면 "의인은 없나니 하나도 없으며 깨닫는 자도 없고 하나님을 찾는 자도" 없다(롬 3:10-11). "모든 사람이 죄를 범하였으매 하나님의 영광에 이르지" 못한다(롬 3:23). 모든 인간이 죄를 범하였다. 이 암울하고 왜곡된 마음의 질병에서 면역성을 얻은 이는 아무도 없다.

그리고 분명히 말해 성경에 따르면 우리는 이런 식으로 태어났다. 이런 조건에서 인생을 시작하지 않도록 막기 위해 우리가 할 수 있는 것은 아무것도 없다. 다윗은 "내가 죄악 중에서 출생하였음이여 어머니가 죄 중에서 나를 잉태하였나이다"(시 51:5)라고 말했다. 우리는 범죄한 한 가계의 생물학적 자손으로 이 죄를 물려받았다. 바울은 이것을 "한 사람의 범죄로 말미암아 사망이 그 한 사람을 통하여 왕 노릇 하였은즉"(롬 5:17)이라고 설명한다. 우리는 늘 옳은 것을 행하고 이타적 사랑과 진리로 행하기를 원하는 깨끗한 상태로 태어나지 않았다. 이미 이기심과 속임수에 끌리는 성향을 가지고 태어났다. 반항하고 반역하는 조건을 가진 채 태어났다. 자신은 남들보다 더 잘 알고 남들보다 더 소중하다고 오만하게 생각하는 성향을 타고 났다. 우리 '죄와 허물'로 '죽은' 채 태어났다(엡 2:1).

죄는 세계적이고 보편적인 문제다. 모두가 이렇게 태어난다.

하나님의 말씀은 우리가 도덕적으로나 영적으로 망가진 세상에 태어났다고 말한다. 이 사실이 한 치의 오차도 없이 사실임을 알고 싶다면 뉴스를 보면 된다. 사랑과 하나 됨과 정직과 순결함과 겸손함과 성실함으로 충만한 하나님의 성품으로 온 화면이 장식된 장면을 보는 것이 아니라 사회 구석구석 층층이 정반대의 일이 일어나고 있는 장면을 보게 될 것이다.

불의, 경건치 않음, 불친절.

불성실, 참되지 못함. 감사치 않음.

이런 사실을 하나님이 우리를 아름답게 만드셨다는 사실과 혼동해서는 안 된다. 하나님이 어머니의 태에서 우리를 만드신 일은 아름답고 신비롭다. 우리는 실수나 우연으로 태어난 존재가 아니다. 하나님은 고심하여 목적을 가지고 사랑으로 우리의 인체를 만드셨다. 그러나 우리가 처음 존재하게 된 방식, 부모로 인해 태어날 때부터 주입된 요소들은 단순히 물리적 DNA만이 아니라 부모의 영적 DNA도 있다. 인간은 모든 인간 모델의 표준이 된 선천적 죄로 인해 도덕적 붕괴 상태에 있다.

혼자만 이런 상태라고 생각할 필요는 없다. 하나님의 말씀은 하나님의 솔직한 진실을 들려주고 있을 뿐이다. 우리는 본성적으로 죄인이다. 우리 인생은 자연적으로, 영적으로 하나님과 단절되어 있다. 하나님을 무시하고 따라가지 않으려 하며 하나님을 인정하지 않으려 한다.

우리가 어렸을 때 거짓말하는 법이나 훔치는 법, 남을 정죄하거나 반항하는 법을 일부러 배우거나 강의를 받을 필요가 없었던 이유가 바로 이 때문이다. 이 모든 태도와 그와 비슷한 많은 다른 우리의 모습은 자연스럽게 우리에게 나타났다. 사도 바울은 "나는 육신에 속하여 죄 아래에 팔렸도다 내가 행하는 것을 내가 알지 못하노니 곧 내가 원하는 것은 행하지 아니하고 도리어 미워하는 것을 행함이라"(롬 7:14-15)라고 말했다. 그의 말에 공감이 가는가?

이제 우리 인간성의 잔혹한 실체를 확인해 볼 때다.

완벽한 사람을 한 명도 본 적이 없다는 사실을 스스로 알고 있는가? 누군가를 새롭게 만나면 그 사람이 너무나 멋있게 보이고 모든 것을 다 갖춘 완벽한 사람처럼 보이지만 언젠가는 분명 그 사람의 진면목을 알게 되고 내면의 망가진 상태를 보게 될 것이다. 감추어져 있던 갖가지 문제들, 이기심, 자기중심성, 자기 몰입, 상처, 분노, 오만…. 그 누구라도 예외가 없다.

- 우리 **부모**가 아무리 훌륭하고 멋지다 해도 여전히 죄인이다. 부모님의 인격적인 결함 때문에 부정적 영향을 받을 때 우리는 그 고통을 느낄 수 있다.

- 때로 누구나 예외 없이 **배우자**에게 낙담하고 실망한 적이 있다. (하지만 당신의 배우자도 당신에 대해 같은 말을 할 것이다.) 태도나 말이나 행동이 오만하고 무정하며 무신경하고 필요할 때 도움을 주지 않는다. 신뢰하기 어렵고 배려할 줄 모른다. 그들의 이런 실수들은 우리의 지속적인 사랑과 인내심을 필요로 한다. 그리고 우리 역시 그들의 이런 사랑과 인내심이 필요하다. 그러나 핵심은 우리가 그들을 사랑하는 것만큼 그들 역시 죄인이라는 사실이다.

• **친구들**, 직장 동료들, 심지어 어쩌다가 마주치는 사람들조차 모두 예외 없이 죄인이라는 것을 알아차렸는가? 우리가 죄인이듯 그들 역시 죄인임을 알았는가? 물론 삶을 나누고 고락을 함께함으로 많은 축복을 누리지만, 당신과 마찬가지로 이들 모두 만인의 공통된 이 마음의 질병으로 망가져 있다. 여러 가지로 그들에게서 실망하고 상처를 받을 것이다. 이런 일을 경험할 때 절대 충격을 받거나 엇나갈 필요가 없다.

성경은 이 주제에 대해 고통스러울 정도로 명확한 입장을 취한다. "만물보다 거짓되고 심히 부패한 것은 마음이라 누가 능히 이를 알리요마는"(렘 17:9). "무릇 우리는 다 부정한 자 같아서 우리의 의는 다 더러운 옷 같으며"(사 64:6). "만일 우리가 죄가 없다고 말하면 스스로 속이고 또 진리가 우리 속에 있지 아니할 것이요"(요일 1:8). 혹은 느헤미야가 구약에서 길이 남을 기념비적 기도로 주님께 탄원한 것과 같다. "그러나 우리가 당한 모든 일에 주는 공의로우시니 우리는 악을 행하였사오나 주께서는 진실하게 행하셨음이니이다"(느 9:33).

인간의 역사는 죄로 얼룩진 역사였고 개인의 인생 역시 죄로 얼룩진 인생이다. 죄는 영혼에 그늘을 드리우고 영혼을 어둠으로 몰아넣는다. 우리를 무겁게 짓눌러 넘어뜨린다. 이겨야 한다는 절박함을 느끼지만 도무지 이길 수 없어 좌절하게 하여 냉혹한 악의 노예가 되게 만든다.

그러나 세상의 일반적인 죄는 우리 개개인의 삶에서 특정한 죄로 구체화된다. 그 뿌리는 우리 모두에게 동일하지만 개별적으로 열매를 맺고 각기 특정한 모습을 지닐 수 있다.

모든 사람이 "육신의 정욕과 안목의 정욕과 이생의 자랑"(요일 2:16)이라는 영혼을 병들게 하는 죄와 싸운다. 그러나 어떤 사람이 '정욕'으로 간음을 범하거나 음란물에 중독된다면, 어떤 사람은 '정욕'으로 돈에 대해 탐욕을 부리거나 다양한 형태의 사기나 절도를 저지를 수 있다. 어떤 사람은 '자랑'으로 우월감, 자기 의, 남을 과도하게 정죄하는 죄를 짓지만, 어떤 사람은 자랑(오만)으로 자기에게 몰두해 과도한 열등감에 시달릴 수 있다. 자신이 앞서기 위해서는 다른 사람들을 짓밟아야 한다고 생각하고 남을 시기하고 험담할 수도 있다. 그러나 이 모든 더러움의 악취는 동일한 배관에서 흘러나오고 있다.

우리와 짓는 죄가 다르다는 이유만으로 다른 사람들을 정죄해서는 안 되는 이유가 이 때문이다. 로마서 2장은 실제로 우리 스스로도 동일한 죄를 짓고 있으면서 남들을 정죄한다고 우리를 책망한다. 우리는 그들과 다르다고 생각한다. 그러나 외관상으로는 다르게 보일지 몰라도 근본 원인은 동일하다.

같은 카탈로그인데 포장이 다르다. 내용물은 동일한데 포장지만 다르다.

예수님은 이것을 다음과 같이 말씀하셨다.

"속에서 곧 사람의 마음에서 나오는 것은 악한 생각 곧 음란과 도둑질과 살인과 간음과 탐욕과 악독과 속임과 음탕과 질투와 비방과 교만과 우매함이니 이 모든 악한 것이 다 속에서 나와서 사람을 더럽게 하느니라"(막 7:21-23).

예수님이 밝히신 목록이 상당히 길다. 이 목록을 읽고 나면 자신이 가장 힘들게 씨름했던 죄가 하나 이상 생각날 것이다. 비교하고 분류하는 인간의 성향 때문에 이 목록의 각 항목을 등급으로 나누고 자신이 인위적으로 만든 표로 순위를 매기는 사람도 있을 것이다. 우리가 자신의 문제에 대해서는 더 관대하고 남들에 대해서는 더 가혹하게 구는 이유가 바로 이런 성향 때문이다.

그러나 이 역시 우리 마음에서 작동하는 우리의 "이생의 자랑"이다. 이것은 실제로 악하고 하나님 성품과 같지 않다. 우리는 모두 하나님의 법을 어겼고 하나님 앞에서 유죄 판결을 받았다. 누구도 하나님과 비교할 때 깨끗하거나 흠이 없는 자가 없다. 우리는 모두 유죄 판결을 받을 충분한 이유가 있다. 설령 누군가 '온 율법'을 다 지킬 수 있다 해도 '그 하나'를 지키지 못한다면 여전히 하나님 앞에서 유죄라고 야고보는 말했다. "간음하지 말라 하신 이가 또한 살인하지 말라 하셨은즉 네가 비록 간음하지 아니하여도 살인하면 율법을 범한 자가 되느니라"(약 2:11).

그러므로 우리가 개인적으로 지은 죄를 그럴 듯하게 미화하고 개명하여 가면을 씌운다 해도 여전히 죄인 것은 변함이 없다. 하나님의 성품에 위배되며 하나님의 통치에 대한 거부라는 점은 동일하다. 하나님의 말씀은 우리가 죄로 인해 그분의 거룩한 존전에 나아갈 수 없다고 말한다. 죄는 우리 개개인이 하나님의 심판을 받을 수밖에 없도록 우리를 몰아간다. 성경은 "오직 너희 죄악이 너희와 너희 하나님 사이를 갈라 놓았고 너희 죄가 그의 얼굴을 가리어서 너희에게서 듣지 않으시게 함이니라"(사 59:2)라고 말한다.

죄는 살해에 능하다. 죄는 신뢰와 친밀함과 기쁨과 순결한 마음과 결혼 생활과 가정을 죽인다. 또한 기업체와 정부, 심지어 국가들도 사망에 이르도록 한다(잠 14:34). 그러므로 이사야 선지자는 이렇게 탄식하였다.

> "땅이 슬퍼하고 쇠잔하며 세계가 쇠약하고 쇠잔하며 세상 백성 중에 높은 자가 쇠약하며 땅이 또한 그 주민 아래서 더럽게 되었으니 이는 그들이 율법을 범하며 율례를 어기며 영원한 언약을 깨뜨렸음이라 그러므로 저주가 땅을 삼켰고 그 중에 사는 자들이 정죄함을 당하였고 "(사 24:4-6).

우리는 우리가 죄를 짓는 이유를 불우한 가정환경이나, 과거의 비극적이고 고통스러운 경험이나, 세상의 불의나, 하나님이 우리를 선대하시지 않은 탓이라고 책임을 전가한다. 우리는 일상에서 짓는 죄를 모두 정당화할 수 있다. 그러나 결국 우리는, 하나님의 형상으로 만들어진 우리는 우리에게 부여된 자유와 자원과 지성과 선택권으로 행한 모든 일에 책임을 져야 한다. 운전대를 잡고 우리가 원하는 방향으로 인생이라는 차를 운전하다 보면 결국 만성적이고 습관적인 죄에 빠지기 쉽다. 그럴 때 우리는 길을 잃고 버림받은 느낌에 시달릴 수 있다.

때로 이렇게 반복되는 죄에서 벗어나기 위해 무엇이라도 하겠다는 생각이 드는가? 이 모든 죄책감과 수치심에서 벗어나고 용서받고 자유를 얻기 위해 무엇이라도 할 수 있다고 생각하는가?

우리는 할 수 있다! 하나님은 우리 상황이 아무리 암울해도 도저히 손댈 수 없거나 어찌할 방도가 없는 듯이 염려하시거나 걱정하시지 않는다. 그분은 우리 상황이 어떤 상태인지 정확하게 알고 계시며, 우리 각자를 어떻게 도울지 확실하게 알고 계신다. 이제 하나님이 우리가 있는 바로 그곳에서 우리를 만나 주시고 우리가 빠진 구덩이에서 건져내시도록 어떻게 요청해야 하는지 그 방법을 살펴볼 것이다.

솔직히 우리는 하나님의 진노를 받아 마땅하다. 하지만 하나님은 우리가 그분을 의지하며 자비를 구하도록 초청하시고 있다. 믿음으로 겸손하게 나아오라고 요청하시고 있다. 하나님은 우리 죄를 용서해 주시고, 우리의 공허함을 소망으로 바꾸어 주시며, 불안함을 평안으로 바꾸어 주실 수 있다. 우리의 마음속 상처 받은 구석구석을 자비로 치유해 주실 수 있다.

하나님은 완벽한 마스터플랜을 가지고 계시며, 이미 예수님을 통해 죄로 고통당하는 우리 상황을 근본적이고 자비로운 방식으로 다루고 계신다. 하나님은 언제라도 실제적이고 영구적인 해결책을 제시하실 수 있다. 예수님은 이렇게 말씀하셨다.

"수고하고 무거운 짐 진 자들아 다 내게로 오라 내가 너희를 쉬게 하리라 나는 마음이 온유하고 겸손하니 나의 멍에를 메고 내게 배우라 그리하면 너희 마음이 쉼을 얻으리니 이는 내 멍에는 쉽고 내 짐은 가벼움이라 하시니라"(마 11:28-30).

참으로 아름답고 강력한 사랑의 요청이다. 우리는 그냥 스스로를 겸허히 낮추고 우리의 현재 모습에 대해 정직하게 고백하며 믿음으로 나아가기만 하면 된다.

이제 앞으로 각자의 망가진 부분이 실제로는 어떻게 하나님의 용서하심과 그 능력의 아름다움과 은혜를 경이로운 방법으로 드러낼 목적으로 사용되며, 어떻게 이 세상에서 우리만의 특별한 사명을 담당할 수 있는 도구로 사용될 수 있는지 살펴볼 것이다.

* * *

주님, 제가 지은 죄를 생각하면 오늘 겸손해지지 않을 수 없습니다. 저의 죄가 너무나 크고 깊습니다. 그 죄를 생각하면 절망하지 않을 수 없습니다. 그러나 주님, 저와는 비교할 수 없는 깨끗한 눈으로 그 악함의 실체를 생생하고 세세히 볼 수 있으신 당신께서 제게 생명과 숨을 끊임없이 불어넣어 주시고 감당할 수 없는 자비를 베풀어 주십니다. 저란 존재는 당신의 자비가 아니라 진노만을 받아야 마땅합니다. 제 만족을 위해 그 어떤 것도 의지하지 않고 오직 당신만을 바라보도록 저 자신에게 철저히 절망하게 해주소서. 예수님의 이름으로 기도합니다. 아멘.

다음 장을 준비할 수 있도록 다음 페이지의 '마음 점검하기'를 살펴보기를 강력 추천한다.

더 깊이 알아보기
렘 2:21-28 • 롬 3:10-18 • 롬 6:16-18

"죄의 삯은 사망이요 하나님의 은사는 그리스도 예수 우리 주 안에 있는 영생이니라"(롬 6:23).

그룹 토의 질문
- 죄란 무엇인가? 죄를 규정하는 조건은 무엇인가?
- 자신에게서나 자녀나 사회 속에서 죄를 식별할 수 있는가?
- 죄가 항상 하나님을 거스르는 이유는 무엇인가? 어떤 면에서 우리의 모든 죄가 동일한 속성을 지니는가?
- 하나님은 깨어지고 상한 우리 과거를 사용해서 어떻게 우리를 회복하시는가?

마음 점검하기

인간은 자신을 합리화하고 남들을 무시하면서 자신에 대해서는 엄격하게 점검하지 않으려는 경향이 있다. 다음의 마음 점검 목록을 살펴보고 자신의 현재 상태에 대해 하나님과 자신 앞에서 솔직하게 돌아보는 시간을 갖기를 바란다. 당신을 비난하거나 정죄하도록 하기 위해서가 아니다. 점검한 결과를 누군가에게 알리지 않아도 된다. 스스로 자원해서 하나님의 기준으로 자신의 삶과 양심을 비추어 보고, 자신의 현재적 마음 상태를 있는 그대로 정확히 알아보는 데 목적이 있다. 십계명(출 20:3-17)을 토대로 아래 간단한 질문들을 스스로에게 물어보라.

제1계명: 너는 나 외에는 다른 신들을 네게 두지 말라
질문: 바로 지금 하나님 앞에 내려놓아야 한다고 그분이 지적하시는 것이 있는가? 마음으로나 생활 속에서 하나님보다 더 소중하게 여기는 사람들은 없는가? 하나님보다 다른 것을 끊임없이 앞세우고 있지는 않은가? 일상의 일정으로 하나님을 공경하고 있는가? 하나님과 언쟁하고 그분의 말씀을 거부하지는 않는가? 하나님이 내 인생을 온전히 통치하고 계시는가? 하나님을 사랑하고 즉각적으로 순종하는가? 아니면 하나님을 무시하고 외면하는가?

제2계명: 너를 위하여 새긴 우상을 만들지 말고 … 그것들에게 절하지 말며 그것들을 섬기지 말라
질문: 나에게는 우상이 없는가? 하나님보다 더 사랑하는 세속의 일들은 없는가? 하나님보다 돈이나 쾌락을 더 사랑하지 않는가? 중독에 빠진 것은 없는가? 돈과 생각과 시간과 마음을 차지하고 있는 것은 무엇인가?

누군가를 우상화하고 그 사람에 대한 집착으로 인생을 허비하고 있지는 않는가?

제3계명: 너는 네 하나님 여호와의 이름을 망령되게 부르지 말라
질문: 입으로 하나님을 영화롭게 하는가? 현재의 환경에서 하나님께 감사하고 찬양을 드리는가? 아니면 원망하고 불평하는가? 더러운 말을 입에 담지는 않는가? 하나님의 이름을 욕으로 사용하지 않는가? 감사와 격려와 존경의 말이 아니라 더러운 말들이 입에서 나오도록 방치하고 있지는 않는가?

제4계명: 안식일을 기억하여 그 날을 거룩하게 지키라
질문: 일중독자는 아닌가? 일의 노예로 살지는 않는가? 아니면 매주 하루는 예배와 안식의 날로 드리며 하나님을 섬기는가? 한 주간 하나님이 모든 일의 우선순위에 있는가? 아니면 다른 무엇인가가 우선순위에 있는가? 매주 가족과 나에게 교회가 우선순위에 있는가? 아니면 교회에 가지 않을 여러 핑계를 대지는 않는가?

제5계명: 네 부모를 공경하라
질문: 부모님의 말씀을 경청하거나 부모님께 말씀을 드리거나 사람들에게 부모에 대해 말할 때 하나님이 명령하신 대로 부모를 공경하는 모습이 보이는가? 부모님의 명예를 지키는 방향으로 말에 신중을 가하는가? 점점 연로해지는 부모님을 잘 돌봐 드리고 있는가? 부모님의 나이가 되었을 때 대접받고 싶은 대로 부모를 대하고 있는가?

제6계명: 살인하지 말라
질문: 모든 인간의 생명을 존중하고 존귀하게 여기는가? 죽이고 싶은 사람이 있는가? 미워하는 사람은 없는가? 나하고 친한 사람들만 사랑하고

존중하는가? 아니면 원수들도 사랑하는가? 원한과 미움이나 질투나 분노를 품고 있는 사람은 없는가?

제7계명: 간음하지 말라
질문: 성적으로 순결한가? 아니면 음란한 생각이나 생활을 하지는 않았는가? 생각이 깨끗한가? 아니면 음란하고 왜곡된 성적 상상으로 가득하지는 않는가? 음란물을 보거나 성적인 죄를 지으며 몰래 즐기지 않는가? 결혼에 대한 하나님의 계획을 위반하고 성적인 죄를 짓고 있지는 않는가? 결혼 서약을 지키고 존중하고 있는가?

제8계명: 도둑질하지 말라
질문: 누군가의 물건을 훔친 적은 없는가? 불법 다운로드나 저작권 침해로 남의 지적 재산을 훔친 적은 없는가? 하루의 품삯을 위해 열심히 일하지 않고 게으름을 피우지는 않는가? 빚을 성실히 갚고 있는가? 체납한 세금은 없는가?

제9계명: 네 이웃에 대하여 거짓 증거하지 말라
질문: 남에게 거짓말을 한 적은 없는가? 사실을 보고하면서 과장하지는 않는가? 남들이 볼 때 절대적으로 신뢰할 만한 사람인가? 서약이나 약속을 어긴 적은 없는가? 남을 속이거나 조종하지는 않는가? 남들에 대해 비방하고 중상모략하지는 않는가? 나를 믿고 털어놓은 비밀을 남에게 알리지는 않는가?

제10계명: 네 이웃의 집을 탐내지 말라 … 무릇 네 이웃의 소유를 탐내지 말라
질문: 하나님이 주신 것에 만족하며 감사하는가? 아니면 늘 더 가지고 싶은가? 누군가의 직업이나 재물을 몰래 탐내고 노리지는 않는가? 누군가

의 집이나 배우자를 탐내지 않는가? 부자가 되고 싶어 조급해하지는 않는가? 누군가를 시기하고 질투하지 않는가? 마음으로 욕심을 내는 것은 없는가?

8장
우리를 포기하지 않으시는 하나님:
잃었다 찾았노라

> 인자가 온 것은 잃어버린 자를 찾아 구원하려 함이니라
> 눅 19:10

지금까지 불과 몇 장을 할애했을 뿐이지만 중요한 주제들은 상당 부분 다룬 것 같다. 이렇게 해서 우리의 마음과 인생과 정체성에 대해 더없이 중요하고 중대한 문제들과 진술들을 살펴보았다. 그 범위는 보편적이었다. 이런 문제들과 진술들은 우리 모두에게 실제적으로 해당될 뿐 아니라 근본적으로 적용된다. 여기에 부수적이고 중요하지 않은 문제는 하나도 없다. 가령 아래와 같다.

- 모든 것에 있어 우리의 정체성이 중요한 이유
- 오직 창조주만이 자기 피조물을 규정할 권한이 있는 이유
- 지금 현재 모습 그대로 특별하게 우리가 창조된 이유

그런 다음 당연히 가장 괴로운 사실을 다루었다. 그것은 바로 모든 인간의 마음에 있는 죄의 내재적 증거다. 세부적인 면이나 정도에서 차이가 있을 뿐 매일 영원한 결과를 감당하는 것은 마찬가지다. 최악 중에 최악의 상황이다.

그러나 하나님은 우리 죄를 외면하시지 않는다. 그분의 생명이 우리 죽음보다 강하다. 그분의 사랑이 역겹고 추한 우리 모습보다 더 거대하다. 그분의 은혜가 우리의 영적 채무보다 더 크다. 기꺼이 스스로를 겸허히 낮추고 그분을 믿고 그 길을 받아들인다면 그분은 발을 들여놓고 길을 내는 법을 알려 주신다. 그 길은 완전한 길이며 우리에게 필요한 유일한 길이다.

문제는 우리가 하나님과의 관계에 대해 확신이 서 있느냐는 것이다.

이 장을 건성으로 읽고 넘어가지 말고 시간을 들여 자신의 형상으로 만든 인간에 대한 하나님의 포기할 줄 모르는 열정적인 사랑을, 끈질기게 추구하는 사랑을 깊이 묵상하는 시간을 가지기를 바란다. 하나님은 우리를 한 번도 포기하신 적이 없다.

이런 하나님의 사랑의 증거는 성경에서 가장 큰 사랑을 받으며 수많은 사람의 인생을 변화시킨 한 성경 구절에서 확인할 수 있다. 이 구절은 짧은 하나의 문장으로 성경 66권의 심오한 진리들을 압축적으로 요약하고 있다. 이 말씀은 절망적인 우리의 영적 조건에서 하나님이 어떤 일을 하셨는지 알려 준다.

"하나님이 세상을 이처럼 사랑하사 독생자를 주셨으니 이는 그를 믿는 자마다 멸망하지 않고 영생을 얻게 하려 하심이라"(요 3:16).

과거에 이 구절을 제대로 이해하고 있었는가? 그렇다면 이 말씀에 어떻게 정직하게 반응하였는가? 그리고 지금은 어떻게 반응하고 있는가? 우리의 인생과 정체성이 실제로 이 말씀에 대한 반응에 달려 있음을 안다면 어떻게 되겠는가?

지금까지 하나님이 우리를 귀중하고 존귀한 인간으로 특별히 창조하셨음을 살펴보았다. 우리를 이렇게 창조하신 것은 우리에 대한 하나님의 사랑과 헌신의 한 표현이다. 그러나 우리 인생의 이야기는 인생 그 자체보다 훨씬 복잡하다. 예수님은 자신과 하나님에 대해 사람들이 갖기 쉬운 수많은 혼동을 명확히 하기 위해 인간의 영적 조건과 우리에 대한 하나님의 마음을 요약해서 보여줄 한 가지 비유를 가르쳐 주셨다. 3막으로 된 하나의 서사적 이야기를 요약해서 들려주셨다.

제1막: 잃어버린 양

양 100마리를 소유한 한 남자는 양들을 지극한 사랑으로 돌보고 보살폈다. 그러나 흔히 양들이 그러하듯이 그중 한 마리가 무리에서 이탈하여 보이지 않았다. 아무리 찾아도 어디로 갔는지 찾을 수가 없었다. 하지만 100마리 중에 불과 한 마리를 잃었을 뿐이었다. 그에게는 여전히 무리에서 이탈하지 않은 채 대열을 이루고 있는 99마리의 양이 있었다. 그가 진정으로 선한 목자라면 다음 행동이 어떠할 것이라고 생각하는가?

제2막: 잃어버린 동전

한 여자가 고가의 은전 10개를 소유하고 있었고 이 때문에 대단한 자부심을 느꼈다. 항상 가까이 두고 소중히 보관했고 안전하게 있는지 수시로 확인했다. 그러나 어느 날 밤, 아끼던 보물을 확인하던 여자는 은전 한 개가 사라졌음을 알았다. 잃어버린 은전을 신속히 찾기 위해 그녀는 어떻게 하겠는가? 집 구석구석을 뒤지며 찾으려 하지 않겠는가?

제3막: 잃어버린 아들

한 아버지에게 두 아들이 있었다. 그중 한 아들이 독립할 준비가 되기 전에 아버지의 유산을 미리 달라고 대놓고 요구했고, 아버지가 물려준 신앙과 가족을 등지고 집을 떠나기를 원했다. 결국 그는 가방에 짐을 잔뜩 챙기고 자기 노력으로 한 푼도 보탠 적 없는 돈을 지갑에 두둑이 넣고 상기된 표정으로 집을 나갔다. 집을 나가자 바로 허랑방탕한 생활을 하며 아버지가 준 유산을 창녀와 파티와 여러 무가치한 일에 모조리 탕진했고, 곧 자신의 어리석고 이기적이고 악한 선택의 무게를 이기지 못한 채 파산하고 말았다. 아버지에게서 떠나고 싶다고 말한 그 자녀를 아버지는 어떻게 대할 것이라고 생각하는가?

누가복음 15장에서 훨씬 더 긴 형식으로 나오는 예수님의 이 비유들을 읽거나 들어보았을 것이다. 이 비유들은 다양한 상황에 있는 온갖 사람들을 축복할 목적으로 오랫동안 인용되었다. 그러나 이 비유들은 또한 정체성의 본질적 중요성에 대해 핵심적인 사실을 이야기하고 있다.

당신의 정체성, 우리의 정체성, 가장 중요하게는 하나님의 정체성에 대한 것이다. 우리를 창조하신 분이시기에 그분은 우리가 아는 것보다 우리를 잘 아시며 우리 마음의 상태가 얼마나 하나님과 괴리되어 있는지 정확히 알고 계신다. 그리고 하나님이 개입하지 않고 우리의 정체성이 죄인에서 용서받은 신분으로 바뀌지 않는다면 우리가 진정 어떻게 되는지 알고 계신다. 그러므로 예수님이 우리와 하나님에 대해 어떻게 말씀하시는지 눈여겨보라. 잃어버린 양, 잃어버린 동전, 잃어버린 아들이라는 이 세 경우에서 정체성의 진정한 핵심이 무엇인지 생각해 보라.

우리에게 주인이 계시듯이 **이 세 경우 모두 주인이 있다.** 앞에서 살펴보았듯이 우리를 만드신 분이 우리 주인이다. "너희는 너희 자신의 것이 아니라"(고전 6:19). 하나님이 우리를 창조하셔서 세상에 살게 하시지 않았다면 우리는 누구도 이 세상에 존재할 수 없었을 것이다.

우리는 놀랍고 신비롭게 만들어졌다(시 139:14). 따라서 잃어버린 **이 세 대상은 모두 지극히 소중하고 귀하다.** 우리는 한 사람 한 사람 모두 하나님께 지극히 존귀한 존재다. 심지어 우리 마음이 죄로 더러워져 있다 하더라도 이 사실은 달라지지 않는다. 예수님은 이 비유들을 들려주시면서 이 각각의 잃어버린 것들이 더

없이 가치 있는 것임을 청중들이 바로 인식할 수 있도록 하셨다. 이들은 1세기 햄스터 가치 정도 되는 것이나 100원짜리 동전이나 우리가 별로 관심을 두지 않는 하찮은 사람이 아니었다. 그들은 훨씬 더 귀하고 고귀하였다.

잃어버린 양은 목자에게 생명과 사랑과 가족의 생계를 상징했다. 은전은 이 여성의 가장 값진 보물이자 안전을 의미했다. 아들이야 말해 뭐하겠는가? 부모에게 있어서 자녀의 건강과 자녀와의 관계보다 더 중요한 것이 어디 있겠는가? 그리고 우리의 전 존재 역시 하나님께는 값으로 따질 수 없을 정도로 귀하고 소중하다. 모든 사람은 **그 누구도 예외 없이** 존귀한 존재다. 이것은 공을 세웠거나 그럴 자격이 있어서가 아니라 하나님이 우리 안에서 우리를 위해 하신 일 때문이다.

그러나 아무리 귀한 사람이라도, 아무리 극진히 아끼는 동물이나 세속의 소유물이라도 잃어버릴 수 있다. 우리 역시 우리의 경건치 않음으로 하나님 보시기에 잃어버린 존재가 될 수 있다. 아무리 사랑을 받았다 하더라도, 아무리 특별하고 정성들여 만들어졌다 하더라도 우리는 잃은 양이나 은전이나 아들과 같다. 소중하지만 있어야 할 곳에 없는 것이다.

길을 잃었다. 사실 우리는 우리의 허물과 죄로 '죽었다'고 성경은 설명한다. 캄캄한 어둠 속을 걸어가는 사람처럼 우리는 우리 상태에 대한 진실에 눈이 가려져 있다(고후 4:3). 재판장 앞에서 유죄 판결을 받은 죄인처럼 우리는 그리스도에 대한 불신으로 심판을 받았다(요 3:18). 아무 의미 없이 살아가는 완악한 무신론

자처럼 우리는 "세상에서 소망이 없고 하나님도 없는 자"였다(엡 2:12). 죽을병에 걸린 사람처럼 우리는 영적으로 "멸망"해가고 있었다(고전 1:18).

우리는 길을 잃었다.

사람들은 일생 죄를 저지르고 입으로 숱한 거짓말이나 온갖 더러운 말을 해도, 온갖 부도덕한 결정과 생각들로 죄를 지어도, 누군가를 미워하고 위해를 가해도 하나님이 다 모른 척하시고 천국의 보상을 영원히 즐기도록 그분의 거룩한 존전에서 맞아 주실 것이니 아무 문제가 없다고 잘못 생각하는 경향이 있다.

그러나 죄인을 무죄 방면하거나 무고한 자를 유죄로 선고하는 재판관이 있다면 어떤 생각이 들겠는가? 정의가 완전히 실종되었다고 생각하지 않겠는가! "악인을 의롭다 하고 의인을 악하다 하는 이 두 사람은 다 여호와께 미움을 받느니라"(잠 17:15).

하나님은 불의한 재판관이 아니시며 가증한 일을 저지르시는 분이 아니다. 그분이 우리를 고귀한 존재로 창조하셨다 하더라도 우리는 죄로 인해 그분의 거룩한 존전에 나아갈 자격을 잃었다. 우리는 이 사실을 정직하게 대면하고 받아들여야 할 것이다. 거룩은 성결을 요구하며 죄와의 분리를 요구한다.

이렇게 한번 생각해 보자. 몸속에 많은 질병이 있기를 바라겠는가? 독이 든 차를 원하겠는가? 침대에 방울뱀들이 우글거리기를 원하겠는가? 집에 강도들이 마음대로 드나들기를 원하겠는가? 마찬가지로 하나님은 어떤 죄도 천국에 들어오도록 두고 보지 않으신다.

그러나 우리는 모두 죄인이다.

동전은 자신이 분실 상태인지 스스로는 모른다. 우리 중에 이렇게 동전처럼 스스로의 상태를 자각하지 못하는 사람들이 있다. 우리가 그랬던 것처럼 목자를 떠난 양들은 헤매다가 길을 잃어버린다. "우리는 다 양 같아서 그릇 행하여 각기 제 길로 갔거늘"(사 53:6). 어떤 죄는 사전에 계획하고 의도적으로 짓는다. 어떤 죄는 우발적이고 충동적이다. 아버지의 방탕한 아들은 어쩌다 보니 죄악의 구렁텅이로 빠져들었다. 우리도 마찬가지다. 우리는 죄를 쫓았고 원했다. 우리도 죄를 구했고 우리를 만드신 분과의 사랑, 보호, 공급, 친밀감을 갈망하기보다 우리가 원하는 것을 따르고 그것이 옳다고 믿었다.

우리 모두 경험으로 알고 있듯이 무엇인가 잃은 상태가 길어질수록 다시 그것을 찾게 될 가능성은 낮아진다. 그 결과 우리는 우리에게 생명을 주셨던 분에게서 받았던 귀중한 삶을 **허비하며** 살아간다. '방탕한(prodigal)'이라는 단어의 실제적인 의미가 바로 이것이다. 낭비 혹은 허비한다는 뜻이다.

양과 은전과 탕자 모두 쓸데없이 낭비되었다. 잃어버린 양은 목자의 몸을 데워 주거나 수입에 도움이 될 양털을 줄 수 없고, 가족을 먹이거나 시장에 팔 고기를 줄 수 없다. 잃어버린 은전은 저축이나 투자 혹은 남을 돕거나 물건을 구입하는 데 사용할 수 없다. 집을 나간 아들은 자신의 만족과 관계와 자족함을 상실했음은 물론이고, 가출하면서 아버지의 마음의 기쁨도 사라지게 하였고, 가문의 명예와 후손의 희망과 아버지가 평생 아들을 위해 투자했던 잠재적 성공도 물거품이 되게 만들었다.

이 모든 것이 사라졌다. 물거품이 되었다. 다 잃어버렸다.

성경은 우리도 이들처럼 **잃어버린 바 되었다**고 말한다.

그러나 이것이 사실이라면 하나님이 우리에게 만들어 주신 이 놀라운 두 손을 빤히 들여다보면서도, 거울 속에 비친 얼굴을 계속 바라보면서도 그 거울 속의 존재가 값으로 따질 수 없이 특별하고 귀한 존재라는 사실을 어떻게 무시할 수 있다는 말인가? 우리가 이마고 데이, 다시 말해서 하나님의 형상으로 만들어졌음을 알면서도, 우리 본성만이 가진 고유한 가치로 하나님을 친밀하게 알고 그분과 동행할 수 있는 관계를 누리며 감사로 그분을 찬양할 수 있음을 알면서도, 하나님의 용서하심과 평화와 소망과 사랑이 우리에게 필요함을 알면서도 어떻게 이럴 수 있다는 말인가?

어떻게 이 모든 것을 인정하면서도 여전히 돌아오지 않고 방황할 수 있다는 말인가? 구원해 달라고 왜 부르짖지 않는다는 말인가?

우리가 이런 식으로 행동하는 이유는 우리 죄의 갈고리와 교만의 반발심이 그만큼 깊이 뿌리박혀 있기 때문이다. 우리 마음이 완악해서 도무지 자각할 수 없기 때문이다. 우리는 하나님께 죄를 범했고 여러 가지로 그분이 주신 축복을 허비하고 낭비하였기에 먼저 우리 생활을 정돈하고 깨끗이 한 다음에야 떳떳하게 나서서 그분의 용서를 받을 권리를 받아낼 수 있다고 생각하기 때문이다.

우리가 이렇게 하는 이유는 잃어버린 자들을 향한 하나님의 마음을 이해하지 못하기 때문이다.

그러나 이야기는 여기서 끝나지 않는다. 양과 은전과 아들을 잃어버린 각 주인은 **잃어버린 것을 다시 찾기를 간절히 원했고** 우리 주님이 우리를 찾기 위해 열정적으로 우리를 추적하신 것처럼 그들을 찾아내려고 수고를 아끼지 않았다. 이 3개의 비유에서 우리가 배워야 할 중요한 메시지가 바로 이것이다. 세 주인이 각기 어떤 노력을 했는지 살펴보라.

"예수께서 그들에게 이 비유로 이르시되 너희 중에 어떤 사람이 양 백 마리가 있는데 그 중의 하나를 잃으면 아흔아홉 마리를 들에 두고 그 잃은 것을 찾아내기까지 찾아다니지 아니하겠느냐 또 찾아낸즉 즐거워 어깨에 메고 집에 와서 그 벗과 이웃을 불러 모으고 말하되 나와 함께 즐기자 나의 잃은 양을 찾아내었노라 하리라"(눅 15:3-6).

"어떤 여자가 열 드라크마가 있는데 하나를 잃으면 등불을 켜고 집을 쓸며 찾아내기까지 부지런히 찾지 아니하겠느냐 또 찾아낸즉 벗과 이웃을 불러 모으고 말하되 나와 함께 즐기자 잃은 드라크마를 찾아내었노라 하리라"(눅 15:8-9).

"이에 일어나서 아버지께로 돌아가니라 아직도 거리가 먼데 아버지가 그를 보고 측은히 여겨 달려가 목을 안고 입을 맞추니 아들이 이르되 아버지 내가 하늘과 아버지께 죄를 지었사오니 지금부터는 아버지의 아들이라 일컬음을 감당하지 못하겠나이다 하나

아버지는 종들에게 이르되 제일 좋은 옷을 내어다가 입히고 손에 가락지를 끼우고 발에 신을 신기라 그리고 살진 송아지를 끌어다가 잡으라 우리가 먹고 즐기자 이 내 아들은 죽었다가 다시 살아났으며 내가 잃었다가 다시 얻었노라 하니 그들이 즐거워하더라"(눅 15:20-24).

그들을 찾았고 결국 그들은 발견되었다.

예수님은 "죄인 한 사람이 회개하면 하늘에서는 회개할 것 없는 의인 아흔아홉으로 말미암아 기뻐하는 것보다 더하리라"(눅 15:7)라고 말씀하셨다. 잃어버린 자를 찾을 때마다 "하나님의 사자들 앞에 기쁨이 되느니라"(눅 15:10)라고 말씀하셨다. 우리 하나님은 "모든 사람이 구원을 받으며 진리를 아는 데에 이르기를" 원하신다(딤전 2:4). 그분은 "아무도 멸망하지 아니하고 다 회개하기에 이르기를" 원하신다(벧후 3:9).

우리가 길을 잃으면 하나님은 모든 가능한 방법으로 우리를 되찾기를 원하신다.

우리가 어디에서 길을 잃고 헤매고 있든지 그곳에서 우리를 되찾아오기를 원하신다.

여러 막으로 구성되었으며, 온갖 우여곡절이 숨어 있고, 고통스러운 장면이 있고, 혼란과 상처와 죄와 반역으로 얼룩지고, 절망과 상실과 거부당함이라는 가슴이 무너지는 고통스러운 사건들이 혼재된 '우리 이야기'는 인자이신 예수 그리스도께서 이 땅에 오셨고 처녀에게 태어나셨으며 죄가 없이 이 땅에서 사셨던 '진짜 이야기'라는 강력한 실체를 지닌 또 다른 이야기로 여전히 구속을 받을 수 있다. 예수님은 우리가 마땅히 감당해야 할 죽음을 스스로 대신 감당하셨고, 우리 능력으로는 도무지 갚을 수 없는 어마어마한 대가를 대신 지불하시고 "우리를 거스르고 불리하게 하는 법조문으로 쓴 증서를 지우시고 제하여 버리사 십자가에 못 박으시고"(골 2:14) 우리 빚을 모두 청산해 주셨다. 우리 힘으로는 지불할 수 없는 거액의 벌금을 대신 내셔서 우리가 정죄의 법정에서 나와 자유의 몸이 되게 해주셨다.

이 모든 것에 비추어 성경은 바로 핵심으로 들어가 우리에게 강력히 호소한다. "너희는 하나님과 화목하라 하나님이 죄를 알지도 못하신 이를 우리를 대신하여 죄로 삼으신 것은 우리로 하여금 그 안에서 하나님의 의가 되게 하려 하심이라"(고후 5:20-21).

예수님이 이야기하신 잃어버린 은전과 양과 아들의 이야기는 바로 우리의 이야기다.

그러나 또한 예수님의 이야기이기도 하다. 예수님은 그분을 피해 달아나 길을 잃어버린 우리를 찾아 멸망의 구렁텅이에서 건져내려 오신 위대한 목자의 이름이다. 하나님은 우리 인생이라는 귀중한 투자대상의 소유주가 되신다. 또한 하나님은 그분이 우리에게 위탁하신 축복을 우리가 어떻게 허비하고 낭비했는지 정확히 알고 계시지만 우리가 돌아오면 궁핍한 우리 처지를 보시고 달려와 우리를 안아 주시며 두 팔 벌려 집으로 맞아들이는 사랑의 아버지시기도 하다.

하나님은 그분의 존전에 죄를 절대 허용하시지 않는 분이다.

하지만 자기 아들이 우리 죄를 위해 죽고 다시 부활하여 그 비용을 지불함으로 우리가 온전히 용서받고 깨끗함을 받을 수 있게 되었음을 알고 계신다. 우리는 스스로 겸허히 하고 그분에게 돌아가면 된다. "그가 우리를 대신하여 자신을 주심은 모든 불법에서 우리를 속량하시고 우리를 깨끗하게 하사 선한 일을 열심히 하는 자기 백성이 되게 하려 하심이라"(딛 2:14).

사망에서 생명으로 옮겨졌고, 잃었다가 찾았으며, 정죄받았다가 용서받았고, 무가치하였지만 값으로 살 수 없는 고귀한 존재로 회복되었다. 이것이야말로 최고의 뉴스가 아닌가.

그러므로 이 책에서 하나님이 당신에게 원하시는 풍부한 정체성과 유산에 대해 더 깊이 들어가기 전에, 먼저 당신이 그분과 함께 어디에 있는지 정직하게 돌아보라.

인생의 경로가 달라지고 정체성이 바뀌는 선택이 기다리고 있다. 당신은 '마음 점검하기'를 해보고 당신이 실제로 좋은 곳에 있다는 것을 깨달았을 것이다. 당신은 삶을 예수님께 내어드렸고 그분이 당신을 변화시켜 주셨으며 당신을 인도하고 계시다. 당신은 매일 그분을 따르며 누리고 있다.

그러나 어쩌면 당신은 일생 주인을 피해 도망 다녔으며, 점점 더 길을 잃고 돌아오지 못할 길로 가고 있음을 제대로 직시한 적이 한 번도 없었다는 사실을 깨달았을 수도 있다. 아니면 일생 예수께서 당신을 찾아다니셨던 수많은 때를, 결국 다다른 황무한 곳에서 건져 주셨던 수많은 시간들을 확인하고 있을지 모른다. 계속 도망 다니다가 집으로 돌아가는 길도 잃어버렸지만 이제 더 이상 인생을 허비하고 싶지 않다는 생각이 들었을 수도 있고, 그 어느 때보다 더 절실한 마음으로 하나님이 그와 함께 누리기를 원하는 친밀함을 그리워하고 있을 수도 있다.

죄는 분명히 우리를 망가뜨리고 있다. 죄는 우리 모두를 망가뜨린다. 어쩌면 우리는 지금 그 안에서 허우적거리고 있을지도 모른다. 그러나 완전한 하나님의 아들이신 예수님은 자기 몸을 산산이 부서지도록 내어주셔서 우리가 우리에게 필요한 온전한 용서와 영적 치유와 자유를 누리도록 하시며 그 안에서 발견되는 기쁨을 누리도록 하셨다.

하나님은 우리에게 길을 마련해 주셨다. 우리 힘으로는 자신을 구원하거나 정결하게 하거나 마음을 바꿀 수 없음을 알고 계신다. 우리는 캄캄한 어둠 속에서 길을 잃고 할 수 있는 일이라고는 구원하러 와주시도록 그분께 부르짖는 것 외에 아무것도 할 수 없음을 깨달은 양과 같다. 그리고 신실하신 하나님은 그 요청에 응답해 주실 것이다. "누구든지 주의 이름을 부르는 자는 구원을 받으리라"(롬 10:13).

우리는 우리 죗값을 지불하기 위해 십자가에서 죽지 않아도 된다. 그분이 이미 그 일을 처리하시고 믿음으로 그것을 받으라고 우리에게 말씀하신다. 그러므로 "네가 만일 네 입으로 예수를 주로 시인하며 또 하나님께서 그를 죽은 자 가운데서 살리신 것을 네 마음에 믿으면 구원을 받으리라"(롬 10:9).

주님을 영접한 적이 없다면 이제 죄를 회개하라. 다시 말해 죄를 인정하고 죄로부터 돌이키기를 간절히 바라라. 그리고 우리가

진 빚을 대신 갚도록 아버지께서 인정하신 그분이 우리를 위해 돌아가셨음을 믿음으로 받아들이며 오늘 구원을 받도록 하라. 오늘을 하나님께 길을 잃었고 이제 돌아가기를 바란다고 고백하는 인생의 순간으로 삼으라.

* * *

사랑하는 하나님, 그동안 당신께 많은 죄를 지었음을 고백합니다. 주님 용서하소서. 이제 주를 부르오니 저를 도와주시고 구원해 주소서. 주께서 저를 돌봐 주심을 믿으며 당신의 아들을 보내심으로 구원의 길을 열어 주셨음을 믿고 겸손히 엎드리나이다. 예수께서 저를 위해 십자가에서 죽으셨음을 믿고 그분이 제 인생의 주인이심을 고백합니다. 당신께 제 인생을 맡기오니 통치하여 주시기를 구합니다. 저를 깨끗케 하시고 변화시켜 주시며 충만하게 채우시고 창조하신 본연의 모습으로 회복되도록 도와주소서. 이제 제 인생을 당신의 영광을 위해 사용하시고 다시는 주를 부끄러워하지 않도록 도와주소서. 예수님의 이름으로 기도합니다. 아멘.

더 깊이 알아보기

겔 34:10-16 • 요 10:11-15 • 벧전 2:24-25

"너희가 전에는 양과 같이 길을 잃었더니 이제는 너희 영혼의 목자와 감독 되신 이에게 돌아왔느니라"(벧전 2:25).

그룹 토의 질문

- 잃은 양과 방탕한 아들과 잃은 동전은 어떤 면에서 유사한가?
- 잃어버린 바 됨은 어떻게 우리의 가치를 상실하게 하는가?
- 각 비유에서 하나님의 어떤 면모가 부각되는가?

9장
믿음을 시험해 보라

> 예수 그리스도께서 너희 안에 계신 줄을 너희가 스스로 알지 못하느냐
> 그렇지 않으면 너희는 버림 받은 자니라
> 고후 13:5

자신이 신자이며 영원한 생명을 얻었는지 개인이 확인할 수 있는가? 하나님이 우리를 구원하셨고 그리스도 안에 있는 자들에게 주신 약속들이 개별적으로도 적용됨을 알 수 있는가?

대답은 '그렇다'이다. 우리는 알 수 있다. 하나님은 우리가 알기를 원하신다.

사도 요한은 1세기 교회에 편지를 쓰면서 "내가 하나님의 아들의 이름을 믿는 너희에게 이것을 쓰는 것은 너희로 하여금 너희에게 영생이 있음을 알게 하려 함이라"(요일 5:13)라고 말했다. 자신의 구원을 온전히 확신하는 것은 그리스도 안에서 우리 정체성을 발견하고 받아들이며 그 정체성대로 살아가는 핵심적인 열쇠가 된다. 그리스도를 모른다면 그 안에 있는 새로운 정체성을 소

유할 수 없다. 그분을 진정으로 안다면 그 확신에 자신을 뿌리내려야 한다.

사탄은 신자들이 구원을 의심하고 자신들의 영적 정체성대로 살아가지 못하도록 마음을 방해할 온갖 전략을 구사할 것이다(계 12:10). 그는 신자들이 자신의 정체성을 의심하고 하나님의 신실하심을 의심하는 한 진정한 기쁨과 승리를 매일 누릴 수 없음을 알고 있다. 그들은 성도들을 향한 하나님의 약속들이 자신들에게 적용될 수 있음을 알지 못할 것이다. 아버지와의 친밀한 관계 안에서 확신을 가지고 기도하거나 다른 이들과 자신의 믿음을 나누지도 못할 것이다. 적이 쾌재를 부를 대단한 승리를 스스로 안겨 다주는 셈이다.

그러나 사탄은 정반대 공작을 벌이기도 한다. 구원받지 못한 사람들에게 아무 문제없이 잘하고 있다고 믿게 하거나 지나치게 종교심을 가지려 할 필요가 없으며 성경에서 이러쿵저러쿵하는 권면을 믿을 필요도 없다고 설득하면서 정반대로 술책을 부리는 것이다. 죄에 그대로 안주하며 종교적 신념이나 종교적 의식에 대한 그들의 안일한 판단 기준에 스스로 만족하게 함으로 하나님과 문제가 있어도 전혀 자각하지 못하게 하는 것이다.

"마지막에 아무 문제가 없으면 괜찮아"라고 그는 주장한다. "하나님이 계시다 해도 선하신 분이니 네가 무슨 일을 했건, 무엇을 믿건 상관없이 천국에 가게 해줄 거야. 넌 꽤 괜찮은 사람이야. 최선을 다하고 있잖아. 그렇지 않아?"

하나님께서 구원이 그분의 "선물"이며 "행위에서 난 것이 아니니 이는 누구든지 자랑하지 못하게 하려 함"(엡 2:8-9)이라고 말씀하셨기 때문에 사탄은 무리하지 않고 이렇게 주장할 수 있다. 그래서 자칫하면 구원은 하나님이 우리에게 바라시는 것이고, 우리가 무엇을 하든 어떻게 살든 상관없이 우리에게 제공하려 하시며, 우리가 이것을 갖기를 원하신다고 생각하기 쉽다.

그러나 이것은 사실이 아니다. 하나님은 구원을 값없이 주는 선물이라고 분명히 말씀하시지만(롬 6:23; 엡 2:8-9) 그것이 자동으로 적용되는 것은 아니다. 하나님과 우리 관계는 늘 우리의 규정이 아니라 하나님의 규정으로 결정된다. 우리는 구원받을 방법이나 하나님과 관계를 누릴 방법을 선택할 권한이 없다. 하나님은 회개하고 자기 아들을 믿는 자들에게 구원을 약속하신다(행 2:39; 요일 5:12).

지금 우리는 영원한 운명이 걸린 문제를 이야기하고 있다. 엄중한 문제다. 영원이란 너무나 긴 시간이므로 하나님과 우리의 관계와 우리의 영원한 운명에 대해 잘못된 판단을 내려서는 안 된다.

예수님은 영적으로 스스로 의롭다고 생각하는 사람들을 향해 구원을 천부적 권리로 생각하거나 스스로에 대해 절대적인 믿음을 가진다면 하나님과 전혀 무관한 사람이며 죽으면 지옥으로 갈 것이라고 반복해서 말씀하셨다(마 23:13; 막 10:21; 요 3:5; 5:39-40).

기록된 자신의 첫 설교에서 예수님은 조금도 주저하지 않고 사람들에게 단호하게 경고하셨다.

"나더러 주여 주여 하는 자마다 다 천국에 들어갈 것이 아니요 다만 하늘에 계신 내 아버지의 뜻대로 행하는 자라야 들어가리라 그 날에 많은 사람이 나더러 이르되 주여 주여 우리가 주의 이름으로 선지자 노릇 하며 주의 이름으로 귀신을 쫓아 내며 주의 이름으로 많은 권능을 행하지 아니하였나이까 하리니 그 때에 내가 그들에게 밝히 말하되 내가 너희를 도무지 알지 못하니 불법을 행하는 자들아 내게서 떠나가라 하리라"(마 7:21-23).

정말 하나님이 사람들을 지옥불로 심판하실지 의심하는 사람들도 있을 것이다. 그러나 지금도 이 땅에서 우리 행동의 결과를 책임지도록 이미 허용하시고 계시다면(롬 1:18; 갈 6:7) 그분을 거부하고 자기 아들의 희생을 거부하는 이들에게 당연히 영원한 대가를 치르도록 하시지 않겠는가? 특별히 행한 대로 갚겠다고 반복해서 약속하셨다면 분명히 그렇게 하시지 않겠는가?(히 10:29-31) "아들을 믿는 자에게는 영생이 있고 아들에게 순종하지 아니하는 자는 영생을 보지 못하고 도리어 하나님의 진노가 그 위에 머물러 있느니라"(요 3:36).

예수께서 지상에서 시간을 허비하지 않으셨던 이유가 이 때문이다. 사랑하는 친구들의 목숨을 구하려고 제 몸을 던져 수류탄을 막아내는 군인처럼 죄 없으신 하나님의 아들은 로마의 군사들에게 십자가 처형을 당하심으로 무서운 죽음의 실체를 향해 자기 목숨을 던지셨다. 그분의 죽음은 단순한 의인의 죽음이 아니었다. 하나님의 완벽한 아들의 죽음이었고(롬 5:6-8) 이 죽음으로 우리 죗값을 모두 지불하셨다.

다시 말하지만 이것은 우리 자력으로나 우리에게 자격이 있어서 된 것이 아니다. 구원은 주님이 주신 놀라운 선물이다. 스스로 천국에 갈 후보임을 증명함으로 예수님이 우리 죗값을 치르는 데 일조하겠다고 할 필요가 없다. 이런 행동은 은혜와 복음의 의미와 정반대되는 행동이다.

그러나 우리를 전적으로 구원해 주시는 하나님은 구원으로 우리에게 총체적 변화가 일어나도록 계획하셨다. 죄로 우리가 감당해야 할 형벌을 해결하셨을 뿐 아니라 우리를 속박하는 일상의 영향력에서 자유롭도록 하셨다. 그분은 세상이 우리 안에서 그분의 은혜의 놀라운 능력을 볼 수 있기를 원하신다. 우리 인생으로 하나님이 영적으로 죽은 사람을 살리실 수 있음을 보여 주기를 원하신다. 인생을 변화시키는 하나님의 능력과 임재가 아니고는 도무지 그 사람의 변화를 설명할 수 없음을 알려 주기를 원하신다. 사람들은 그 증거를 볼 수 있다.

우리는 실제로 이것을 증명할 수 있다. 주님은 우리 삶의 열매를 평가하라고 명령하셨다. 성경은 분명하게 도전하고 있다.

- 믿음 안에 있는지 스스로를 시험하라(고후 13:5).
- 스스로를 살피도록 하라(고전 11:28).
- 각자 자기의 일을 살피라(갈 6:4).

하나의 사건으로 시작한 구원은 진정한 인생의 변화와 진정한 믿음의 생활로 그 진실성이 입증되기 때문이다. 하나님은 우리와 게임을 하는 데 관심이 없으시다. 하나님을 신뢰한다는 것은 결혼 생활과 비슷하다. 진정한 결혼 서약은 일생 배우자에 대해 신실함을 지키는 것으로 뒷받침된다. 종교적 의식이나 하루용 행사가 아니라 장기적인 언약 관계다.

구원은 즉각적이고 실제적이다. 오직 그리스도를 믿는 믿음만 있으면 된다. 그러나 그 이후로 몇 주, 몇 달, 몇 년이 흐르면서 이야기가 진실인지 드러날 것이다. 여전히 믿음이 유지되고 있는가? 뿌리가 계속 죽지 않고 살아서 건강한 열매를 맺고 있는가?

하나님은 우리가 이것을 확인하고 알기를 진심으로 바라신다.

당신은 그리스도를 따른 지 이미 오랜 세월이 흘렀을 수도 있고, 아니면 이 책의 지난 장을 마무리할 무렵에 그리스도를 영접하기로 기도하고 이제 막 이 관계를 경험하기 시작한 햇병아리 신자일 수도 있다. 정말 멋지고 축하할 일이다! 아니면 여전히 예수님에 대해 확신이 없고 의심하고 회의하며 무엇을 원하는지, 무엇을 해야 할지 스스로도 확신이 없거나 준비가 되지 않았다고 생각할 수도 있다.

그러나 우리가 탐구하고자 하는 영혼의 닻이 되어 줄 이 새로운 정체성은 그리스도 안에 있을 경우에만 실제로 소유할 수 있다. 바울은 초대 교회 중 한 교회에 편지를 쓰면서 구원에 수반되는 결과를 이야기했다. "이제는 그의 육체의 죽음으로 말미암아 화목하게 하사 너희를 거룩하고 흠 없고 책망할 것이 없는 자로 그 앞에 세우고자 하셨으니"(골 1:22). 이것이 신자로서 우리의 참된 정체성이다.

> "만일 너희가 믿음에 거하고 터 위에 굳게 서서 너희 들은 바 복음의 소망에서 흔들리지 아니하면 그리하리라"(골 1:23).

바울은 주를 믿었다고 하면서 바로 그 믿음을 버린다면 실제로는 그것이 진정한 믿음의 고백이 아니라는 사실을 알았다. 사람들은 변덕스럽고 유다처럼 가짜 신앙인일 수 있다. 그래서 바울은 영구적인 변화와 지속적인 실천을 기대했다. 야고보는 "행함이 없는 네 믿음을 내게 보이라 나는 행함으로 내 믿음을 네게 보이리라"(약 2:18)라고 말했다.

성부 하나님이 우리를 그분의 가정에 입양하시고, 예수 그리스도께서 우리를 받아들이시고 우리 주가 되시며, 성령이 우리 마음에 들어오셔서 거주하심에도 전혀 변화되지 않는 일은 일어날 수 없다. 이런 일이 일어나지 않는다면 마치 바다에서 수영하는데 몸이 젖지 않는다거나 거실에서 다이너마이트 뇌관을 터뜨렸는데 실내 인테리어가 멀쩡할 수 있다고 생각하는 것과 같다.

이런 식의 논리 전개가 지나치다는 생각이 들 수도 있고 우리를 정죄하고 제한하는 논리 전개라고 생각할 수도 있다. **우리와는 상관없는 일이라고 생각할 수도 있다.** 그러나 성경은 이런 의도에서 가르치고 강조한 것이 아니다. 또한 여기서 우리가 이것을 반복해서 강조하는 이유도 이런 이유 때문이 아니다. 이 장에서 우리가 구원과 관련해 이것을 강조하는 이유는 겸손한 마음으로 오직 주님과 그분의 말씀을 의지하기 때문이며, 우리가 생각하고 느끼는 모든 것이 오직 주님의 진리에 기반하기를 원하기 때문이다. 우리 자신이든 **그 누구든** 단 한 사람도 하나님이 자기 백성들을 위해 행하신 일을 놓치지 않기를 바라며, 그리스도 안에서 우리 정체성의 진정한 의미를 온전히 경험하는 데서 열외가 되지 않기를 바라기 때문이다.

이 점을 염두에 두고 참된 구원임을 확인해 줄 후속 지표 혹은 열매로 하나님의 말씀에서 구체적으로 언급된 7가지를 살펴보자. 아래 소개할 질문들을 자신에게 적용해 보고 일상생활의 결과가 진정한 그리스도인이라는 정체성의 증표를 보여 주는지 살펴보자.

1. 하나님의 명령에 어떻게 반응하는가?

"우리가 그의 계명을 지키면 이로써 우리가 그를 아는 줄로 알 것이요"(요일 2:3). 참된 믿음의 첫 번째 증거는 하나님을 향한 순종의 생활에서 확인할 수 있다. 그리스도를 알기 전에 우리는 죄에 매여 있었다. 그러나 회개하고 그분을 믿는다는 것은 죄에서 돌이켜 하나님께 돌아가 복종한다는 의미가 있다. 쉽게 말해, 불신자는 하나님의 명령을 추구하거나 순종하려 하지 않지만 참된 신자는 그렇게 한다는 말이다. 그리스도인이라 하더라도 여전히 죄를 짓고자 하는 육신적 성향이 그대로 남아 있을 것이며, 살면서 계속 실수를 저지를 것이다(요일 1:8-10). 하지만 진정으로 구원을 받은 심령은 전반적으로 그리스도께 더욱 복종하고 순종하며 점점 성령에 협력하고자 하는 자세를 보인다. 구원을 얻었다고 언제까지나 그럴 듯하게 위장할 수는 없다. 참된 믿음은 진정한 성실성으로 나타난다.

당신도 여기에 해당하는가? 시간이 흐를수록 하나님께 더욱 순종하는 모습이 보이는가? 마음으로 하나님께 더욱 순종하기를 바랄 뿐 아니라 발로도 순종의 증거를 더욱 뚜렷이 드러내고 있는가? "그를 아노라 하고 그의 계명을 지키지 아니하는 자는 거짓말하는 자요 진리가 그 속에 있지 아니하되 누구든지 그의 말씀을 지키는 자는 하나님의 사랑이 참으로 그 속에서 온전하게 되었나니 이로써 우리가 그의 안에 있는 줄을 아노라 그의 안에 산다고 하는 자는 그가 행하시는 대로 자기도 행할지니라"(요일 2:4-6). 그리스도의 명령에 어떻게 반응하는지는 우리가 하나님을 진정으로 아는지 확인할 때 검증해야 할 핵심 사안이다.

2. 예수님을 누구시라고 믿고 말하는가?

"거짓말하는 자가 누구냐 예수께서 그리스도이심을 부인하는 자가 아니냐"(요일 2:22). 신자들은 예수님이 하나님의 아들이라고 고백하며 그분이 하나님의 아들이심을 부정하지 않는다. 하나님이 그 사실을 그들에게 계시해 주셨고 그들은 그것이 진리라는 것을 마음으로 알게 된다(마 16:17). 불가지론자나 다른 종교를 따르는 사람들은 예수님이 훌륭한 스승이고, 존경받는 선지자이며, 좋은 모범을 보여 준 선인이자, 심지어 하나님의 사자라는 점을 인정할 수 있다. 그러나 하나님의 말씀은 예수님이 그리스도이며, 죄 없으신 하나님의 아들이자, 만유의 주이시고, 육신을 입으신 하나님이라고 말한다(요 1:14). "아들을 부인하는 자에게는 또한 아버지가 없으되 아들을 시인하는 자에게는 아버지도 있느니라"(요일 2:23). 그러므로 스스로를 시험해 보라. 나에게 예수님은 누구인가? 선인이나 훌륭한 스승이자 모범인가? 혹은 훌륭한 선지자인가? 아니면 하나님의 아들인가? 신이자 인간인가? 예수님이 하나님의 아들이며 신이자 인간이라고 믿는다면 참된 구원을 소유했다는 증거다.

3. 살면서 스스로 지은 죄에 어떻게 반응하는가?

예수님은 "너희도 만일 회개하지 아니하면 다 이와 같이 망하리라"(눅 13:3)라고 말씀하셨다. 신자와 불신자는 자신들이 지은 죄에 대해 크게 엇갈리는 반응을 보인다. "우리가 다 실수가 많으니"(약 3:2) 쉽게 죄를 지을 수 있는 연약한 자신에 대해 항상 겸손해야 하지만, 참된 신자라면 죄를 지은 후 죄에서 돌이키지 않고는 아무 거리낌 없이 마음껏 활보할 수 없을 것이다. 하지만 불신자는 이런 문제로 고민하지 않는다. 회개하고자 하는 마음이 별로 없다. 그러나 신자들은 계속 죄의 공격을 받는다 하더라도 죄 가운데 있는 자신을 발견하면 죄를 고백하고 회개하는 자리로 되돌아오기를 포기하지 않는다(잠 24:16).

"하나님께로부터 난 자마다 죄를 짓지 아니하나니 이는 하나님의 씨가 그의 속에 거함이요 그도 범죄하지 못하는 것은 하나님께로부터 났음이라"(요일 3:9). 악한 태도와 행위를 돌이키지 않고 계속 범죄하다가 무릎을 꿇고 변화시켜 주시도록 하나님께 간청하기까지 얼마나 버티는 편인가? 죄에 어떻게 반응하는가?

4. 하나님은 우리의 죄에 어떻게 반응하시는가?

이런 질문이 이상하게 들릴 수도 있다. 하지만 우리는 죄를 지을 때마다 하나님이 죄를 깨닫게 해주시고 징계해 주시기를 원해야 한다. 성경은 "어찌 아버지가 징계하지 않는 아들이 있으리요 징계는 다 받는 것이거늘 너희에게 없으면 사생자요 친아들이 아니니라"(히 12:7-8)라고 말한다. 신자가 받는 징계는 하나님이 관계를 단절하신다는 증표가 아니라 우리가 하나님께 귀중한 존재라는 증표다.

신자들의 마음에는 성령이 계시며, 그 성령이 하나님의 진리의 빛을 밝히 비춰서 하나님이 원치 않으시는 일이 무엇인지 깨닫도록 해주실 것이다. 죄에 대한 자각이 없다는 것은 좋은 현상이 아니다. 그러나 성령이 계속 죄를 깨닫게 하시고 지적해 주신다면 하나님의 사랑이 우리 안에 있다는 생생한 증거다.

그것은 자신을 '하나님의 자녀'라고 생각해도 되는 증거다(요일 3:1). 하나님은 자기 자녀들이 책망이나 제지를 받지 않고 패역하게 생활하도록 내버려 두지 않으실 분이다. 그분은 우리를 사랑하시므로 우리가 죄를 각성하도록 하실 것이다. 경고 사격을 날리는 것이다. 굴욕적인 환경에 처하게 하심으로 경종을 울리실 것이다. 그래도 회개할 기미가 보이지 않으면 수위를 한층 더 높이시고 우리의 완악한 마음이 무너져 하나님께 돌아오도록 하실 것이다.

혈육의 아버지라도 좋은 아버지라면 자녀들이 어긋날 때 상처를 주기 위해서가 아니라 도와주기 위해 부지런히 자녀를 징계한다. 그만큼 자녀를 사랑하는 마음이 지극하기 때문이다(잠 13:24). 그렇다면 우리 역시 필요하다면 하늘의 아버지께서 우리를 징계하실 것을 기대해야 한다. 죄를 짓고 있을 때 하늘 아버지의 선명한 징계를 경험한 적이 있는가?

5. 다른 신자들을 어떻게 대하는가?

"무릇 의를 행하지 아니하는 자나 또는 그 형제를 사랑하지 아니하는 자는 하나님께 속하지 아니하니라"(요일 3:10). 특별히 형제나 자매를 사랑하지 않는 자는 하나님께 속하지 아니한 자다. 스스로의 구원을 의심하도록 유혹을 받을 때 믿는 마음의 명확한 증거로서 이 증표를 생각하라. "우리는 형제를 사랑함으로 사망에서 옮겨 생명으로 들어간 줄을 알거니와 사랑하지 아니하는 자는 사망에 머물러 있느니라"(요일 3:14). 성경은 "하나님은 사랑이시라"라고 말한다(요일 4:16). 하나님의 사랑은 동사일 뿐 아니라(하나님이 사랑하신다) 명사다. 사랑은 하나님의 본질이다. 그래서 당연히 구원으로 하나님의 사랑이 "우리에게 주신 성령으로 말미암아 … 우리 마음에 부은 바" 되었다(롬 5:5). 실제로 성경은 이것을 극단적으로 적용한다. "그 형제를 미워하는 자마다 살인하는 자니 살인하는 자마다 영생이 그 속에 거하지 아니하는 것을 너희가 아는 바라"(요일 3:15).

그러므로 "다른 신자들을 향한 진실하고 깊이 있는 사랑이 있는가?"라는 질문은 구원을 받았는지 확인할 수 있는 좋은 진단용 질문이다. 서로 아는 것이 거의 없음에도 불구하고 타국의 형제자매들을 만날 때 바로 사랑의 마음이 생긴다는 것은 놀라운 일이다. 예수님은 서로의 사랑을 보고 세상 사람들이 우리가 그리스도인임을 알게 될 것이라고 말씀하셨다(요 13:35). 하지만 우리 역시 이런 동일한 사랑으로 우리가 그리스도인인지 알게 될 것이다!

6. 삶으로 성령이 우리 안에 내주하시는 증거를 보여 주는가?

"우리에게 주신 성령으로 말미암아 그가 우리 안에 거하시는 줄을 우리가 아느니라"(요일 3:24). "성령이 친히 우리의 영과 더불어 우리가 하나님의 자녀인 것을 증언"하시기 때문에(롬 8:16) 참된 성도는 성부 하나님과의 관계와 위치를 확신할 수 있다. 그리고 이것이 다가 아니다. 성령은 우리 안에서 적극적으로 우리 죄를 깨닫게 해주시고(요 16:8), 우리가 말씀을 읽을 때 하나님의 말씀의 진리를 계시해 주시며(요 14:26), 우리가 삶으로 사랑과 희락과 평안과 오래 참음과 양선 등 그분의 말씀의 열매를 맺도록 도와주신다(갈 5:22). 성령의 내주하시는 이런 증거들을 경험해 보았는가? "무릇 하나님의 영으로 인도함을 받는 사람은 곧 하나님의 아들이라"(롬 8:14).

7. 구원을 얻기 위해 지금 무엇을 의지하고 있는가?

"아들이 있는 자에게는 생명이 있고 하나님의 아들이 없는 자에게는 생명이 없느니라"(요일 5:12). 성경은 이렇게 간단히 말하지만 교만한 인간에게는 그렇게 쉬운 문제가 아니다. 바울은 자신의 영적인 이력과 개인적인 종교적 혈통을 포기하고 오직 예수만을 구원을 주실 분으로 영접하며 섬긴다고 말했다. 그는 율법에서 난 의가 아니라 그리스도를 믿는 믿음으로 난 의를 의지한다고 말했다. "내가 가진 의는 율법에서 난 것이 아니요 오직 그리스도를 믿음으로 말미암은 것이니 곧 믿음으로 하나님께로부터 난 의라"(빌 3:9). 당신은 구원을 주실 분으로 오직 그리스도만을 의지하지 않고 다른 어떤 사람이나 대상을 의지하고 있지는 않는가?

또한 바울은 종교적 행위나 업적을 의지한다면 그리스도로부터 멀어진 것이며 참된 성도가 아니라고 갈라디아 교회에 엄중히 경고했다. 교회나 부모, 혹은 자신을 비롯한 다른 사람을 믿음의 '근거'로 삼고 있지는 않는가? 혹은 오직 예수만을 의지하고 우리 구원의 대가를 온전히 지불하시고자 십자가에서 죽으신 사건만을 의지하고 있는가?

이런 일곱 가지 지표들은 삶에 변화가 있었다는 증거다. 이 지표들을 새로운 피조물로 우리를 변화시켜 주실 분으로 하나님을 신뢰하고 있는지, 아니면 하나님이 아닌 다른 대상을 구원의 소망으로 집착하고 있는지 보여 주는 리트머스 시험지라고 생각하라.

이 가운데 어떤 것도 저절로 주어지지는 않는다. 이런 지표들을 장기적으로 속이는 것은 불가능하다. 그러므로 삶으로 이런 지표들이 명확하게 드러나지 않아 죄책감을 느끼고 있다면 수치스러워해야 할 것이 아니라 복종해야 한다.

하나님은 우리를 정죄하시지 않는다. 우리를 정죄하는 것은 세상과 육신과 마귀다. 이들은 우리가 새로운 정체성을 받아들이지 못하도록 정반대 방향으로 몰고 간다. 하나님은 우리를 위하시는 분이다. 그분은 우리가 그분의 은혜를 받아들이고 우리 정체성에 맞는 온전한 특권을 누리기를 원하신다.

그러므로 철저히 정직함으로 두려움 없이 내면을 성찰하는 가운데 우리를 잘 알고 어긋나지 않게 조언해 줄 누군가의 책임 있는 도움을 받아 다음 질문들을 신중히 생각해 보라.

지난 몇 개월 동안 거시적인 관점에서 자신의 모습을 전반적으로 되돌아볼 때,

- 하나님께 순종하는 일정한 삶의 모습이 훈련되어 있었는가?
- 예수 그리스도를 하나님의 아들로 즉각 고백했는가?
- 죄를 징계하시는 아버지로서 하나님의 사랑을 경험했는가?
- 다른 성도들을 진정으로 사랑했는가?
- 성령의 함께하심이 드러났는가?
- 구원을 주실 분은 오직 예수 그리스도라고 믿는가?

* * *

주님, 저를 향한 사랑과 잃어버린 죄인에 대한 사랑에 감사를 드립니다. 사랑으로 저를 찾아오시고 구원해 주셔서 감사합니다. 그러나 주님, 주의 말씀으로 저를 향한 그리스도의 사랑 안에 안식할 수 있음을 알지만 이 사실을 절대 가볍게 생각하지 않도록 도와주소서. 주의 구원하심에 안주하여 신앙의 성장이 느려지거나 오히려 퇴보하는 일이 없게 하시고 저 자신을 신뢰하는 어리석음에 빠지지 않도록 도와주소서. 저를 온전히 새롭게 하시고 변화시켜 주셔서 오직 주께 영광을 돌리게 해주소서. 예수님의 이름으로 기도합니다.

더 깊이 알아보기

겔 18:21-32 • 마 7:13-23 • 딛 2:11-14

"또 아는 것은 하나님의 아들이 이르러 우리에게 지각을 주사 우리로 참된 자를 알게 하신 것과"(요일 5:20).

그룹 토의 질문
- 예수님이 일부 사람들에게 지옥불에 떨어질 것이라고 말씀하신 이유는 무엇인가?
- 사탄은 왜 사람들에게 그들의 영원한 운명에 대해 정반대로 이야기하는가?
- 진정한 구원의 7가지 증거는 무엇인가? 어떻게 검증해 보았는가?

10장
우리는 하나님의 놀라운 계획의 일부

> 또한 그로 말미암아 우리가 믿음으로 서 있는 이 은혜에 들어감을 얻었으며
> 하나님의 영광을 바라고 즐거워하느니라
> 롬 5:2

아무 자격이 없는 우리에게 하나님은 왜 이토록 큰 자비를 베푸시는가? 하나님은 우리를 창조하셨을 뿐 아니라, 자기 아들을 보내셔서 우리를 구원하시고, 구원을 값없는 선물로 주셨으며, 우리를 위해 하늘에 거처를 마련해 주셨다. 이 외에도 헤아릴 수 없는 수많은 혜택을 베풀어 주셨다. 수만 년이 흐른다 해도 우리는 이 크나큰 은혜에 도무지 보답하지 못할 것이다.

우리의 전형적인 세속적 사고방식은 너무 이해 타산적이어서 '정의 중심적' 방식에 익숙하다. 그러므로 이 모든 분에 넘치는 은혜를 아무 자격이 없는 우리가 받는다는 것이 뭔가 이상하다고 생각하기 쉽다. 우리는 행위 중심적 종교에 매우 익숙하며 자력으로 쟁취해야 옳다는 사고방식에 젖어 있다. 그리스도와 그분의 복음

을 받아들인 이후에도 우리는 여전히 하나님께서 우리가 그분에게 진 엄청난 빚을 최선을 다해 갚기를 요구하시는 것처럼 착각하기 쉽다. 그래서 하나님의 마음에 들기를 기대하고 매일 애써 노력하며 열심을 다하지만 하나님의 기대에 미치지 못한다고 낙담할 때가 너무나 많다.

그러나 진정한 기독교는 단순히 일상의 고전분투로만 이루어지지 않는다. 우리는 예수님을 통해 주시는 하나님의 놀랍고 풍성한 은혜에 기대어 살아야 한다(엡 2:7; 3:8). 물론 현실에서 우리는 이와 정반대의 경험을 종종 한다.

우리가 은혜가 아니라 행한 대로 되갚는다는 정의 중심적 생활에 치중하는 이유가 무엇인지 이해하기 위해서는 배경이 되는 율법을 살펴보아야 한다.

출애굽기를 보면 모세는 시내산에서 내려오면서 올바른 통치구조가 정착될 수 있도록 이스라엘 백성들에게 하나님의 율법(십계명)을 가져다주었다. 이 놀라운 짧은 법조문은 보편적 가치 체계와 평화로운 일상을 가능하게 할 적용 방식을 제시함으로 모든 사회의 시민이 자신을 파괴하거나 붕괴시키지 않도록 기능하는 데 일조했다. 십계명은 인간들이 하나님을 가장 우선순위에 두고, 부모를 공경하며, 결혼 생활을 지키고, 탈진할 정도의 중노동을 피하며, 정직하게 살고, 사유 재산을 존중하고, 모든 인간 생활의 신성함을 인정하고, 시기심과 불만족을 멀리하도록 가르친다.

재미있는 사실은 국적이나 종교적 배경을 막론하고 전 세계 사람들이 이런 율법이 옳다는 것을 본능적으로 안다는 것이다. 그래서 자녀들이 부모를 공경하지 않거나, 누군가가 거짓말을 하거나, 자기 것을 누군가가 훔쳐가거나, 사람을 죽이거나, 자기 배우자와 간음을 범할 때 분노하고 부당하다는 강렬한 감정을 느끼는 것이다. 하나님의 법이 온 세계에 이렇게 직관적으로 알려지는 것이 어떻게 가능한가?

이것이 가능한 이유는 각자의 문화 속에서 학습했든지, 그러지 않든지 간에 하나님이 그분의 법을 인간의 마음에 미리 심어놓으셨기 때문이다. 이것은 수천 년 동안 마찬가지였다. 바울은 오래 전에 이렇게 말했다.

> "율법 없는 이방인이 본성으로 율법의 일을 행할 때에는 이 사람은 율법이 없어도 자기가 자기에게 율법이 되나니 이런 이들은 그 양심이 증거가 되어 그 생각들이 서로 혹은 고발하며 혹은 변명하여 그 마음에 새긴 율법의 행위를 나타내느니라"(롬 2:14-15).

이처럼 모든 사람은 정의라는 렌즈로 세계와 관계를 보는 경향이 있다.

그러나 정의는 수많은 득점 기록을 요구한다. 맘에 드는 부분이 있어야 그 사람을 좋아한다. 나에게 잘해 주어야 나도 그 사람에게 잘해 준다. 만 원을 훔치면 그것을 받아내야 한다. 눈에는 눈이고 이에는 이다. 상대방의 행동과 태도에 따라 그 사람을 대하는 정도가 달라진다.

그러나 예수님이 무대에 등장하셨을 때 그분은 하나님의 본성과 마음의 또 다른 측면을 계시해 주셨고 더 높은 차원의 생활 방식을 보여 주셨다.

이른바 **은혜**라는 것이다.

이것은 사고의 근본적 변화이며 인간적인 작동 체계의 거대한 진전이다. 이 새로운 삶의 방식에서 부정의는 여전히 사법 당국의 처벌을 받아야 하지만 사적인 방식으로는 처벌받지 않는다. 은혜 덕분에 이제부터는 더 이상 개인의 인격이나 행적에 따라 사람들을 대하지 않는다. 대신 그리스도 안에서 상대방의 상황과 그를 위해 하나님이 행하신 사역을 근거로 그를 대한다. 이제 결정은 **수여자**의 정체성과 마음과 인격을 근거로 이루어지며, 더 이상 **수혜자**의 업적이나 가치에 근거해 이루어지지 않는다.

한번 생각해 보자. 태양은 우리가 그 빛을 받을 자격이 있어서 우리를 비춰 주는 것이 아니다. 태양이 우리를 비추는 것은 빛을 비추는 그 본성 때문이다. 우리가 요구하거나 원하거나 그럴 자격이 있거나에 상관없이 태양은 그 본성대로 계속 빛을 비출 것이다.

하나님은 우리가 모든 관계에서 이렇게 살기를 원하신다. 그것은 바로 **은혜의 방식**이다. 하나님은 사랑이시며 우리는 그 안에서 사랑을 받기 때문에 우리 역시 어디서나 모든 사람을 사랑으로 대하기를 원하신다. 태양이 그 본성상 항상 빛을 비추는 것처럼 말이다.

비현실적으로 보이는 예수님의 명령들이 이 점에 비추어 보면 많은 부분 이해가 된다.

"또 네 이웃을 사랑하고 네 원수를 미워하라 하였다는 것을 너희가 들었으나 나는 너희에게 이르노니 너희 원수를 사랑하며 너희를 박해하는 자를 위하여 기도하라 이같이 한즉 하늘에 계신 너희 아버지의 아들이 되리니 이는 하나님이 그 해를 악인과 선인에게 비추시며 비를 의로운 자와 불의한 자에게 내려주심이라 너희가 너희를 사랑하는 자를 사랑하면 무슨 상이 있으리요 세리도 이같이 아니하느냐 또 너희가 너희 형제에게만 문안하면 남보다 더하는 것이 무엇이냐 이방인들도 이같이 아니하느냐 그러므로 하늘에 계신 너희 아버지의 온전하심과 같이 너희도 온전하라"(마 5:43-48).

예수님은 (우리의 우리 됨과 하나님의 속성 때문에) 업적 중심적인 사고와 생활 방식을 단절하고 은혜로 살아가는 생활 방식을 수용하라고 명령하시고 있다.

에베소서라는 중요한 책은 에베소서 전체의 비밀스러운 열쇠를 먼저 다루어야 제대로 이해할 수 있다. 그것은 바로 **은혜**다!

에베소서 전체에서 은혜는 12번 언급되며 거의 모든 차원에서 우리를 건드린다. 우리가 값없이 선물로 구원을 받은 이유는 그 이면에 은혜라는 연료가 있기 때문이다(엡 2:4-9). 은혜로 바울은 사역에 입문했고 매일 소명을 따라 살 수 있는 힘을 얻었다(엡 3:7-8). 은혜는 하나님이 우리에게 영적 은사를 주시는 방법이며

(엡 4:7), 하나님이 우리를 영적으로 입양하시고 그토록 풍성한 선물을 아낌없이 주신 중대한 이유 중의 하나로 소개되어 있다(엡 1:6-7).

우리는 수없이 〈놀라우신 은혜Amazing Grace〉라는 찬송을 부르거나 들었다. 하지만 정확히 은혜란 무엇인가?

한 가지 이야기로 이 질문의 답을 찾아보도록 하자.

사무엘하 9장을 보면 다윗 왕은 거대한 부를 축적하고 큰 성공을 거두었으며 스스로도 하나님의 놀라운 축복을 받았다고 생각했다. 그의 마음은 기쁨과 감사로 넘쳤고 다른 사람들에게 축복을 베풀고 싶은 마음이 가득했다. 그래서 가장 친한 친구였던 요나단(이미 사망한)의 친척 중에 살아있는 이들이 있는지 찾아서 "하나님의 은총"(3절)을 보여 주고 싶었다.

두 다리를 저는 므비보셋이라는 이름의 요나단의 아들이 살아 있음을 확인한 다윗은 그를 불러 그의 할아버지 사울 왕이 남긴 재산을 모두 그에게 주고 싶다고 말했다. 여기에는 넓은 땅과 수많은 종과 왕의 식탁에서 매일 먹을 수 있는 특권도 포함되어 있었다.

므비보셋은 당연히 큰 부담을 느꼈을 것이고 자신에게 받을 자격이 있을지 확신이 서지 않았을 것이다. 이것이 정녕 사실이란 말인가? 그렇다. 정녕 사실이었다. 한순간에 모두에게 잊혔고 장애로 일을 할 수 없었던 사람이 나라에서 가장 부유한 사람 중 한 사람이 되었다. 이런 축복은 므비보셋이 선행을 베풀었거나 시민으로서 탁월한 인성을 지녔기 때문에 받은 것이 아니었다. 오직 축복할 사람을 찾았던 왕의 너그러움과 사랑의 마음과 상관이 있었다.

이것이 은혜다.

그것은 "하나님의 은총"을 드러내는 선물이다.

은혜는 스스로 기여한 바가 없고 자격이 없음에도 선택된 수혜자에게 값없이 아낌없이 주는 선물이다. 생활의 큰 필요를 충족시켜 줄 수도 있고 단순히 마음에 기쁨이 될 축복을 베풀 수도 있다. 어느 경우이든 은혜는 놀랍다.

은혜는 값 주고 사거나, 스스로 쟁취하거나, 자격이 있어서 주는 것이 아니다. 그렇다면 은혜일 리가 없다. 원래 의도한 대로 선물이 될 수도 없을 것이다(롬 11:6). 은혜는 절대 살 수 없다. 주어지는 것이다. 호의적인 수여자의 마음에 있는 사랑과 선의에서 흘러나오는 것이다.

자녀들이 성탄절 선물 값을 지불하도록 요구받지 않고, 배우자가 결혼기념일 선물 비용을 내도록 독촉 받지 않는 것처럼 은혜는 결코 되갚아야 하는 것이 아니다. 은혜는 아낌없이 쏟아붓는 사랑이다. 빚과 정반대의 개념이다. 은혜의 목표는 누군가의 인생에 기쁨과 평안을 안겨 줌으로 주는 자 역시 그 마음에 기쁨과 감사가 넘치는 것이다. 예수님은 "주는 것이 받는 것보다 복이 있다"고 말씀하셨다(행 20:35). 그 어떤 이보다 은혜로우시고 관대하신 하나님 역시 우리에게 은혜를 부어 주실 때 누구보다 더 큰 복을 누리신다.

하나님의 은혜를 생각하면 강을 떠올리게 된다.

강은 언제 바닥이 드러나고 마를지 모르는 웅덩이나 수영장이 아니다. 끊임없이 물이 공급된다. 수원에서 무한정 물을 공급받을 수 있다. 믿을 수 있는 수원에서 지속적으로 물이 흘러온다.

지구의 강은 물에 의지해 살아가는 모든 물고기와 비버와 물거미들이 하루에 세 번 지성으로 기도를 드리거나 학교에서 좋은 성적을 받기 때문에 흘러가지 않는다. 강은 목적지의 가치 때문이 아니라 수원의 성격 때문에 쉬지 않고 흘러간다.

그러므로 하나님의 이 은혜의 강이 우리에게 진리를 쏟아붓는 것은 우리가 신뢰를 받을 자격을 획득했기 때문이 아니라, 하나님이 항상 미쁘시고 신실하신 분이기 때문이다. 하나님이 우리를 용서하시는 것은 우리가 용서받을 만하고 껴안아 주고 싶을 정도로 사랑스럽기 때문이 아니라, 하나님이 무한히 자비로우시고 용서하시는 분이기 때문이다. 하나님은 사랑할 만해서 우리를 사랑하시는 것이 아니라, 그분의 사랑이 지극하시기 때문에 우리를 사랑하시는 것이다. **인애**는 은혜의 핵심 요소 중 하나다.

한번 생각해 보자. '강'의 심상은 창세기에서 계시록까지 끊임없이 등장한다. 세상이 처음 창조되었을 때부터 "강이 에덴에서 흘러 나와" 이 아름다운 동산을 쉬지 않고 적셔 주었다고 말하고 있다(창 2:10). 후에 다윗은 첫 시편에서 의인들은 "시냇가에 심은 나무"와 같이 무슨 일을 하든지 "형통"할 것이라고 말했다(시 1:3).

후에 하나님은 에스겔 선지자에게 하나님의 성전 아래서 흘러나오는 강에 대한 생생한 환상을 보여 주셨다(겔 47장). 강은 발목 깊이에서 점점 수위가 차올라 무릎 높이가 되었고 허리 높이까지 되었다가 결국 선지자가 "물이 내가 건너지 못할 강이 된지라"라고 말할 정도가 되었다. "그 물이 가득하여 헤엄칠 만한 물이요"(5절). 강은 끊임없이 세차게 세상으로 먼 미래까지 흘러가서 물이 닿는 곳마다 생명과 건강과 생동하는 생명력의 지류를 형성하였다.

예수님이 지상에 등장하셨을 때 그분은 사람들에게 (우물가의 여인이 대표적이다) "생수(living water)"를 줄 수 있다고 말씀하셨다(요 4:10). 더 이상 그들의 생명을 금방 바닥이 드러나는 컵이나 양동이로 연명할 필요가 없었고, 갈증을 느끼며 같은 우물로 끊임없이 물을 길으러 와야 하는 피곤하고 반복되는 수고를 할 필요가 없었다. 예수님은 "내가 주는 물을 마시는 자는 영원히 목마르지 아니하리니 내가 주는 물은 그 속에서 영생하도록 솟아나는 샘물이 되리라"고 말씀하셨다(요 4:14).

강은 멈출 줄을 모르고 흐른다.

그리고 성경의 마지막 책인 계시록 마지막 장에서는 하늘에서 놀라운 일이 펼쳐지는 것을 보여 준다. "정 같이 맑은 생명수의 강을 내게 보이니 하나님과 및 어린 양의 보좌로부터 나와서"(계 22:1). 이 천상의 강은 하나님의 보좌에서 흘러나오며 생명을 유지하고 풍성한 과일을 맺게 해주었고, 심지어 나무의 열매들은 "만국을 치료"하는 효능이 있었다(2절). 온 방에 앉은 사람들이 한 잔의 물을 돌려가며 마시는 수준이 아니었다. 조금씩 모아서 저장하는 물방울 정도가 아니었다. 그것은 세차게 끊임없이 흐르는 생명의 영원한 강으로, 물길이 닿는 곳마다 모든 것이 풍성하게 열매 맺고 새롭게 회복되었다.

하나님의 백성들은 역사상 계속해서 하나님의 사랑과 진리와 지혜와 위로의 강에서 마음껏 물장구치며 살았다. 하나님의 무한한 자원을 상징하는 이 강은 시간을 건너 흐르며 하나님의 선하심과 언약이라는 조류에 우리를 실어 나른다.

이제 에베소서라는 책을 찬찬히 읽고 있노라면 하나님의 은혜가 강물처럼 우리 위로 흘러내리는 것이 보인다. 이전에는 "우리 육체의 욕심을 따라 지내며 육체와 마음의 원하는 것을" 하며 "본질상 진노의 자녀"로서 죄의 노예로 살았던 우리 자신이 보인다(엡 2:3). 그러나 "긍휼이 풍성하신 하나님이 우리를 사랑하신 그 큰 사랑을 인하여"(4절) 그분의 강으로 우리를 이끌어 주시는 은혜를 베푸셨다.

단순히 하나님이 우리의 궁핍함을 보고 깊은 연민을 느끼셨기 때문만은 아니다. 달리 다른 소망이 전혀 없었기 때문만도 아니다.

하나님이 이렇게 하신 것은 "그리스도 예수 안에서 우리에게 자비하심으로써 그 은혜의 지극히 풍성함을 오는 여러 세대에 나타내려" 하시기 위해서였다(엡 2:7). 또한 "교회로 말미암아 하늘에 있는 통치자들과 권세들에게 하나님의 각종 지혜를 알게 하려 하심"이었다(엡 3:10). 바울은 여기에 "영원부터 우리 주 그리스도 예수 안에서 예정하신 뜻대로 하신 것이라"라고 덧붙인다(11절).

하나님은 처음부터 장대한 계획을 가지고 계셨다. 우리의 생명과 구원과 용서와 그 안에서 새롭게 얻은 정체성으로 하나님의 사랑의 은혜를 공개적이고 점진적으로 드러내기로 작정하셨다. 구속함을 받은 우리 인생의 이야기는 마귀와 그의 귀신들(바울이 에베소서 3장 10절에서 말하고 있는 "통치자들과 권세들")에게 일종의 충격적인 경고이자 승리의 증거였다. 욥이 사탄의 총력전에도 불구하고 하나님의 은혜로 여호와께 끝까지 충성하는 데 성공했듯이, 하나님이 당신의 죄와 과거와 상함을 이기도록 주신 은혜로 인해 그분은 원수들에게 "내가 이긴다!"라고 말씀하신다.

하나님의 은혜는 사망과 지옥과 마귀와의 싸움에서 '이기도록' 도와줄 하나님의 무기다. "죄가 더한 곳에 (누구에게나 예외 없이) 은혜가 더욱 넘쳤나니"(롬 5:20). 그러므로 그동안 저지른 최악의 잘못으로 원수가 우리를 비난하고 조롱하며 하루도 쉬지 않고 끈질기게 노린다 하더라도 우리를 정죄하는 데 결코 성공할 수 없다. "이는 죄가 사망 안에서 왕 노릇 한 것같이 은혜도 또한 의로 말미암아 왕 노릇 하여 우리 주 예수 그리스도로 말미암아 영생에 이르게 하려 함이라"(21절).

우리를 구원하시는 하나님의 목적은 무엇인가? 그분과 그분의 은혜가 놀랍고 찬양을 받아 마땅함을 세상에, 모든 살아있는 이들에게 보여 주기 위해서다. 새로운 정체성을 지닌 우리가 바로 이것을 알 수 있는 살아있는 증거다.

신앙생활은 우리가 이룬 일이 아니라 하나님이 하신 일과 관련이 있다. 자신의 의지로 더 열심히 노력하고 더 헌신하며 더 부지런히 애쓰고 더 발전해가는 것이 신앙생활이 아니다. 그분의 은혜의 강에 뛰어들어 하나님께서 온갖 인생사라는 파고를 헤치고 우리를 실어가게 맡겨 드림으로 "그의 은혜의 영광을 찬송하게 하려는 것"이다(엡 1:6).

이 구절은 바울이 우리의 정체성과, 우리가 가진 소유와, 주님이 이 모든 일을 이루어 주신 이유에 대해 자세하게 설명하는 에베소서 1장에 반복해 등장하는 구절이다. 주님이 이 일을 하신 이유는 "그가 사랑하시는 자 안에서 우리에게 거저 주시는 바 그의 은혜의 영광을 찬송하게 하려는 것"이다(6절). 주님은 "우리가 그리스도 안에서 전부터 바라던 그의 영광의 찬송이 되게 하려" 이렇게 하셨다(12절). 그분은 그분의 약속의 증거이자 살아가는 데 필요한 힘을 주시고자 우리에게 그분의 성령을 주셨다. 결국 그분과 본향에서 함께할 때까지, "그 얻으신 것을 속량하시고 그의 영광을 찬송하게" 될 때까지(14절) 성령이 함께하실 것이다.

모두 그분의 은혜의 영광을 찬송하려 하는 것이다.

하나님은 사람들이 하는 일과 상관없이 영광을 받으실 것이다. 문제는 '어떤 영광이냐'이다.

하나님은 그분의 심판뿐 아니라 자비에 대해 찬양을 받으시며 영광을 받으실 것이다. 계시록에서 하나님이 오래 참으신 끝에 세상의 악과 죄악에 진노를 쏟아부으시며 심판하시는 내용을 보면 하늘의 만군들이 기쁨으로 주를 예배한다. 하나님의 의로운 분노에 초토화되는 장면을 보고 기뻐하는 것이 아니라 세상의 모든 불의에 대해 최종 판단을 하시고 완전한 정의를 실현하시는 분에 대한 경외감으로 예배하며 기뻐하는 것이다.

그들은 "그의 심판은 참되고 의로운지라"(계 19:2)라고 말한다. 하나님께 반역하고 그분의 권세를 조롱하며 명령에 반항하고 나아가 그분의 아들에게 무릎 꿇기를 거부한 사람들이 그 죗값을 치를 때 달리 무슨 말을 할 수 있겠는가?

우리 역시 하나님의 진노를 받아 마땅하며 동일하게 불과 파멸로 멸망할 운명이었다는 말 외에 달리 무슨 말을 할 수 있겠는가? 그러나 하나님은 우리로 "그의 은혜의 영광을 찬송하게" 하려고 하셨다.

감사의 깊은 심호흡을 하는 것 외에 달리 우리는 할 말이 없다. 하나님이 우리를 위해 하신 일과 베푸신 은혜를 생각하면 당연히 겸손할 수밖에 없다. 아무 받을 자격이 없음에도 그토록 풍성한 자비를 받았다면 당연히 감사해야 마땅하다. 우리는 우리 죄와 악한 생각과 말과 실수에 대해 하나님의 진노를 받아야 마땅하다. 하지만 우리는 오히려 은혜를 받았다.

그렇다. 우리가 받아야 할 심판을 하나님의 아들이 받으셨다. 이렇게 베푸신 은혜로 하나님이 장차 천국에서 찬양을 받으실 것을 우리는 알고 있다. 악한 자와 영계의 존재들이 지금은 이것을 보고 비웃고 있다는 것을 알고 있다.

우리처럼 아무 자격이 없는 사람에게 강과 같은 풍성한 은혜를 부어 주시는 하나님을 찬양하는 것 외에 우리가 오늘 해야 마땅한 일이 또 어디 있겠는가? 우리가 오늘 아무리 중요한 일을 하고 있다 하더라도 말이다. 우리는 므비보셋과 같은 축복을 받았다. 우리는 우물가에서 존귀한 존재로 인정받은 여인과 같다. 현장에서 간음하다 잡힌 후 용서함을 받은 여인과 같다. 우리는 스승을 수없이 부인한 후에도 복권된 베드로와 같다. 우리는 그분의 은혜의 풍성함의 수혜자들이다. 주를 찬양하라!

장담하건대 이제 그리스도 안에 있는 정체성과 유산에 관한 이 책의 다음 두 단원을 살펴볼 때 원수가 반드시 시도할 일 하나를 알려 주고자 한다. "이봐, 넌 그것을 받을 자격이 없어"라고 속삭이는 것이다. 사실 우리가 어떤 정죄를 당하더라도 그의 그런 지적이 틀린 말은 아닐 것이다.

그러나 "죄가 더한 곳에 은혜가 더욱 넘쳤나니"라는 로마서 5장 말씀을 기억하는가? 아버지가 탕자에게 한 말도 들어보라. "제일 좋은 옷을 내어다가 입히고 손에 가락지를 끼우고 발에 신을 신기라 그리고 살진 송아지를 끌어다가 잡으라 우리가 먹고 즐기자 이 내 아들은 죽었다가 다시 살아났으며 내가 잃었다가 다시 얻었노라"(눅 15:22-24).

성경은 "우리가 다 그의 충만한 데서 받으니 은혜 위에 은혜러라 율법은 모세로 말미암아 주어진 것이요 은혜와 진리는 예수 그리스도로 말미암아 온 것이라"(요 1:16-17)라고 말한다. 하나님은 그리스도 안에서 우리에게 인애를 베푸시며 구원으로 초청하시고 그 풍성한 은혜를 부어 주셨다. 이 은혜의 강이 사방에서, 우리 뒤에서나 우리가 있는 모든 방향에서 흐른다. 우리를 통해 다른 사람들에게까지 흘러간다.

우리는 이 은혜를 받을 자격이 없지만 하나님은 은혜의 바다를 우리에게 주셨다.

우리는 은혜로 행하면 된다. 은혜를 받고 나눔으로써 모든 사람이 "하나님의 은총"으로 우리에게 해주신 일을 보도록 하면 된다.

* * *

하나님 아버지, 제게 베푸신 당신의 은혜가 얼마나 놀라운지요. 주의 뜻과 당신이 제게 기대하시는 바와 당신이 저를 사랑하시는 이유를 얼마나 자주 오해하는지 모르겠습니다. 당신의 본성에 따라 값없이 주셨음에도 자력으로 당신의 은혜를 얻으려고 너무나 많은 시간을 허비하였습니다. 주님, 주의 사랑과 은혜의 위대함을 알고 그 안에서 행하도록 도와주소서. 은혜로 저를 구원해 주시고 은혜로 저를 부르시며 힘을 주셔서 감사합니다. 제가 주의 은혜의 영광을 찬양하는 인생을 살아가게 해주소서. 제가 삶으로 당신에게 놀라운 감사를 돌려드리게 해주소서. 예수님의 이름으로 기도합니다. 아멘.

더 깊이 알아보기

시 25:5-7 • 겔 47:1-12 • 고후 4:14-18

"이는 모든 것이 너희를 위함이니 많은 사람의 감사로 말미암아 은혜가 더하여 넘쳐서 하나님께 영광을 돌리게 하려 함이라"(고후 4:15).

그룹 토의 질문

- 은혜란 무엇인가? 은혜는 하나님의 율법과 어떤 면에서 다른가?
- 행위가 아니라 은혜로 구원을 받는 이유는 무엇인가?

11장
같은 출생, 다른 인생: 쌍둥이의 비유

> 자녀들아 이제 그의 안에 거하라 이는 주께서 나타내신 바 되면 그가 강림하실 때에 우리로 담대함을 얻어 그 앞에서 부끄럽지 않게 하려 함이라
> 요일 2:28

한 부부가 결혼을 하고 쌍둥이 아들을 낳았다. 그들은 쌍둥이의 이름을 루크와 블레이크로 지었다. 하지만 두 사람은 고통스러운 이혼 과정을 거친 후에 아내는 어린 루크를 데리고 서부 해안 지방으로 이사를 갔고, 남편은 블레이크를 데리고 동부 해안가에서 살았다. 두 사람은 다시는 서로 만나지 않았다.

자라면서 두 소년은 스포츠에서 두각을 드러냈을 뿐 아니라 우수한 성적으로 학창 생활을 보냈다. 둘 다 그럴듯한 대학을 졸업했다. 두 사람 다 결혼을 하고 자녀를 낳고 번듯한 기업체의 경영자가 되었다. 안타깝게도 두 사람은 부자가 된 후 각기 암으로 사망했다. 하지만 루크와 블레이크는 서로 비슷한 외모에 비슷한 길을 걸었음에도 완전히 다른 삶을 살았다.

블레이크는 어릴 때 학교에서 자신이 우연히 사고로 태어난 존재라고 배웠다. 공허한 우주의 먼지에 지나지 않는다는 것이었다. 그는 이 시험에서 A를 받았지만 자신의 인생이 무의미하다는 생각을 떨칠 수가 없었다.

서부 해안으로 간 루크의 어머니는 중학교 때 아들을 교회로 데려가기 시작했다. 교회 캠프에서 그는 하나님이 특별한 목적을 가지고 자신을 창조하셨고 그의 인생을 위한 특별한 계획이 있다고 배웠다. 그해 여름 루크는 그리스도께 인생을 바쳤고 교회 청소년 사역에 헌신적으로 섬기기 시작했다. 청소년 담당 목회자는 마치 그의 아버지처럼 다정한 친구가 되어 주었다.

동부 해안의 블레이크는 모두 A를 받거나 스포츠 경기에서 월등한 실력을 보일 경우에만 냉정해 보이는 일중독 아버지가 그에게 관심을 보여 준다는 것을 알았다. 그래서 그는 아버지의 인정을 받고 교사들과 코치들의 칭찬을 받기 위해 있는 힘을 다했다. 그는 사람들의 갈채와 보상을 인생 목표인 양 살기 시작했고, 무슨 일이 있더라도 이기는 것에 정체성의 뿌리를 내리기 시작했다. 이렇게 해야만 사랑받고 있다는 느낌을 확인할 수 있었다. 또한 그는 성적이 시원찮으면 아버지에게 무시를 당하고 코치들에게 외면당하며 벤치 신세가 된다는 것을 알았다. 이런 이유로 그에게는 이기는 것이 전부가 되었다. 고등학교에서는 풋볼 팀의 쿼터백이 되었다. 경기를 할 때는 어김없이 극도의 불안감을 느꼈지만 더 열심히 경기에 임하도록 하는 채찍으로 그 불안감을 이용하려고 노력했다. 사람들의 응원과 환호가 사그라들면 이미 다음 이길 곳이 어디인지 생각하고 있었다.

　루크 역시 스포츠 만능이었고 팀에서 와이드 리시버가 되었으며 수없이 터치다운 패스를 성공시켰다. 그는 고등학교 캠퍼스에서 FCA(기독인 운동선수 모임) 리더가 되었고 팀원들을 위한 성경 공부를 이끌며 하나님을 위해 최선을 다하도록 그들을 격려했다. 그의 어머니는 항상 아들이 자랑스럽다고 말했다. 경기를 하기 전에는 늘 "경기가 어떻게 되더라도 널 사랑한단다"라는 메시지를 아들에게 보냈다. 그는 패배해서 낙심한다 하더라도 그 감정에 지지 않았다. 사실 가장 가까운 친구들 중에는 큰 점수 차로 패배한 후 아무리 위로하고 격려하려 해도 소용이 없는 이들이 있었다.

　그의 형제인 블레이크는 어떤 일에도 지는 법이 거의 없었다. 진다는 생각만으로도 견딜 수가 없었기 때문에 무슨 일이 있더라도 이겨야 했고, 실제로 필요하다면 자신의 우정을 희생하거나 편법을 쓸 각오가 되어 있었다. 그러나 내면에서는 결코 진정한 사랑을 받은 적이 없다는 절망감과 실패에 대한 두려움으로 늘 떨고 있었다. 그는 함께 경기를 하는 팀과 동료 선수들을 무섭게 몰아붙이며 질책했고 이런 요구에 부응하지 못하는 이들이 있으면 누구라도 불같이 화를 내었다. 자신이 비판을 받거나 기대만큼 해내지 못할 경우에는 견디지를 못했다. 3학년 때 주에서 주관하는 챔피언십 풋볼 경기에서 그의 팀이 패배하자 블레이크는 심판에게 고함을 질렀고 친구 두 명에게 욕을 퍼부었다. 아버지와는 일주일 동안 말을 하지 않았다.

　그 다음 해 그는 보기 좋게 설욕에 성공했다. 학업에서 성공하기 위해 지치지 않고 노력했고, 다른 학생들보다 나은 점수를 올려 수석으로 졸업하려고 잠을 아껴가며 공부했다. 졸업식에서 그는 불가능에 도전하는 법과 최고가 되기 위해 어떤 노력을 기울여야 하는지를 주제로 연설을 했다. 결론은 "인생은 패배자에게 시간을 내어주지 않는다"는 것이었다.

  서부에서 루크는 졸업연도에 페루로 선교 여행을 다녀온 후 크게 아팠다. 병원에 3주 동안 입원했지만 그 기간에 간호사와 직원들에게 복음을 증거하였고 담당 의사와 평생 지속될 우정을 나누었다. 그 의사는 당시 우간다에서 의료 선교 사역을 시작할 계획이었다. 루크는 학과에서 차석으로 졸업하고 성공하는 인생과 의미 있는 인생의 차이에 대해 연설했다. 선생님과 코치들, 청년 목회자에게 그의 인생에 수고와 사랑을 베풀어 준 것에 대해 감사를 표현했다. 그리고 무조건적인 사랑을 가르쳐 준 어머니에게 공개적으로 감사를 전했다. 어머니와 같은 강인한 인격을 소유한 여성을 아내로 달라고 하나님께 기도했던 것도 공개했다. 눈물을 흘리는 그의 어머니를 보면서 모두가 응원의 박수를 보냈다.

  블레이크는 대학에서도 풋볼 우승과 장학금이라는 두 마리 토끼를 잡기 위해 쉴 새 없이 스스로를 다그쳤다. 그러나 헬멧의 스티커나 기숙사의 트로피가 늘어나도 내면에서 느끼는 공허함은 조금도 채워지지 않았다. 아무리 성공해도 만족스럽지 않았다. 쉽게 사람들에게 싫증을 내며 또 다른 사람과 관계를 추구하면서 블레이크는 술과 음란물에 중독되기 시작했다. 토요일 밤에는 술집에서 살다시피 했고 일요일은 술에서 깨지 못하고 허우적거렸다.

그러다가 월요일 아침이 되면 체육관으로 돌아가 운동에 열중하며 다음 승리를 대비하거나 다음 시험을 위해 미친 듯이 공부에 매달렸다. 항상 스트레스를 받았고 쉽게 화를 냈다. 블레이크는 자신의 가치를 계속해서 증명해야 한다는 끊임없는 압박감에 시달렸다.

한번은 중요한 경기에서 와이드 리시버가 패스를 놓치는 바람에 승리를 놓치자 폭발하고 말았다. 그날 밤 늦은 시간에 그는 술에 취한 상태에서 차를 몰다가 나무를 들이받았고 음주운전으로 주말을 구치소에서 보냈다. 출전 금지 명령을 받은 그는 남은 경기를 벤치에서 지켜보는 신세가 되었다. 그는 황폐해졌고 패스를 놓친 동료 선수나 출전을 금지한 코치를 절대 용서하지 않았다.

블레이크는 자신의 쌍둥이 형 루크 역시 대학에서 풋볼 팀에 있었지만 자신보다 출전 횟수가 적다는 사실을 알지 못했다. 루크는 낙심했지만 그렇다고 잠을 설친 적은 단 하루도 없었다. 그는 팀의 전담 목회자 역할을 하기로 결심했고 동료들은 그를 '선수 담당 목사'라고 불렀다. 그는 성경 공부를 인도하고 선수들의 체력 단련을 도왔으며 주중에 그들이 수업에 빠지지 않고 주말에 구치소에 들락거리지 않도록 도왔다. 출전 시간이 줄어들었지만 그의 코치는 그가 팀 내에서 선수들을 돕는 것을 좋아했고 졸업생들 밤 행사에서 그에게 'MVP(Most Valuable Preacher, 가장 소중한 설교자)' 트로피를 주었다. 사람들은 기립 박수를 했다. 절반이 넘는 선수들이 그가 자신의 인생에 어떤 영향을 주었는지, 그가 지상의 상급과 하늘의 상급의 차이에 대해 어떻게 가르쳤는지 이야기했다.

대학 졸업 후에 두 형제는 직장에 취직했다. 블레이크는 같은 졸업반의 아름다운 여성과 결혼한 후 최고의 세일즈맨이 되었고 미친 듯이 일했다. 직장에서 승승장구하였지만 가정에서는 비현적인 기대와 완벽주의적 요구로 아내를 고통으로 몰아넣었다. 그들의 결혼 생활은 2년 정도 유지되었고 결국 그녀는 그의 곁을 떠났다. 내면의 황폐함에도 불구하고 블레이크는 공개적인 자리에서는 자신을 포장하는 데 능수능란했다. 경영진으로 승진한 뒤에는 최고의 실적을 거두기 위해 물불을 가리지 않도록 직원들을 들볶았다. 당연한 듯이 연장 근무를 요구하고, 필요하면 편법을 동원했으며, 경쟁에서 이기기 위해 거짓말도 주저하지 않았다. 성공을 최고의 가치로 삼았다. 재혼한 아내와 두 자녀와의 관계는 서먹하고 사무적이었고 그들은 자신들의 가치가 항상 외모와 성적으로 결정된다는 것을 확인했다.

루크 역시 경영진으로 승진하였지만 블레이크와 달리 직원들에게 사려 깊고 너그러운 상사라는 평가를 받았다. 직원들은 자발적으로 열심히 일했다. 그는 회사의 이윤이 중요하다 하더라도 그의 책임 아래 있는 사람들만큼 중요하지는 않음을 보여 주었다. 한 사람 한 사람의 이름을 모두 알았고, 그들을 격려했으며, 가족이나 개인적 필요가 생길 경우 충분히 시간을 사용할 수 있도록 배려했다.

루크는 같은 교회에 다니는 활발한 그리스도인 여성과 결혼했다. 교회 목사님은 이것을 '이 지역 최대의 이익'이라고 농담 삼아 말했다. 두 사람은 7년 동안 두 번이나 쌍둥이를 낳았고 아내는 그가 지역 기업가들의 모임을 설립해 지역 리더들이 마음을 모아 협력하도록 도왔다.

루크는 자라면서 성공적인 결혼 생활이나 건강한 아버지상을 볼 기회가 없었기 때문에 교회의 연장자들과 정기적으로 만나 조찬을 나누었다. 부부 싸움을 할 때마다 그는 그들에게 전화를 걸어 조언을 구했다. 그들은 가정에서 그리스도인으로서 정체성을 실천하는 법과 무슨 일이 있더라도 무조건적으로 아내를 사랑하는 법에 대해 가르쳐 주었다. 그 덕분에 아이들은 용서와 사랑과 웃음이 늘 함께하는 가정에서 자랄 수 있었다.

세월이 흐르면서 블레이크는 점점 더 완고하고 분노를 조절하지 못하는 사람이 되었고, 루크는 더 따뜻하고 사려 깊은 사람이 되었다. 블레이크의 비즈니스 미팅은 모두가 스트레스를 받는 시간이었다. 그가 남의 지적이나 비판을 견디지 못했기 때문에 직원들은 문제가 있어도 솔직하게 드러낼 수가 없었다. 그러나 루크는 솔직하게 문제를 지적하도록 분위기를 조성했으며 그런 분위기 속에서 사람들은 기꺼이 배우고자 하고 긍정적인 동료 관계를 맺었다.

수십 년이 흐르면서 블레이크는 그의 리더십 방식으로 인해 가는 곳마다 각종 궤양과 우울함과 망가진 관계와 건강 문제를 흔적처럼 남겼다. 반면 루크는 축복과 진리와 친절함을 자취로 남겼다.

60대 중반에 이르자 두 형제 모두 암 진단을 받았다. 블레이크는 충격을 받고 바로 항불안제를 복용하기 시작했다. 치료를 받는 도중에 회사에 대한 자신의 영향력을 잃지 않기 위해 경영진들과 싸웠다. 하지만 결국 영향력을 잃고 명목상의 지위만 유지했으며 술로 괴로움과 울분을 달랬다. 오랜 세월 손상된 간 때문에 블레이크는 급속히 건강이 악화되어 병원에서 숨을 거두었다. 그는 작은 묘지의 값비싼 관에 묻혔다.

그의 장례식 후에 두 아들은 그의 유산과 회사 지분을 두고 피 터지게 싸우기 시작했다. 그의 집의 커다란 장식장에는 먼지가 내려앉은 수십 개의 경기 표창장과 트로피들이 있었다. 각기 수천 시간이 넘는 그의 인생을 상징하는 것이었지만 그의 집이 팔린 바로 그날 하나도 남김없이 쓰레기장으로 직행했다.

루크는 암 진단을 받자 아내와 병원 밖의 주차장에서 함께 울며 기도했다. 그리고 그 다음 주에 자녀들과 회사 중역들과 교회 가족들에게 이 소식을 알렸다. 그들은 가족과 친구들에게 무슨 일이 일어나더라도 인생을 잘 마무리하고 하나님께 영광을 돌리도록 하나님이 도와주시기를 기도해 달라고 부탁했다.

수많은 사람들의 격려, 훌륭한 의사들의 치료, 적절한 식이요법, 많은 이들의 지속적인 기도 속에 루크와 그의 가족은 1년간 이어진 수술과 치료를 기쁨으로 이겨내었다. 그의 아내와 아이들은 치료를 모두 마친 후 치료비를 정산하고 병원에서 퇴원하는 날 기뻐서 소리를 질렀다. 루크는 하나님이 이 모든 과정을 사용하셔서 그리스도와 가족과 더 친밀해지게 하시고, 남은 시간들을 가장 보람 있게 보낼 수 있는 방법을 알도록 도와주신 데 대해 깊은 감사를 드렸다. 그 다음 10년 동안 그는 회사에서 은퇴해 지역 공동체와 교회를 섬기는 데 더 적극적으로 시간을 투자했다. 또한 손자들과 수차례 선교 여행을 가고 가족과 함께하는 데 많은 시간을 보냈다.

70대 후반에 암이 재발하자 루크와 그의 가족들은 담담하게 그 사실을 받아들였다. 이제 인생의 경주를 제대로 마무리할 준비가 되었다고 생각했다.

루크의 장례식 날 교회에는 수많은 사람으로 발 디딜 틈이 없었다. 수많은 미담과 사랑과 존경을 표현하는 이야기들이 쏟아졌다. 많은 교인과 목회자들과 친구들과 이전의 직원들이 루크가 남긴 영적이고 정신적인 유산에 대해 이야기할 때 루크의 아내와 4명의 자녀와 16명의 손자와 4명의 증손자들은 눈물을 흘렸다. 아이티와 아프리카의 목회자들은 의료 선교와 고아원 설립에 큰돈을 기부한 루크의 회사에 감사한다며 감사 비디오를 보냈다.

루크는 그의 가족과 교회, 지역 공동체와 나라를 넘어 이국의 선교 현장에까지 인생의 유산을 남겼다. 수없이 많은 사람의 인생에 영향을 주었다.

루크의 장례식에 참석한 사람들은 모두 큰 감동을 받았고 축복을 받았다. 그들은 하나님의 뜻을 따라 일생을 살다간 한 사람을 통해 하나님이 어떻게 그 은혜로 놀랍도록 역사하셨는지 확인하며 찬양의 노래를 불렀다. 그들은 루크 인생의 가장 놀라운 보물들이 여전히 영원토록 계속될 것임을 알았고, 언젠가 하나님과 영원한 유업을 누리며 풍성한 상급을 누릴 날을 고대하며 그의 본을 따르고자 하는 도전을 받았다.

더 깊이 알아보기

"나는 선한 싸움을 싸우고 나의 달려갈 길을 마치고 믿음을 지켰으니"(딤후 4:7).

그룹 토의 질문

- 루크와 블레이크는 그들의 정체성의 기초를 어디에 두었는가?
- 블레이크의 성취 중심적 정체성은 자신과 타인들을 대하는 태도에 어떤 영향을 미쳤는가?
- 하나님의 사랑과 은혜에 대한 루크의 생각은 한 인간으로서 그에게 어떤 영향을 미쳤는가?

2부

그리스도 안에 있는 우리의 정체성

12장
가장 깊은 내면에서 결정되는 정체성

위의 것을 찾으라
거기는 그리스도께서 하나님 우편에 앉아 계시느니라
골 3:1

　인생에 거대한 폭풍이 찾아올 때 종종 정체성이 가장 크게 시험을 받는다. 청천벽력 같은 의사의 중병 선고, 직장에서 나가라는 해고 통고, 별거나 이혼, 비극적 소식을 알리는 전화가 여기에 해당할 수 있다. 신체적 부상을 당하거나 갑자기 체포를 당하거나 소중하게 생각했던 관계나 역할을 잃게 되는 경우도 여기에 해당한다. 이런 혼란스러운 순간에는 원치 않는 변화라는 힘든 현실을 싸워 이겨나가야 한다. 그뿐만 아니라 자신의 정체성이 실제로 어디에 뿌리내리고 있었는지 보기 시작한다. 자신이 누구이며, 인생의 목적이 무엇이며, 자신의 가치는 어디에 있는지 내면의 질문을 시작하게 되는 것이다.
　창세기 37장에서 요셉은 형들에게 배신당하고 노예로 팔려가면서 그동안의 모든 관계와 가족과 가진 소유를 완전히 잃어버렸다. 그동안 누린 자유와 꿈이 하루아침에 허공으로 사라졌다. 야곱의 사랑하는 아들은 이제 낯선 이방 나라에서 노예 신세가 되었다.

몇 년 후 또 다른 비극적 폭풍이 그의 인생을 강타했다. 억울하게 무고를 당한 후 그동안 노력해서 얻었던 모든 것을 빼앗긴 채 부당하게 감옥에 갇히고 말았다. 신망 받는 종으로서의 명성과 역할과 책무가 한순간에 사라지고 말았다. 이제 그는 누구인가? 종보다 더 못한 신세가 되었다. 애굽의 감옥에 치욕스러운 죄목으로 갇힌 끔찍한 죄수 신분으로 전락했다. 분명히 그는 그 캄캄하고 암담한 순간에 자신의 정체성과 존재 가치를 두고 크게 번민했을 것이다. 이제 남은 것은 아직도 뛰고 있는 심장과 하나님에 대한 믿음뿐이었다.

룻기에서 나오미라고 하는 노년의 여성 역시 큰 비극을 경험했다. 가족들이 기근을 피해간 곳에서 남편과 두 아들이 모두 사망하고 이방 땅에서 부양해 줄 사람도 없이 홀로 남게 되었다. 이제 아내로서나 어머니로서 역할이 사라진 나오미는 곤궁하고 가난한 처지로 자신의 목적과 가치에 대한 감각이 없어지고 인생의 방향을 잃은 채 처량하고 불쌍한 신세가 되었다. 사람들이 그녀의 이름을 부르며 맞아주자 그녀는 그들에게 이렇게 항변하듯이 말했다. "나를 나오미라 부르지 말고 나를 마라라 부르라 이는 전능자가 나를 심히 괴롭게 하셨음이니라 내가 풍족하게 나갔더니 여호와께서 내게 비어 돌아오게 하셨느니라"(룻 1:20-21). 깊은 비탄에 빠진 그녀는 또한 스스로의 정체성 위기 속에 고통스러워했다.

욥기에서 사람들에게 큰 존경을 받던 한 사람은 자녀와 종들과 모든 재물을 하루아침에 잃고 충격을 겨우 추스르며 하나님께 매달렸다. 욥은 고통 중에서 자신의 존재 의미를 두고 씨름했다. 그는 자신의 태어난 날을 저주하며 차라리 어머니의 태에서 죽어 태어나지 않았으면 좋았을 것이라고 탄식했다(욥 3:11).

인생은 때로 잔인한 촉수를 뻗어 우리의 진짜 모습이 어떤 것인지 무서운 시험을 한다. 우리 중 대부분은 이런 일이 지인들에게 일어나는 것을 보았을 것이다. 누군가는 직장이나 소중한 관계를 잃을 뿐 아니라 아침에 자리에서 일어나야 할 이유를 잃는다. 사람들에게 존경을 받다가 하루아침에 실패자가 되거나 파산을 하고 자살을 시도한 사람에 대한 비극적 소식이 들려온다. 원하는 계약이 허사로 돌아가거나 팀에서 역할이 끝나거나 직장을 잃어버려 상심의 나락으로 떨어질 수도 있다. 절망에 빠진 우리는 거울을 보고 자신이 누구인지 물어보며 더 이상 인생의 의미나 살아야 할 이유가 있는지 심각한 회의에 빠질 수도 있다.

최고의 전성기를 누리던 가수와 배우가 신인 배우나 가수에게 밀려 대중의 외면을 받고 약물에 의존하며 절망으로 허우적거리는 경우를 심심치 않게 볼 수 있다. 왕성하게 활동하던 사람이 매일 해야 할 일이 사라지고 뒷방 늙은이처럼 되었다는 사실을 깨달은 후 툭하면 화를 내고 남을 괴롭히는 모습도 보았다. 남편과 사별하고 다시 살아야 할 희망을 발견하지 못하는 미망인들도 보았다. 죄에 빠져 스스로 자초한 수치를 극복하지 못한 채 망가지는 교인들도 있다.

우리는 어떤가? 지금까지 비극과 상실에 어떻게 반응하였는가? 가혹한 비난이나 거짓 무고에 어떻게 대처하였는가? 기대했던 승진에서 누락되거나 상을 놓치거나 친구에게 배신을 당했던 적은 없는가? 직장을 잃거나 관계가 깨지거나 사랑하는 이를 잃었던 적은 없는가? 그럴 때 어떻게 신실하게 반응했는가? 낙심과 절망으로 힘들었지만 슬픔 중에서도 하나님을 여전히 신뢰하였는가? 아니면 마음이 황폐해져서 극심한 혼란에 시달리며 하나님의 선하심을 의심하고 스스로의 존재 목적과 가치를 의심하였는가?

우리의 기초가 튼튼하지 못할 때 거센 폭풍이 우리를 때린다면 굳건히 서 있지 못할 것이다. 우리 인생과 정체성의 기초를 변하는 것에 두었다면 우리 발을 옭아맬 올무를 설치한 셈이나 마찬가지다.

우리는 예수님이 가르치신 진리를 다시 기억해야 한다. 흔들리지 않는 토대인 '반석' 위에 닻을 내리라는 말씀을 기억해야 한다(마 7:24-25). 이 짧은 인생에서 우리가 소중하게 여기는 모든 것이 언젠가는 시험을 받거나 변화가 생기거나 사라질 것을 알아야 한다. 요셉과 나오미와 욥의 이야기에서 알 수 있듯이, 우리는 우리의 핵심 정체성을 견고하게 붙들고 하나님과 그분의 불변하는 말씀에 닻을 내려야 한다.

우리 정체성의 핵심

욥은 모든 것을 잃자 머리털을 밀고 땅에 엎드려 "내가 모태에서 알몸으로 나왔사온즉 또한 알몸이 그리로 돌아가올지라 주신

이도 여호와시요 거두신 이도 여호와시오니 여호와의 이름이 찬송을 받으실지니이다"라고 말했다(욥 1:21). 그는 하나님의 불변하는 정체성을 붙들었고 하나님 외에는 의지할 자가 없었다.

하나님의 가장 큰 명령은 항상 온 존재와 정체성을 총동원하여 하나님을 사랑하라는 것이었다. "주 너의 하나님을 사랑하라"는 명령은 구체적으로 "네 마음"이라는 구절로 시작한다. 이 구절이 등장한 뒤에야 목숨과 뜻과 힘을 다하여 하나님을 사랑하라는 내용이 등장한다(막 12:30). 그러므로 정체성의 핵심이 바로 마음임을 알 수 있다. 마음이 실제로 의미하는 것이 이것이다. 성경에서 우리의 영적인 마음은 우리 존재의 가장 깊은 부위로서 우리 인생의 모든 것을 주도하며 영향을 미치는 것으로 묘사되고 있다(잠 4:23). 우리 몸의 심장이 펌프질을 하며 몸의 모든 살아있는 세포로 피를 공급하는 것과 같다.

우리 마음은 우리의 진정한 믿음(롬 10:10), 내면의 생각(히 4:12), 본심(마 6:21), 가장 큰 열망(시 37:4), 미래의 계획(잠 16:3), 실제적 결정(고후 9:7)이 이루어지고 유지되는 핵심 사령부에 해당한다. 기쁨과 슬픔이 마음에서 시작된다. 원한과 용서하는 것이 마음에서 유지된다(마 18:35; 엡 4:31-32). 마음에서 사실과 진실을 말할 수 있고 뿌리내릴 수 있다. 예수님이 말씀하신 대로 "마음에 가득한 것을 입으로" 말하는 것이다(마 12:34). 우리의 온 인생이 우리 마음의 상태에 영향을 받는다.

인과 관계를 따라가 보자. 안에 있는 것이 밖으로 나온다. 우리 마음의 핵심적 믿음이 우리 머리의 생각으로 이어지고, 이 생각은 우리 입의 말을 결정하며, 우리 입의 말은 매일의 행동과 삶의 태도로 나타나고, 우리가 세상에 미치는 영향의 결실로 이어진다. 성경에서도 이런 순서를 확인할 수 있다. "나 여호와는 심장을 살피며 폐부를 시험하고 각각 그의 행위와 그의 행실대로 보응하나니"(렘 17:10).

그러므로 우리 마음의 상태는 매우 중요하다. 그래서 성경은 "모든 지킬 만한 것 중에 더욱 네 마음을 지키라 생명의 근원이 이에서 남이니라"(잠 4:23)라고 경고한다. 우리는 자신에게도 거짓말을 할 수 있고 자기 마음도 속일 수 있기 때문이다(약 1:26). 하나님이 우리가 그분의 진리를 발견하고 입으로 말한 다음 마음으로 믿기를 원하시는 이유도 여기에 있다(시 15:2). 먼저 **그분**에 대한 진리를 발견하고 다음으로 **우리**에 대한 진리를 발견하는 것이다.

그러면 어떻게 해야 하는가? 최종적으로 우리 마음에 변화가 일어남으로 가능하다. 마음에 진정한 변화가 일어나야 한다.

성경은 마음이 모든 것에 영향을 미치기 때문에 내면 깊은 곳에서, 우리 존재의 핵심 부위에서 변화가 일어나야 한다고 말한다. 하나님이 우리 마음을 변화시켜 주셔야 한다. 단순히 악한 마음을 선하게 하기 위해서가 아니라 죽은 마음을 살리기 위해서다. 우리는 우리 생각이나 행동에 대한 대대적 변화나 받아들이기 싫은 변화를 감내하기보다는 우리 인생을 조금 수정하거나 왜곡하는 편을 좋아한다. 그러나 외적인 행동을 바꾸는 것은 안의 내용물을 바꾸지 않고 포장지만 바꾸는 것에 불과하다. 예수님은 외형만 바꾸어서는 안 된다고 사람들에게 경고하셨다. "나무도 좋고 열매도 좋다 하든지 나무도 좋지 않고 열매도 좋지 않다 하든지 하라 그 열매로 나무를 아느니라"(마 12:33).

우리가 자기 의지적 노력을 성장의 방법이라고 믿고 실천한다면, 다시 말해서 더 열심히 노력하고 훈련하며 더 헌신하는 방법으로 성장한다고 믿는다면 내면의 핵심은 변화되지 않을 것이며 뿌리는 치료하지 않고 열매만 고치는 꼴이 될 것이다. 계속해서 같은 싸움을 수없이 반복하다가 지속적이고 진정한 변화는 보지 못하게 될 것이다.

오직 하나님만이 내면 깊은 곳에서부터 개인의 마음을 변화시켜 주실 수 있으며 우리의 핵심적 정체성을 바꾸어 주실 수 있다. 진정한 구원의 가장 놀라운 혜택 중 하나가 이것이다. 그분이 우리 마음의 실제적인 문제를 고쳐 주실 때 새롭게 변화된 우리 정체성은 우리 생각을 바꾸어 주고, 우리 입술을 깨끗하게 해주며, 우리 습관과 관계를 고쳐 주고, 하나님의 선하고 온전하며 영원한 뜻을 위해 우리를 축복하고 사용한다.

두 개의 정체성

욥이 고난 속에서 자신의 태어난 날을 저주하고 있을 때 무대 뒤에서는 그가 생각지도 못한 일이 일어나고 있었다.

실제로 욥은 정체성이 두 가지였다. 하나는 지상에서의 정체성이고 또 하나는 천상에서의 정체성이다.

지상에서 그의 정체성은 모든 방면에서 엄청난 성공을 거둔 사람이었다. 성실한 남편이었고, 열 명의 자녀들을 사랑하는 아버지였으며, 수천 마리의 가축과 많은 종을 거느린 존경받는 부유한 지주였다. 그는 "동방 사람 중에 가장 훌륭한 자"로 인정을 받고 있었다(욥 1:1-4).

그러나 욥은 천상에도 그의 정체성이 있고 그에 대한 평판이 이루어지고 있음을 모르고 있었다. 하나님은 그를 "내 종 욥"이라고 부르셨고 "그와 같이 온전하고 정직하여 하나님을 경외하며 악에서 떠난 자는 세상에 없느니라"라고 말씀하셨다(8절).

한 사람에게 두 가지 정체성이 있었다.

비극이 연달아 덮치자 지상에서의 욥의 정체성은 산산이 조각나고 강탈당하고 심각하게 손상되었다. 사탄은 그를 쳐서 열 명의 자식들이 하루아침에 죽고, 가축과 곡식이 다 빼앗기거나 도난 당하고, 몸은 욕창으로 엉망이 된 가난하고 절망에 빠진 사람으로 전락하게 만들었다. 그러나 그에게 일어난 모든 일에도 불구하고 하나님은 천상에서의 욥의 정체성은 조금도 달라지지 않았다고 지적하셨다. 그는 여전히 하나님의 사랑과 인정을 받고 있었고 동일한 정체성과 가치와 존재 목적을 가지고 있었다.

그렇다면 이제 물어보자. 이 두 개의 정체성 중 욥의 진짜 정체성은 무엇인가? 지상에서의 정체성인가? 아니면 천상의 정체성인가? 지상에서 그의 정체성은 여러 번 번복되었다. 한동안 유지되던 정체성이 갑자기 바뀌거나 완전히 달라질 수 있다. 그러나 어떤 정체성이 더 중요한가? 당연히 하나님이 인정하시는 정체성이다. 영원한 정체성이다. 천상에서 하나님이 확인해 주신 욥의 정체성은 비교 불가능할 정도로 중요하며 영원히 변치 않는 정체성이다.

요셉도 마찬가지가 아닌가? 그는 감옥에 있을 때 스스로 무가치하다고 생각하고 절망하고 있었다. 그러나 그를 향한 하나님의 신실하심은 조금도 변하지 않았다. 하늘의 시각에서 볼 때 요셉은 하나님의 축복과 사랑을 받는 현명하고 부유한 사람이었다. 하나님은 곧 그를 애굽의 2인자로 세우시고, 세상을 굶주림에서 건지는 데 사용하실 것이며, 또한 그 형제들과 가족의 목숨을 보전함으로 새 나라를 세우는 데 일조하도록 하실 것이다. 하늘에서의 그의 정체성이 내내 요셉의 참된 정체성이었다.

그렇다면 나오미는 어떠한가? 마찬가지다. 아들과 남편을 잃고 절망적인 환경 속에 있을 때 그녀는 자신을 향한 하나님의 사랑과 순수한 관심과 선하신 뜻이 전혀 바뀌지 않았다는 사실을 이해할 수 없었다. 언제 다음 끼니를 먹을 수 있을지 한 치 앞도 알 수 없는 신세였다. 하지만 하나님은 그녀가 미래의 다윗 왕의 증조부와 증조모를 만나게 하고, 다윗의 할아버지를 키우는 데 도움을 주고, 열국을 위한 하나님의 놀라운 구원 계획에 참여함으로 하나님께 영광을 돌리는 데 도구로 사용될 것을 알고 계셨다(마 1:5).

마찬가지로, 우리도 자신의 진정한 정체성(훨씬 더 중요하고 변치 않는 정체성)을 알고 싶다면 현재의 상황에서 시선을 돌려야 한다. 지금 느끼는 기분이나 사람들의 평가나 현재 가진 직책이나 역할은 결국 바람과 함께 사라질 것이다. 그러나 하나님은 우리를 보고 계시며 우리 미래를 알고 계신다. 하나님의 말씀은 우리가 우리의 참된 정체성, 즉 천국에서의 정체성을 발견할 수 있고, 믿을 수 있으며, 거기에 마음을 둘 수 있다고 가르친다.

그것은 진정한 우리의 모습, 우리 마음 깊은 곳의 바로 우리 모습이다.

> "그러므로 너희가 그리스도와 함께 다시 살리심을 받았으면 위의 것을 찾으라 거기는 그리스도께서 하나님 우편에 앉아 계시느니라 위의 것을 생각하고 땅의 것을 생각하지 말라 이는 너희가 죽었고 너희 생명이 그리스도와 함께 하나님 안에 감추어졌음이라 우리 생명이신 그리스도께서 나타나실 그 때에 너희도 그와 함께 영광 중에 나타나리라"(골 3:1-4).

에베소서와 우리의 하늘의 정체성

이런 이유 때문에 에베소서를 다시 한 번 살펴볼 필요가 있다. 서두에서 우리는 에베소서가 우리의 참되고 영원한 정체성에 대해 어떻게 심도 깊게 설명하고 있는지, 우리가 그것을 어떻게 발견할 수 있는지, 하나님이 어떻게 영원한 정체성을 오늘날 우리 삶에 연합시키시고, 그런 다음 우리가 어떻게 그것에 비추어 승리하는 삶을 살 수 있는지 살펴보았다. 첫 3장은 하나님이 보시는 천상에서의 성도의 정체성에 대해 이야기한다. 하나님이 우리의 정체성에 대해 말씀하신 내용을 이야기한다는 것이다. 이 장에서 소개할 내용은 상당 부분 성경의 이 역동적인 책에서 하나님이 하신 말씀을 기반으로 하고 있다.

그러나 페이지를 넘기기 전에 에베소서의 구성과 관련해 몇 가지 핵심적 내용을 주의해서 살펴볼 필요가 있다. 전반부(1-3장)는 성도의 행실과 관련한 내용이 별로 없다. 우리가 무엇보다 먼저 발견하고 이해해야 할 천상의 정체성에 관한 기본적인 진리들로 가득하다. 이런 진술과 진리들은 전체 그림을 설명해 주는 것에 가깝다. 인생의 현장으로 내보내기 전 우리가 소속된 팀은 어떤 곳이며 필드에서 우리의 위치는 무엇인지 알려 주고 있는 것이다.

에베소서 후반부(4-6장)는 강력한 명령 위주로 되어 있다. 이런 명령들은 지상의 일상생활 속에서 진정한 천상의 정체성대로 살아가도록 구체적인 명령과 지시들로 이루어져 있다. 그러므로 전반부의 진술들이 불을 밝힌 후 우리의 정체성과 목적과 가치를 설명해 준다면, 후반부의 명령문은 우리의 인생, 다시 말해 우리 생각과 말과 관계와 사명을 그리스도 안에 있는 우리 정체성에 어긋나지 않게 살도록 도와준다.

사람들은 대체로 실제적이고 따르기 쉬운 명령들을 더 선호하는 경향이 있기 때문에 성경의 독자들과 강단 설교자들은 에베소서의 어려운 전반부는 건너뛰고 후반부의 실제적인 적용 부분으로 바로 들어가는 경향이 있다. 그러나 이런 방법은 설계도를 보지 않고 집을 짓거나 비행 방법을 먼저 배우지 않고 비행기를 조종하는 것과 같다. 에베소서 첫 3장이 제공하는 교리적 진리라는 기초 없이 매일 상황에 맞게 적용하고 실행하는 것은 매우 어렵거나 실제로 불가능할 것이다.

먼저 자신이 누구이고, 하나님은 누구시며, 그분이 우리를 위해 어떤 일을 하셨고, 어떤 자원을 우리가 사용할 수 있는지 전체적인 그림을 파악해야 한다. 이 과정을 생략한다면 원하는 대로 최선의 노력을 하며 스스로의 힘으로 신앙생활을 하려고 해도 결국 지쳐서 하나님의 교훈을 따르는 데 실패할 수밖에 없다. 이 책이 독자들에게 큰 도움이 되기를 바라는 이유가 이 때문이다.

이 장을 마무리하면서 에베소서 저자인 바울이 독자들을 위해 어떤 기도를 했는지 잘 살펴보라. 에베소서 전반부에는 두 가지 다른 기도가 등장한다(엡 1:15-19; 3:14-19). 주의 깊게 꼭 읽어 보기를 바란다. 두 기도를 보면 바울은 그들의 건강과 직장과 가족과 재정적 문제를 위해 기도하지 **않았다**(물론 이런 기도가 잘못된 것은 아니다). 또한 그들이 행실과 관계를 깨끗이 하고 경건한 백성으로 살아갈 수 있게 해달라고 기도하지 **않았다**(이 역시 잘못된 기도는 아니다).

두 기도에서 그는 바로 핵심으로 들어가서 하나님의 성령이 그들 마음 깊은 곳에 진리를 깨닫게 하시고, 그들이 그리스도 안에서 **어떤 신분이고, 무엇을 소유하고 있으며,** 하나님이 그리스도와의 관계를 통해 **얼마나 그들을 사랑하시는지** 알도록 명철을 달라고 기도했다. 바울은 마음으로 이런 진리들을 깨달을 때 우리 존재의 핵심에 변화가 일어날 것임을 알았다. 이런 존재의 핵심부에서 일어난 변화의 파장이 우리 정체성의 다른 모든 층위들과 생활의 모든 영역에 긍정적으로 영향을 미칠 것임을 알았다.

이 여정을 계속하는 우리에게 이런 기도는 매우 큰 힘과 용기를 준다. 잠시 자신을 위해 바울과 같은 기도를 드리는 시간을 갖는다면 좋을 것이다.

***

하나님 아버지, 그동안 당신께서 제게 베푸신 일들에 감사를 드립니다. 주님이 어떤 분인지 알 수 있도록 주의 성령께서 지혜와 계시를 허락해 주소서. 제 마음의 눈을 열어 주셔서 주의 소명과 제 인생을 향한 계획의 큰 그림을 알게 해주소서. 그리스도 안에서 저의 신분과 풍성한 유업이 무엇인지 보여 주시고, 믿는 모든 성도들을 통해 그리고 저를 통해 역사하시는 당신의 큰 능력을 보게 해주소서. 저를 향한 주의 사랑의 넓이와 깊이와 높이를 알도록 눈을 열어 주소서. 오늘 주의 성령으로 채워 주시고 당신의 영광을 위해 이 세상에서 저를 사용해 주소서. 예수님의 이름으로 기도합니다. 아멘.

더 깊이 알아보기
롬 10:6-10 • 엡 1:15-19 • 엡 3:14-21

"지식에 넘치는 그리스도의 사랑을 알고 그 너비와 길이와 높이와 깊이가 어떠함을 깨달아 하나님의 모든 충만하신 것으로 너희에게 충만하게 하시기를 구하노라"(엡 3:18-19).

그룹 토의 질문
- 비극과 상실의 고통은 어떤 식으로 우리 정체성을 드러내는가?
- 당신의 정체성의 핵심은 무엇인가?
- 명령대로 순종하기 전에 진리를 믿어야 하는 이유는 무엇인가?

13장
하나님의 입양된 자녀로서 우리가 받는 사랑

> 너희가 사랑 가운데서 뿌리가 박히고 터가 굳어져서 능히 모든 성도와 함께
> 지식에 넘치는 그리스도의 사랑을 알고 그 너비와 길이와 높이와 깊이가 어떠함을
> 깨달아 하나님의 모든 충만하신 것으로 너희에게 충만하게 하시기를 구하노라
> 엡 3:17-19

깊이와 너비와 높이와 길이가 참으로 길고 넓고 높고 또 깊다. 바로 하나님의 사랑이다. 우리가 그 사랑을 파악하고 이해할 수만 있다면 말이다. 하나님은 무한하시고 영원하시다. 그러므로 그분의 사랑은 영원처럼 끝이 없고, 하늘의 별들처럼 높고, 우주보다 넓고, 바다보다 깊다. 그 사랑은 하나님의 정체성과 마음에서 흘러나온다(요일 4:16).

복음의 진리와 맞닥뜨린 후 예수 그리스도와 그분의 죽음과 부활을 믿은 모든 사람들, 그분을 주와 구주로 신뢰하고 있는 모든 사람은 그리스도 안에서 새로운 정체성을 지니게 된다. 하늘의 새로운 정체성을 소유하게 된다. 그 정체성은 바로 하나님의 선택을 받고 입양된 하나님의 자녀로서의 정체성이다.

아버지의 사랑이라는 이 강은 단순히 우리 주변이나 근처를 스쳐 지나가지 않는다. 지금도 우리 위로 "부은 바" 되고 있다. "우리에게 주신 성령으로 말미암아 하나님의 사랑이 우리 마음에 부은 바 됨이니"(롬 5:5).

이 사실을 제대로 모르고 항상 체감할 수도 없기 때문에, 과거의 경험이나 살아오면서 사람들과의 관계에서 이런 무조건적인 사랑을 성실하게 보여 준 사람을 만나 본 적이 없기 때문에 아마 이 사실이 믿어지지 않을 수도 있을 것이다.

그러나 하나님의 말씀이 하나님의 말씀인 이유가 있다. 하나님의 길은 인간의 길과 다르다(사 55:8). 그리스도 안에서 우리에게 적용된다고 하나님이 말씀하신 새로운 정체성을 알아보는 단원을 시작하는 이 시점에서 바울이 기도한 대로 이제 "마음의 눈"이 밝아져야 한다(엡 1:18). 그래야 우리의 진정한 신분이 무엇인지 알 수 있다. 매순간 이 실제 현실 안에서 살기 위해 모든 것이 당신을 위해 이루어졌고 당신을 위해 이루어지고 있음을 알 수 있다.

그리스도 안에서 우리는 사랑을 받고 있다. 이 지점에서 시작하자. 우리는 **무조건적인** 사랑을 받고 있다. 이것이 하나님이 말씀하시는 우리다. 우리는 하나님의 사랑을 받는 자녀이며 "창세 전에 … 우리를 택하사 … 그 기쁘신 뜻대로 우리를 예정하사 예수 그리스도로 말미암아 자기의 아들들이" 되도록 선택함을 받은 존재다(엡 1:4-5). 우리는 단순히 사랑을 받는 존재가 아니라 '사랑하는 자'라는 호칭을 받았다. 이것이 현재의 우리 정체성이며 이 단어는 아가페(agape)라는 헬라어가 어근이다. 이런 사랑은 하나님의 무조건적 사랑을 말하며, 고린도전서 13장의 모든 것을 아우르며 모든 것을 견디는 사랑이다. **'사랑하는 자'**는 기본적으로 '하나님이 아무 조건 없이 사랑하는 자'라는 뜻이다.

(여기서부터는 스테판이 들려주는 내용이다.) 이 책 서두에 소개한 미아의 이야기를 기억하는가? 그녀는 우리의 사랑을 받기 위해 스스로 한 일이 아무것도 없었다. 사실, 하나님이 우리를 이미 아신 것과 달리—우리가 어머니의 자궁 속에 있을 때 하나님이 우리를 아신 것과는 달리(시 139:15-16)—미아와는 전혀 모르는 상태에서 만났다. 우리는 메일함에 그녀에 대한 추천서가 도달한 후에야 이 아이가 지상에 존재한다는 사실을 알았다. 그러나 우리는 아이에게 마음을 집중했고 아이를 선택했다. 우리는 '기쁜 뜻대로' 흔쾌히, 설레는 마음으로, 간절하게 아이에게 사랑의 손길을 내밀었다. 이제 아이는 우리의 사랑하는 딸이 되었고, 우리와 영구적인 관계를 누린다. (오늘 아침에도 아이를 안아 주며 사랑한다고 말해 주었고 활짝 웃는 얼굴을 가만히 바라보았다. 아이는 지금 심장 수술을 받고 빠르게 회복하고 있는 중이다!)

그러나 당연히 우리의 딸이 아니었던 때가 있었다. 우리와 관계를 나누지 않던 때가 있었다. 우리가 아버지 하나님과 영구적인 사랑의 관계를 맺지 않았던 때가 있었듯이.

"허물과 죄로 죽었던… 너희는 그 가운데서 행하여 이 세상 풍조를 따르고"(엡 2:1-2). 그러나 사랑을 받기 위해 버둥거리며, 용납을 받고 스스로 과거를 세탁하고 사랑받을 자격이 생길 수 있도록 애를 쓰는 세속적이고 인간적이고 조건적인 방법들은 하나님의 방법이 아니다. 하나님의 방법은 은혜다!

그러므로 하나님의 자녀로 사랑을 받고 있다는 확신이 없이 방황하고 있다면 하나님의 사랑의 방법보다 "이 세상 풍조"의 목소리가 우리 마음에서 더 크게 울리기 때문이다. 당신이 사랑받지 못한다고 느낀다면 그것은 당신이 사랑받지 못하기 때문이 아니다. 그것은 지금도 당신에게 부어 주시는 그분의 사랑을 당신이 믿음으로 믿지 않고 그분에게서 받지 않기 때문이다.

늘 사랑을 받고 있지 않다는 생각이 든다면, 눈을 멀게 하고 영적 귀를 막아 우리의 진정한 신분에 대해 성령이 말씀하시는 음성을 듣지 못하게 하는 미움이나 고백하지 않은 죄 때문일 수 있다(요일 3:13-24). 그러나 그분은 사랑이시며 우리가 그분의 음성의 주파수를 제대로 맞추든, 맞추지 못하든 상관없이 우리를 사랑하시는 분이다.

"긍휼이 풍성하신 하나님이 우리를 사랑하신 그 큰 사랑을 인하여 허물로 죽은 우리를 그리스도와 함께 살리셨고"(엡 2:4-5). "우리가 아직 죄인 되었을 때에 그리스도께서 우리를 위하여 죽으심으로 하나님께서 우리에 대한 자기의 사랑을 확증하셨느니라"(롬 5:8). "내가 내 백성 아닌 자를 내 백성이라, 사랑하지 아니한 자를 사랑한 자라 부르리라"(롬 9:25).

바로 여기에 우리를 향한 아버지의 마음이 있고 그분의 말씀이 있다. 우리를 향한 깊고도 넓고 측량할 수 없는 하나님의 사랑을 '알고', 그 안에 '뿌리를 내려 굳게 터를 잡고', 그 안에서 닻을 내린 채 영원히 안전하기를 원하시는 분이 있다.

에베소서 1장 19절의 "알게 하시기를 구하노라"에서 '알다'라는 단어는 친밀하고 경험적인 앎을 말한다. 완벽하게 다 파악하지는 못하더라도 깊이 있게 깨달아지는 앎을 말한다. 공기로 호흡하기 위해 공기를 이해할 필요는 없고, 빛을 보기 위해 빛의 원리를 이해해야 하는 것은 아니며, 물을 마시고 갈증을 해결하기 위해 물의 분자 구조를 알아야 하는 것은 아니다. 때로 우리를 향한 하나님의 사랑을 눈으로 보거나 설명할 수 없는 경우가 있다 하더라도 우리는 여전히 그 사랑이 존재한다는 것을 '알 수' 있다.

하나님은 자기 자녀인 우리에게 은혜로 그 사랑을 주기로 결정하셨다.

하나님이 선택하셨다.

성경은 하나님이 이스라엘을 자기의 특별한 백성이 되고 고대 세계에 그분의 이름이 알려지도록 선택하셨다고 말한다. 모세는 그들에게 "여호와께서 네 조상들을 (아브라함과 이삭과 야곱과 요셉을) 사랑하신 고로 그 후손인 너를 택하시고 큰 권능으로 친히 인도하여 애굽에서 나오게 하시며"라고 말했다(신 4:37).

하나님은 그분의 사랑을 받을 자격이 있음을 증명하라고 우리에게 요구하신 적이 없는 것처럼, 이런 지위를 얻기 위해 우리가 어떤 것을 해야 한다고 요구하시지 않았다. 실제로 하나님이 사랑하셨다고 말씀하신 이 조상들을 보면 모두 짜증을 유발하는 단점들이 있었다. 아브라함은 불편한 상황을 모면하기 위해 거짓말을 하는 나쁜 버릇이 있었다. 이삭은 가정에서 누구도 편애하지 않는 영적 지도자로서 처신하지 못했다. 야곱은 필요하다면 속임수와 부정한 방법을 동원하기를 서슴지 않았고, 요셉은 아버지의 편애 아래 형들에게 자랑하고 떠벌려 형들을 화나게 하곤 했다. 하나님이 사랑하신 이 사람들은 사랑스럽지 못한 여러 부정적인 면들이 많았다. 이스라엘의 자손인 그들의 후손들도 마찬가지였다. 하나님께서 그들을 애굽의 혹독한 노예살이에서 건져 주시고 일상의 자유를 누리도록 하셨지만, 그들은 조금이라도 불편한 상황이 발생하면 어김없이 하나님을 원망하고 불평했다.

이스라엘은 선택을 받을 정도로 우수하고 탁월한 민족이 아니었다. 예를 들어 하나님은 "다른 민족보다 수효가 많기" 때문에 그들을 선택하신 것이 아니었다. 실상 그들은 오히려 모든 민족 중에 가장 적었다(신 7:7). 하나님이 그들을 선택하신 것은 강력한 정복 국가가 갖추리라 생각되는 최소한의 조건에도 부합하지 않았기 때문이다. 하나님은 지금 우리를 대하실 때도 바로 이런 식의 기준과 목적을 적용하시는 것처럼 보인다.

"형제들아 너희를 부르심을 보라 육체를 따라 지혜로운 자가 많지 아니하며 능한 자가 많지 아니하며 문벌 좋은 자가 많지 아니하도다 그러나 하나님께서 세상의 미련한 것들을 택하사 지혜 있는 자들을 부끄럽게 하려 하시고 세상의 약한 것들을 택하사 강한 것들을 부끄럽게 하려 하시며 하나님께서 세상의 천한 것들과 멸시 받는 것들과 없는 것들을 택하사 있는 것들을 폐하려 하시나니"(고전 1:26-28).

핵심은 이것이다. 하나님이 우리를 선택하신 이유에 관해 유일하게 납득할 수 있는 부분이 있다면, 그분이 우리에게 은혜 베풀기를 원하시고 사랑하기를 원하시기 때문이라는 것이다. 하나님은 우리가 사랑할 만해서 우리를 사랑하신 것이 아니라 그분이 사랑이시기 때문에 우리를 사랑하시는 것이다.

이 풍성한 사랑을 이해하겠는가? 이것이 사실이라는 것을 마음으로 받아들이고 있는가?

모른다고 대답한다 해도 이해할 수 있다. 우리는 하나님이 우리 같은 사람을 아무 조건 없이 진정으로 사랑하실 수 있는지 속으로 의심하며 실제로는 다른 사람들을 사랑하실 것이라고 믿기 쉽다.

사도 요한은 3년에 걸친 공생애 기간에 예수님과 개인적이고 친밀한 관계를 나누며 동행했다. 예수님이 매일 하나님의 사랑과 제자들을 향한 사랑에 대해 말씀하시는 것을 들었다. 그는 심지어 예수님의 말씀 중 가장 많이 인용되며 우리를 향한 하나님의 사랑의 너비와 높이와 깊이에 대해 깊은 통찰을 주는 말씀을 기록으로 남기기도 했다. "아버지께서 나를 사랑하신 것같이 나도 너희를 사랑하였으니"(요 15:9). "내가 너희를 사랑한 것같이 너희도 서로 사랑하라"(12절). "사람이 친구를 위하여 자기 목숨을 버리면 이보다 더 큰 사랑이 없나니"(13절).

요한은 이 모든 말씀을 들었다. 이 모든 말씀에 계속 노출되었다. 실제로 십자가 발아래 서 있었다. 빈 무덤을 들여다보았고 예수님이 묻히실 당시 입었던 옷이 무덤 안에 놓여 있는 것을 보았다. 이런 요한이 자신이 얼마나 사랑을 받았는지 어떻게 모를 수가 있겠는가?

그러나 그는 나중에 요한일서를 쓰면서 (거의 한 줄 걸러 하나님의 사랑을 말한다) "하나님이 우리를 사랑하시는 사랑을 우리가 알고 믿었노니"(요일 4:16)라고 말했다. 그도 '알고 믿어야' 했던 것이다. 하나님의 거대한 사랑의 바다를 우리의 제한적인 이해라는 잔에 담기란 불가능한 것이다. 요한을 향한 하나님 아버지의 거대한 사랑은 하나님을 아는 지식과 능력이 자라면서 그의 마음과 생각과 영에서 계속 더 커지고 확장되었다.

이렇게 깊고 넓은 사랑은 살면서 우리가 경험하고 관찰한 사실과는 어느 부분에서 상충된다. 우리를 사랑한다고 말하고 사랑을 약속한 사람들이 그들의 말과 달리 결국 끝까지 우리를 사랑하는 경우는 거의 없었다. 하지만 하나님은 신실하신 분이며 약속대로 완벽하게 지키시는 분이다. 그 자신의 속성대로 사시는 것은 하나님께 너무나 쉬운 일이다.

"하나님은 사랑이시라 사랑 안에 거하는 자는 하나님 안에 거하고 하나님도 그의 안에 거하시느니라"(요일 4:16b). 우리 인생에 가장 중요하고 지속적인 관계를 하나 꼽는다면, 그리스도 안에서 우리가 하나님의 사랑하는 자녀라는 것이다. 이 진리는 세상의 어떤 지위나 위치보다 더 중요하다. 이 사실을 알면 인생의 온갖 모욕과 실패의 고통도 견뎌낼 수 있을 것이다. 고통 중에서도 영원한 인생의 목적이 있다는 확신과 믿음으로 충만할 것이며, 인생의 흥망성쇠에도 자신의 존귀함을 망각하지 않을 것이다. 힘을 내어 강건하게 삶을 살아갈 것이다. 온갖 시련 속에서, 암울한 나날 속에서, "너는 나의 사랑하는 아들이라"라는 아버지의 음성이 성령의 속삭임으로 우리 마음을 적시도록 하자.

"그러나 이 모든 일에 우리를 사랑하시는 이로 말미암아 우리가 넉넉히 이기느니라 내가 확신하노니 사망이나 생명이나 천사들이나 권세자들이나 현재 일이나 장래 일이나 능력이나 높음이나 깊음이나 다른 어떤 피조물이라도 우리를 우리 주 그리스도 예수 안에 있는 하나님의 사랑에서 끊을 수 없으리라"(롬 8:37-39).

오늘 믿음으로 도무지 믿기 불가능해 보이는 진리를 받아들이라. 감정에 좌우되어서는 안 된다. 하나님의 신실하심을 믿고 따라야 한다. 우리는 사랑을 받는 하나님의 자녀다. 우리는 "사랑하시는 자"다(엡 1:6). 하늘의 아버지께서 우리를 선택하시고 입양하셨다. 우리를 바다보다 더 깊이 사랑하시는 그 사랑은 더없이 넓다. 하늘보다 더 높다. 그 어느 누구도 이렇게 우리를 사랑하는 이는 없다. 우리 안에 계시는 분이 바로 이런 분이다. 그리고 그 안에 있는 우리는 그 사랑을 받는다.

2단원에 걸쳐 다루는 우리의 정체성과 유업과 관련해 각 장 끝부분에 각각의 주제에 맞는 한 가지 선언문을 소개할 것이다. 이것을 큰 소리로 고백하고 마음으로 믿으며 앞으로도 계속 반복하기를 바란다. 또한 하나님이 우리에 대해 하신 말씀에 대해 감사하게 되기를 바란다. 오늘의 선언문은 다음과 같다.

예수님은 나의 주가 되시며 나는 그리스도 안에 있으므로
나는 하나님이 입양한 자녀로 사랑을 받고 있습니다.
내게 이 사랑을 받을 자격이 없음을 알지만
천상의 아버지께서 주시는 이 사랑을 믿음으로 받아들입니다.
그분은 나를 온전히 사랑하시며 선택하시고 입양하셨습니다.

***

하나님 아버지, 주님이 저를 사랑하시는 사랑을 제 머리로는 다 이해할 수 없습니다. 제가 한 일들과 그간 제가 취했던 태도를 다 아심에도 어떻게 저를 사랑하실 수 있는지, 어떻게 끝까지 사랑하시는지 이해가 되지 않습니다. 그러나 주님의 말씀을 믿고 항상 다 체감하지는 못하더라도 그 말씀을 신뢰하겠습니다. 저를 향한 당신의 사랑을 확신하며 살아가도록 도와주소서. 주의 깊은 신실하심과 아버지로서 아낌없이 베푸시는 은혜를 생각하며 얼굴에 웃음이 피어나도록 해주소서. 주님을 사랑합니다. 주님의 사랑에 감사를 드립니다. 예수님의 이름으로 기도합니다. 아멘.

더 깊이 알아보기

요 15:9-17 • 롬 8:31-39 • 벧전 2:4-10

"사랑은 여기 있으니 우리가 하나님을 사랑한 것이 아니요 하나님이 우리를 사랑하사 우리 죄를 속하기 위하여 화목제물로 그 아들을 보내셨음이라"(요일 4:10).

그룹 토의 질문

- 하나님은 어떤 방법으로 우리에 대한 사랑을 보여 주시고 증명해 주셨는가?
- 무조건적인 사랑과 은혜는 어떤 면에서 유사한가?
- 우리의 성장 과정은 사랑에 대한 우리 인식에 어떤 영향을 미치는가?

14장
하나님의 영적 아들로 누리는 축복

찬송하리로다 하나님 곧 우리 주 예수 그리스도의 아버지께서
그리스도 안에서 하늘에 속한 모든 신령한 복을 우리에게 주시되
엡 1:3

우리나 다른 누군가를 축복해 달라는 기도는 신자들이 가장 흔하게 드리는 기도다. 이런 기도는 아무 문제가 없다. 하나님의 축복을 구하고 "우리의 손이 행한 일"(시 90:17)에 하나님의 은총을 구하는 것은 적절하고 또한 성경적이다.

그러나 하나님의 축복을 구할 때 한 가지를 기억해야 한다. 우리는 "그리스도 안에서 하늘에 속한 모든 신령한 복"으로 이미 축복을 받았다는 것이다.

베드로는 이것을 이렇게 표현했다. "그의 신기한 능력으로 생명과 경건에 속한 모든 것을 우리에게 주셨으니 이는 자기의 영광과 덕으로써 우리를 부르신 이를 앎으로 말미암음이라"(벧후 1:3). 바울은 "아무 것도 염려하지 말고"(빌 4:6)라고 했는데 이것은 하

나님의 축복을 이미 확보했기 때문이다. 대신 하나님께 필요를 아뢸 때 "모든 지각에 뛰어난 하나님의 평강이 그리스도 예수 안에서 너희 마음과 생각을 지키시리라"는 말씀을 기억하며(7절) 감사함으로 기도할 수 있음을 알아야 한다고 말했다.

그것은 무슨 일이 있더라도 우리가 그리스도 안에서 이미 필요를 다 채움 받았기 때문이다.

성경은 하나님의 무한한 축복의 능력뿐 아니라 우리를 언제라도 축복하기를 원하시는 하나님의 마음에 대해서도 증거하고 있다. 하나님의 축복은 단순히 소망의 차원이 아니다. 희망 어린 바람도 아니다. 하나님이 축복하신다면 이미 성공하도록 모든 준비를 해두셨다는 뜻이다. 하나님은 우리를 축복하실 때 우리를 부르셔서 맡기신 일을 이루는 데 필요한 모든 것을 준비해 주신다.

예를 들어 하나님이 최초의 남자와 여자를 창조하셨을 때 성경은 이렇게 말한다. "하나님이 그들에게 복을 주시며 하나님이 그들에게 이르시되 생육하고 번성하여 땅에 충만하라, 땅을 정복하라"(창 1:28). 하나님은 그들에게 명령을 하달하실 뿐 아니라 그 명령을 이행하는 데 필요한 모든 자원을 제공해 주셨다.

하나님은 심지어 창조 사역을 완수하신 후 "그 일곱째 날을 복되게" 하셨다(창 2:3). 성경의 이 말씀이 얼마나 놀라운가. 시간이 시작된 순간부터 하나님은 우리 각자가 소명을 이루는 데 필요한 안식과 예배의 축복을 누리며 살 수 있도록 이미 필요한 것들을 다 공급해 주셨다. 오늘날 인생의 끝없는 요구로 종종 위축되고 마음에 짓눌림을 느끼더라도 우리는 하나님의 자녀로서 정체성을 지니고 있다. 이런 정체성은 하나님의 말씀과 뜻을 계속 따를 수 있도록 속도와 리듬과 효용성을 유지할 수 있는 충분한 도구를 이미 우리에게 주셨다는 것을 의미한다.

하나님은 모든 것을 염두에 두셨다. "생명과 경건에 속한 모든 것", "모든 신령한 복". 하나님은 우리를 위해 이 모든 것을 준비해 두셨다.

그러나 하나님의 조건 없는 사랑에 대해 들으면 우리 마음은 아낌없이 축복을 부어 주려 하신다는 하나님의 마음이 진심일지 자연스럽게 의심하게 된다. 아마 소소한 축복은 허락하실지 모른다. 어쩌다가 한 번씩 축복해 주실 수도 있다. 그러나 세차게 흐르는 강물처럼, 거침없이 흐르는 소화전의 물처럼 이미 축복이 우리를 향해 물밀 듯이 몰려오고 있을 것이란 기대는 사실 거의 하지 않는다. 극소수 사람들이나 우리 외에 **다른 사람들**은 이런 축복을 경험할지 모른다. 하지만 **우리에게는** 해당 사항이 아니다.

하나님이 이런 수준의 축복을 우리에게 주셨다면 지금 겪고 있는 이런 어려움들을 설명할 수가 없다. 실제로 하나님이 우리를 축복하기를 원하셨다면 우리에게 축복이 절실한 부분이나 영역을 이야기해 보라고 하셨을 것이다.

하지만 우리 정체성은 새로운 관점으로 인생을 바라보기를 요구한다. 이제 우리는 완전히 새로운 운영 체계로 인생을 처리한다. 우리가 하나님의 사랑을 받고 선택함을 입어 입양되었음을 믿음으로 계속 상기하며 이 사실을 자각하고 적응하면, 시각의 변화가 일어나고 모든 신령한 복으로 축복을 받았음을 잊지 않고 기억할 수 있다. 세상의 어떤 환경 속에서도 이 사실은 변하지 않는다.

아브라함과 그의 아내 사라는 후사가 생기지 않았다. 하나님이 "내가 너로 큰 민족을 이루고 네게 복을 주어 네 이름을 창대하게 하리니 너는 복이 될지라"(창 12:2)라고 말씀하신 지는 20년이 넘었다. 그래서 그는 하나님이 "하늘을 우러러 뭇별을 셀 수 있나 보라 또 그에게 이르시되 네 자손이 이와 같으리라"(창 15:5)라고 말씀하셨을 때 옛 약속의 희미한 기억이 다시 재생되는 듯한 착각이 들었고, 이제 하나님이 그를 조롱하시는 것 같다는 생각마저 들었을 것이다. 그때까지 자신이 축복을 받았다는 사실을 거의 체감하지 못했던 것이다.

그러나 하나님이 정말 약속을 지키실지 신뢰하기 어려운가? 첫 약속을 주시고 또다시 약속을 주시기까지 고통스러웠던 세월이 아브라함이 축복을 받았는지 여부를 결정할 최종 근거가 될 수 있는가? 다윗 왕을 비롯하여 왕이신 예수님까지 수많은 아브라함의 후손들(마 1:1-16)을 확인할 수 있는 지금, 그의 생애를 전반적으로 평가할 때 약속대로 복을 받았다는 사실을 인정할 수 있지 않는가?

우리가 하나님의 자녀라면, 자신을 포함한 어떤 누군가가 우리를 축복에서 열외라고 판단할 권한이나 권리가 있는가?

전혀 없다. 하나님의 말씀이 계시한 대로 인생은 반드시 그것을 입증해 보인다. 하나님은 축복에 절대 인색하지 않으신 분이며, 에덴동산에서부터 오늘날 우리가 누리는 축복에 이르기까지 오히려 넘치도록 아낌없이 축복을 부어 주시는 분이다. 우리가 아는 지상의 그 어떤 것과 달리 하나님의 축복의 창고는 절대 마르는 법이 없기 때문이다. 하나님은 "또 무엇이 부족한 것처럼"(행 17:25) 누구에게 꾸어올 필요가 결코 없으시다. 하나님은 "내가 가령 주려도 네게 이르지 아니할 것은 세계와 거기에 충만한 것이 내 것임이로다"(시 50:12)라고 말씀하셨다.

하나님은 우리에게 약속하신 축복을 결코 거둬들이시지 않는다. "자기 아들을 아끼지 아니하시고 우리 모든 사람을 위하여 내주신 이가 어찌 그 아들과 함께 모든 것을 우리에게 주시지 아니하겠느냐"(롬 8:32).

여기서도 **모든 것**이라는 단어가 등장한다.

하나님은 절대 인색하시지 않다. 그리스도를 위해 사는 삶은 결핍과는 거리가 멀다. 바울이 궁핍하게 살 수밖에 없었다고 말할 때조차 그는 여전히 "내게 능력 주시는 자 안에서 내가 모든 것을 할 수" 있었다고 고백한다(빌 4:13). 그는 무서운 박해와 시련을 받고 있었던 마케도냐의 교회들이 어떻게 "극심한 가난"과 "넘치는 기쁨"을 동시에 경험하며 살 수 있었는지 보고한다(고후 8:2). 그들은 하나님의 축복이 바로 뒤로 계속 공급될 것임을 절대 의심하지 않았기 때문에 궁핍할 때에도 여전히 아낌없이 베풀 수 있었다.

여기서 한 가지 짚고 가야 할 사실이 있다. 이 장의 제목에 '영적 자녀'가 아니라 '하나님의 영적 **아들**'이라고 한 것에 대해 의아하게 생각할 이들에게 간단히 해명하고 넘어가고자 하는 것이다. 성경 시대의 문화에서 한 가정의 맏아들은 다른 자녀들보다 더 많은 복을 받도록 정해져 있었다. 시간적으로 수백 년 떨어진 시점에서 보면 이상하게 보이는 과거의 관습과 신념들이 있듯이, 성별과 출생 순서에 따른 이런 차별적 대우가 충격적으로 다가올 것이다. 그러나 바울의 편지들을 읽고 있던 1차 독자들은 장자가 될 때 누리는 권리가 무엇인지 정확히 알고 있었다. 그것은 장자에게 우선 적용되는 축복(primo blessing)이다.

그러므로 그리스도께서 오셔서 "율법 아래에 있는 자들을 속량하시고 우리로 아들의 명분을 얻게 하려" 하신다는(갈 4:5) 성경의 말씀은 (하나님의 아들을 믿는 믿음 때문에) 하나님 나라에서 남자와 여자 모두 한 가정의 맏아들과 비슷한 지위를 누리게 될 것이라는 뜻으로 해석할 수 있다. 그것은 그들이 모든 사람이 원하는 거대한 최상의 축복을 누릴 자격이 있다는 뜻이다.

우리는 그러한 축복을 이미 보장받았다. 우리는 축복을 받았다. 우리는 하나님의 복을 누리는 존재다. 이런 이유로 신자로서 우리 자격을 박탈할 권한을 가진 이는 한 명도 없다. 우리가 섬기는 하나님은 "우리 가운데서 역사하시는 능력대로 우리가 구하거나 생각하는 모든 것에 더 넘치도록 능히 하실 이"시기 때문이다(엡 3:20). 당신이 완전히 고갈되어 절망 가운데 짓눌려 있을 때, 모든 신령한 복으로 축복을 받은 자임을 기억하라. 우리는 이런 존재다.

예수님은 나의 주가 되시고 나는 그리스도 안에 있으므로, 나는 하나님의 영적 자녀로서 양자 됨의 온전한 축복을 받았습니다.
하나님은 제게 생명과 경건에 필요한 모든 것을 주셨고 그리스도 안에서 하늘에 있는 모든 신령한 복을 누리게 하셨습니다.

* * *

하나님 아버지, 당신은 저를 진정으로 복된 자녀로 만드셨습니다. 아들을 보내어 저를 구속하게 하심으로 과거에 저를 축복하셨습니다. 구하기 전에 필요한 것을 이미 아심으로 현재에도 저를 축복하고 계십니다. 또한 앞으로도 이제부터 영원까지 저를 흔들림 없이 축복해 주시리라는 확신을 주셨습니다. 제가 주님의 사랑과 보호하심을 결코 의심하지 않고 모든 축복으로 채워 주실 것을 믿으며 살아가도록 도와주소서. 주님의 영광을 위해 그 축복을 사용하고 나누도록 인도하소서. 예수님의 이름으로 기도합니다. 아멘.

더 깊이 알아보기

민 6:22-27 • 마 25:31-34 • 갈 3:7-9

"무릇 여호와를 의지하며 여호와를 의뢰하는 그 사람은 복을 받을 것이라"(렘 17:7).

그룹 토의 질문

- '축복하다'라는 단어의 의미는 무엇인가? 성경에서 하나님은 언제 어떻게 사람들을 축복해 주셨는가?
- 그리스도 안에서 복을 받았다는 것은 무슨 의미인가?
- 자신이 그리스도 안에서 축복을 누린다고 생각하는가? 아니면 사랑을 받지 못하는 자녀에 더 가깝다고 생각하는가?

15장
하나님의 새로운 피조물로 구원을 받았다

그런즉 누구든지 그리스도 안에 있으면 새로운 피조물이라
이전 것은 지나갔으니 보라 새 것이 되었도다
고후 5:17

하나님은 우리가 구원받기를 진심으로 원하셨다. 우리를 **구출하기**를 원하셨다.

하나님이 선택하시고 사랑하시며 축복하시고 구속하기로 작정하신 우리 모두에게 일어난 놀라운 일을 설명할 때 성경이 사용한 정확한 단어가 바로 이 **구출하다(건지다)**이다. "그가 우리를 흑암의 권세에서 건져내사 그의 사랑의 아들의 나라로 옮기셨으니"(골 1:13).

'구출하다'라는 단어는 원어로 적진을 뚫고 들어가 무력으로 누군가를 위험에서 건져내어 자유롭게 해준다는 의미를 담고 있다. 예수님은 십자가의 형벌을 받으심으로 바로 이 일을 하셨다. 실제로 성경 전체는 하나님께서 길을 잃고 위험에 처한 사람들을

건지셔서 목숨을 위협하는 위험에서 구출하여 자유케 하시는 이야기다.

하나님은 노아와 가족을 그분의 진노와 대홍수의 파국에서 건져 주셨고, 롯을 소돔과 고모라의 불과 유황 심판에서 건져 주셨다. 또한 노예를 가두는 구덩이와 옥에서 요셉을 건져 주셨다. 이스라엘이 가장 주목할 사실을 모세의 장인은 이렇게 요약한다. "여호와를 찬송하리로다 너희를 애굽 사람의 손에서와 바로의 손에서 건져내시고 백성을 애굽 사람의 손 아래에서 건지셨도다"(출 18:10).

그러나 성경 전반에서 볼 수 있는 "사자의 발톱과 곰의 발톱"에서 건짐을 받은 목동 다윗(삼상 17:37), 사자 굴에서 건짐 받은 다니엘, 무서운 풀무에서 구출된 다니엘의 친구들과 같은 이런 각각의 구출 사건은 예수님이 우리를 건지시기 위해 십자가로 나아가신 복음의 이야기를 예고한다.

그렇다면 무엇에서 우리를 건지신다는 말인가? 어떤 위험에서 우리를 건지신다는 것인가? 가장 심각한 위험, 바로 죄에 대한 하나님의 정당하고 거룩한 진노에서 건져 주시는 것이다(롬 6:23).

하나님을 신령님 같은 존재라고 생각해 보자. 우리가 오직 최악의 악당들만 벌을 받고 나머지 사람들은 자애로운 할아버지 같은 하나님의 따뜻한 사랑을 받는 동화 같은 나라에 살고 있다고 상상해 보자. 그런 나라에서라면 하나님은 우리의 악과 죄를 보고도 눈을 한 번 찡긋하며 고개를 끄덕이고는 다 잊었다는 듯 온화한 미소로 못 본 척하실지도 모른다.

그러나 "죄의 삯은 사망"이다(롬 6:23). 예수님은 하나님의 살아있는 아들인 자신을 의심하는 자들에게 "너희가 만일 내가 그인 줄 믿지 아니하면 너희 죄 가운데서 죽으리라"(요 8:24)라고 말씀하셨다. 이것이 사실이다. 죄와 사망은 떼려야 뗄 수 없다. 죄는 하나님의 의로운 진노를 산다. 하나님은 "벌을 면제하지는 아니"하시는 분이다(출 34:7).

하나님의 진노. 우리는 이런 표현과 이 표현이 함축하는 의미를 생각하려 하지 않는다. 하지만 이 일은 꼭 해야 한다. 예수님은 "몸은 죽여도 영혼은 능히 죽이지 못하는 자들을 두려워하지 말고 오직 몸과 영혼을 능히 지옥에 멸하실 수 있는 이를 두려워하라"고 말씀하셨다(마 10:28).

그렇다면 하나님의 진노를 볼 때 어디를 바라보아야 하는가?

십자가에 달리신 예수님을 보아야 한다. 예수님이 어떤 죽음을 당하셨는지 생각해 보라. 살이 찢겨 나가는 잔인한 신체적 고문, 피로 흥건한 상처, 파르르 떨리는 근육, 벌거벗은 채 모든 사람들이 보는 가운데 사람들의 조롱을 받으며 굴욕을 온몸으로 받아 내는 시간들. 십자가 처형은 최대한 고통을 덜어주려 신속하게 집행하는 사형 방식이 아니었다. 치명적인 주사를 주입해 호흡이 끊어지게 하거나 단두대에서 참수를 하는 방식도 아니었다. 십자가 처형은 고통의 강도를 극대화하고 인간이 상상할 수 있는 한 가장 잔인하고 길게 고통을 지속시키는 처형 방식이었다. 그것이 십자가였다. 실제로 라틴어 엑스크루키아레(excruciare; 여기서 영어의 'excruciating, 극심한'이 파생했다)는 십자가의 공포스러운 고통을 묘사하기 위해 만들어진 단어였다.

그러나 예수님의 경우에는 육신의 고문에 영적인 고통이 추가되었다. 우리는 누구나 마음속에 단 한 가지 죄의 얼룩만 묻어도 무거운 죄책감을 느끼며 그 무게에 짓눌려 고통스러워했던 경험이 있다. 우리 영혼이 누군가가 일생 지은 죄의 무게를 단번에 모두 져야 한다고 생각해 보라. 여기에 더해 지상에 살았거나 살게 될 하나님의 모든 백성의 무거운 모든 죄의 짐이 더해진다고 생각해 보라. 게다가 우리 죄를 대신 진 그분은 남의 고통을 느끼지 못하는 냉정하고 무감각하며 남에게 아무 관심이 없는 심장의 소유자가 아니었다. 그리스도의 심장은 거룩하며 사랑으로 가득했고 민감하고 따뜻했다. 이제 당신은 예수님이 아버지로부터 외면받고 지독한 영적인 짐을 짊어지신 그곳에 더 가까이 가고 있다. "나의 하나님, 나의 하나님 어찌하여 나를 버리셨나이까"(막 15:34).

죄에 대한 하나님의 진노가 보고 싶은가? 바로 여기 있다. 우리는 모두 그 진노를 받아 마땅하지만 예수님은 그 진노를 받아야 할 어떤 일도 하시지 않았다. 그분이 십자가에서 견디신 극도의 고통은 모두 자기 죄로 죽는 사람들에게 영원토록 임할 하나님의 진노가 어떤 것이며 어떤 고통인지 알려 주는 맛보기였다.

말로 다 표현할 길이 없고, 영원하며, 계속해서 끊임없이 죽어야 하는 고통이다.

"난 믿지 않아. 사람들이 지옥의 고통을 당하도록 하나님이 두고 보지 않으시리라고 생각해"라고 말할 사람도 있을 것이다. 그러나 생각해 보자. 희생자의 지위가 높을수록 죄를 지은 범인의 형량도 더 늘어나는 것을 알고 있지 않는가? 친구를 폭행하면 안 된다. 하지만 법을 집행하는 경찰관을 공격하면 가중 처벌을 받는다. 주지사를 공격하면 어떻게 되겠는가? 왕이나 대통령을 공격하면 어떻게 되겠는가?

다음으로 우리는 중요한 핵심 질문을 해야 한다. 하나님이 얼마나 높고 거룩하신 분이기에 하나님께 범죄한 인간은 영원한 고통과 하나님과의 분리라는 처벌을 받는 것이 정당하고 당연하다는 말인가? 그 정도로 하나님은 지존하시고 거룩하신 분이기 때문이다. 하나님은 그렇게 거룩하고 구별되시는 분이다.

인간은 스스로를 높이고 하나님을 폄하하는 경향이 있다. 그리고 이런 왜곡된 가치 체계 때문에 하나님이 그렇게 거룩하신 분이라는 것과 인간은 그렇게 악한 존재라는 것을 인정하지 않는다. 그러므로 우리에게 지옥은 가당치 않다고 생각한다. 인간의 이런 생각이 사실이라면 하나님은 우리 말에 수긍하실 것이다. 그러나 우리가 하나님의 거룩함을 이해하고 인간의 죄성과 그에 맞는 정당한 형벌을 제대로 이해할 수 있다는 생각은 인간의 교만한 환상일 뿐이다.

따라서 하나님은 지극히 자비로우신 분이기에 우리가 인생을 비틀거리며 살아가지 않도록 계속 죄를 지을 때 어떤 대가를 치러야 할지 경고해 주신다. 하나님은 자기 백성들이 구원받고 용서받기를 원하시며 회개하고 믿으며 구속함을 입고 변화되어 자유하기를 원하신다.

바울은 로마인들에게 보내는 편지에서 "네가 하나님의 인자하심이 너를 인도하여 회개하게 하심을 알지 못하여 그의 인자하심과 용납하심과 길이 참으심이 풍성함을 멸시하느냐"(롬 2:4)라고 책망했다. 하나님은 "내가 어찌 악인이 죽는 것을 조금인들 기뻐하랴 그가 돌이켜 그 길에서 떠나 사는 것을 어찌 기뻐하지 아니하겠느냐"(겔 18:23)라고 말씀하셨다. 하나님이 우리에 대해 끝없이 참으신다고 계속 말씀하시는 이유는 "아무도 멸망하지 아니하고 다 회개하기에 이르기를" 원하시기 때문이다(벧후 3:9).

그러나 하나님은 인내하시는 가운데 우리에게 보내시는 경고의 일환으로 "불의로 진리를 막는 사람들의 모든 경건하지 않음과 불의에 대하여" 진노의 징조들을 이미 보여 주시고 있다(롬 1:18). 세상에서 무슨 일이 일어나고 있는지 주위를 둘러보라. 성적 부도덕, 질병과 재난, 권력자들의 추문과 공개적 망신, 도처에서 보이는 허망한 생각과 생활. 이런 상황에서 사람들은 여전히 눈이 저절로 떠지는 아침에 일어나 "지금 내가 제대로 살고 있는가?" 하고 혼란스러워할 수도 있다.

이 모든 것은 하나님이 우리에게 보내시는 경고다. 우리에게 날리는 경고의 화살이다. 너무나 허기가 져서 돼지가 먹는 음식 찌꺼기를 부러워했던 탕자가 느낀 굶주림이다. 이 모든 것은 자기 백성들이 정신을 차리고 구원을 간청하도록 하시는 하나님의 은혜로운 방법이다.

하나님이 우리를 위해 이런 경고를 보내지 않으셨다면 어떻게 됐을지 생각해 보라. 죄를 짓는 우리를 중단시키지 않으시거나, 잠시라도 불쾌감을 주지 않으려고 심각한 우리 상태에 대해 경고하지 않으셨다면 어떻게 되었을지 생각해 보라. 이 땅에서는 진노를 전혀 드러내지 않고 앞으로 있을 심판으로 진노를 모두 쏟아내며 우리를 충격에 빠뜨리기로 작정하셨다면 어땠을지 생각해 보라. 정말 잔인한 하나님으로 보일 것이다. 오늘 우리가 보는 하나님은 자비로우신 분이다. 길 곳곳에 경고 신호등을 켜 놓으셨다. 진리가 항상 더 낫다.

또한 복음을 듣고 그리스도께 인생을 의탁한 사람들이 그리스도의 희생적인 사랑의 죽음으로 그 모든 것에서 구원함을 받았다는 것도 사실이다. "죄의 삯은 사망"이 맞다. 하지만 "하나님의 은사는 그리스도 예수 우리 주 안에 있는 영생"이다(롬 6:23).

> "다른 이들과 같이 본질상 진노의 자녀이었더니 긍휼이 풍성하신 하나님이 우리를 사랑하신 그 큰 사랑을 인하여 허물로 죽은 우리를 그리스도와 함께 살리셨고 (너희는 은혜로 구원을 받은 것이라)"(엡 2:3-5).

아버지 하나님은 우리가 받아 마땅한 진노를 그분의 아들에게 모조리 쏟아부으셨다. 순결하고 흠이 없는 하나님의 어린양으로서 그리스도의 지위는 그분의 고난과 피 제사로 그 진노를 다 상쇄하고도 남을 정도로 놀라운 구속의 효력을 발휘하였다. 하나님의 진노가 십자가에서 소진되자 예수님이 육신으로 처절하게 감당한 고통은 은혜와 사랑과 용납과 용서의 강을 이루었고 지금 그 강은 우리 생명으로 계속 흘러들어 오고 있다. 할렐루야!

소망이 없는 죄인이 그리스도의 십자가 사역으로 구원을 받으면 모든 것이 새롭게 된다. "옛 것은 지나갔으니 보라 새것이 되었도다." 온 세상이 캄캄하게 보였지만 (실제로 그러했고) 지금 우리는 얼마나 찬란하게 빛나며 놀랍도록 새로워졌는지 모른다. "너희의 죄가 주홍 같을지라도 눈과 같이 희어질 것이요 진홍 같이 붉을지라도 양털 같이 희게 되리라"(사 1:18).

그래도 이 모든 것이 믿기 어려운가? 그만큼 하나님의 속성과 우리를 위해서 하신 사역이 도무지 믿어지지 않을 만큼 놀랍기 때문일 것이다. 새로운 기회를 원할 때마다, 다시 완전히 새 출발 하고 싶다고 생각할 때마다 이제 그렇게 할 수 있는 길이 열리게 되었다. 자신을 증명하거나, 자기 힘으로 기회를 찾아내거나, 충분히 세월이 흘러 기억에서 퇴색할 때까지 수치와 패배감 속에 살아야 하는 "육신을 따라" 스스로를 볼 필요가 전혀 없다(고후 5:16).

"그가 모든 사람을 대신하여 죽으심은 살아 있는 자들로 하여금 다시는 그들 자신을 위하여 살지 않고 오직 그들을 대신하여 죽었다가 다시 살아나신 이를 위하여 살게 하려 함이라"(고후 5:15). 우리를 진노에서 건지시고 이제부터 영원까지 안전하도록 하신 분을 위해 우리는 살아가야 한다. 우리는 그분 안에서 구원을 받았고 이제 새롭게 태어났다!

예수님은 나의 주가 되시며 나는 그리스도 안에 있으므로
내가 지은 죄로 받아 마땅한 하나님의 진노에서 구원을 받았습니다.
나는 예수님의 피로 새로운 피조물이 되었습니다.
하나님은 나를 흑암에서 건지셔서 영원히 안전하게 해주셨습니다.

* * *

주님, 오늘 저는 주님의 진노를 받아야 마땅합니다. 주의 심판을 받아 마땅합니다. 그러나 주님은 저를 구원해 주셨습니다. 망가지고 어그러진 옛 것, 더 이상 쓸모없어 버려야 할 것은 다 가져가시고 그리스도 안에서 저를 새롭게 해주셨습니다. 오늘 흘러넘치는 기쁨과 감사로, 새로운 소망과 약속을 생각하며 당신을 예배합니다. 당신이 저를 새로운 피조물로 만드셨으니 저를 사용하셔서 저를 보는 모든 사람이 은혜의 놀라운 기적을 볼 수 있도록 해주소서. 예수님의 이름으로 기도합니다. 아멘.

더 깊이 알아보기

롬 5:6-11 • 딤후 1:9-10 • 계 21:5-7

"곧 우리가 원수 되었을 때에 그의 아들의 죽으심으로 말미암아 하나님과 화목하게 되었은즉 화목하게 된 자로서는 더욱 그의 살아나심으로 말미암아 구원을 받을 것이니라"(롬 5:10).

그룹 토의 질문

- 우리는 무엇으로부터 구원을 받았는가?
- 어떤 면에서 우리는 하나님의 진노를 받아 마땅한가?
- 어떻게 해서 구원이 하나님의 정의와 자비를 충족시키는가?

16장
하나님의 구속함을 받은 성도로서 죄 용서를 받았다

우리는 그리스도 안에서 그의 은혜의 풍성함을 따라
그의 피로 말미암아 속량 곧 죄 사함을 받았느니라
엡 1:7

    용서는 이 에베소서의 축복, 구원을 주실 그리스도를 믿을 때 아버지께서 주시리라 확신하는 "모든 신령한" 복이라는 자물쇠를 풀기 위해 반드시 필요한 핵심 열쇠다. 용서로 우리 죗값을 치르는 방식에 완전한 변화가 일어난다. 산술적으로 갚기 불가능한 빚을 창조주에게 진 상태였지만(마 18:24-25) '지불 완료'라고 적힌 영수증을 갖게 된 것이다. 빚이 모두 청산된 것이다. 갚아야 할 채무액이 제로가 되는 것이다.
    우리를 가로막던 벽들이 사라지고 용납하심을 받게 되었다.
    그러나 이것이 실제로 사실인가? 하나님이 우리에게 채근할 빚이 전혀 남아 있지 않다는 말이 사실인가? 이 세상에서는 우리가 용서함을 받았다는 사실을 실감하기가 쉽지 않고, 하늘에서 명확한 사실로 이루어진 일이라도 이 땅에서는 늘 확인이 되지 않는다.

하나님의 말씀은 이러한 질문에 우리가 할 수 있는 것보다 훨씬 더 명확한 어조로 대답한다.

"동이 서에서 먼 것같이 우리의 죄과를 우리에게서 멀리 옮기셨으며"(시 103:12). 바울은 "그리스도 예수께서 죄인을 구원하시려고 세상에 임하셨다"(딤전 1:15)고 분명히 말하고, "그 아들 안에서 우리가 속량 곧 죄 사함을 얻었도다"(골 1:14)라고 확실하게 말한다. "곧 창세 전에 그리스도 안에서 우리를 택하사 우리로 사랑 안에서 그 앞에 거룩하고 흠이 없게 하시려고"(엡 1:4). 예수님은 자신에 대해 "그를 믿는 자는 심판을 받지 아니하는 것이요"(요 3:18)라고 말씀하셨다.

물론 한때 우리는 우리 죄로 인해 아무런 희망도 없이 사망의 형벌 아래 있었다. 그러나 "주 예수 그리스도의 이름과 우리 하나님의 성령 안에서 씻음과 거룩함과 의롭다 하심을" 받았다(고전 6:11).

그렇다. 이것은 100퍼센트 사실이다. **우리는 용서를 받았다.** 더 공식적인 성경의 표현을 빌리자면 우리는 **의롭다 함(칭의)**을 받았다. 칭의는 법정에서 판사가 피고에게 '무죄'라고 선언하는 것과 동일한 법정 용어다. 결백하다고 인정함을 받은 것이다. 모든 혐의를 벗었다. "율법이 육신으로 말미암아 연약하여 할 수 없는 그것을 하나님은 하시나니 곧 죄로 말미암아 자기 아들을 죄 있는 육신의 모양으로 보내어 육신에 죄를 정하사 육신을 따르지 않고 그 영을 따라 행하는 우리에게 율법의 요구가 이루어지게 하려 하심이니라"(롬 8:3-4). 그러므로 "누가 능히 하나님께서 택하신 자들을 고발하리요 의롭다 하신 이는 하나님이시니 누가 정죄하리요 죽으실 뿐 아니라 다시 살아나신 이는 그리스도 예수시니"(33-34절).

새로운 은혜의 창조 경제에서 그것은 이런 식으로 작동한다. 하나님은 우리의 성적표를 보신 다음 그리스도의 성적표를 보신다. 우리의 성적표는 끔찍하고 암울하다. 전 과목이 낙제 상태다. 십계명은 어떠하냐고? 그리스도 외에 완벽하게 십계명을 지킨 사람은 단 한 명도 없다. 그래서 예수님의 성적표는 완벽하게 보인다. 전부 A다. 그러나 이때 더 이상 충격적일 수 없는 놀라운 사랑의 움직임이 나온다. 하나님은 우리를 향한 그 크신 사랑으로 우리 성적표를 그리스도의 십자가에 못 박고 우리에게 예수님의 성적표를 주신다. 우리는 믿음으로 우리 죄를 용서하실 하나님의 계획을 받아들이고, 하나님 아버지는 예수님의 흠 없는 성적표를 마치 우리 것인 양 받아 주신다. 그분은 우리가 지은 죄들을 간과하시고(롬 3:25) 예수님의 의로운 십자가 희생으로 그분과 그리스도 안에서 우리를 의롭다고 선언하신다(26절). 그분은 우리를 "그리스도 예수 안에 있는 속량으로 말미암아 하나님의 은혜로 값 없이 의롭다 하심을 얻은 자" 되었다고 생각하신다(24절). "의인으로서 불의한 자를 대신하셨으니"(벧전 3:18). 완전히 용서함을 받은 것이다. 조금도 받을 자격이 없는 은혜를 입은 것이다. 모든 것이 그분의 은혜의 영광을 찬미하게 하기 위한 것이다!

그리고 이 모든 것은 절대적으로 옳다고 하나님은 말씀하신다. "만일 우리가 우리 죄를 자백하면 그는 미쁘시고 의로우사 우리 죄를 사하시며 우리를 모든 불의에서 깨끗하게 하실 것이요"(요일 1:9).

그러나 이것을 어떻게 사실로 받아들인다는 말인가? 너무 좋아서 사실일 수 없는 것 같다.

하지만 이것이 지극히 공정하고 정당한 이유는 에베소서 1장 7절의 첫 두 단어, "그리스도 안에서" 때문이다.

우리가 '그리스도 안에' 있다는 것은 그분에게 일어난 모든 일이 영적으로 우리에게 일어났다는 뜻이다. 그분은 십자가에 못 박히셨다. 우리도 그와 함께 십자가에 못 박혔다(롬 6:6; 갈 2:19-20). 그분은 죽으시고 장사되었다. 우리도 죽어 장사되었다. 그분은 부활하셨다. 우리도 부활하였다(롬 6:4; 골 2:12). 그분은 하늘의 보좌에 앉아 계신다. 우리도 하늘에 앉아 있다(엡 1:6). 성부 하나님이 "죄를 알지도 못하신 이를 우리를 대신하여 죄로 삼으신 것은 우리로 하여금 그 안에서 하나님의 의가 되게 하려 하심"이었다(고후 5:21).

그러므로 실제 우리가 그리스도 안에 있기 때문에, 하나님이 우리 죄를 용서하지 않으신다면 부당한 것이다. 예수님이 우리 죄로 죽으심으로 그 값을 완전히 지불하셨고 우리는 그분을 믿고 구원을 받았기 때문이다. 하나님은 자기 아들이 '그 안에 있는' 이들을 위해 십자가에서 이미 값을 지불한 죄를 용서하지 않는 것은 잘못된 처사라고 생각하실 것이다.

아마 오랫동안 듣지 못했거나 믿지 않았을 중요한 사실을 말하려고 하니 잠시 귀를 기울여 주기 바란다. 너무나 많은 사람들처럼 당신도 그리스도를 영접하고 그분을 구원의 주로 신뢰한 후에도, 용서받은 죄인이라는 정체성을 받은 이후에도, 과거에 지은 잘못을 기억 속에서 계속 소환함으로 자신을 괴롭히며 스스로 속박에 매여 있을지 모른다.

알다시피 원수는 거짓말에 도가 튼 전문 고소자다. 그의 공격을 받을 때 우리는 그가 항상 정체성의 문제를 건드린다는 점을 기억해야 한다. "네가? 용서받았다고? 거룩하고 흠이 없다고? 하나님이 너를 보고 '거룩하고 흠이 없다'고 생각하시리라 믿는다는 말이지? 네가 무슨 짓을 해도 말이지? 이토록 형편없는 인간인데 말이지? 네가 어떤 인간인지 우리가 다 아는데 말이지?"

어떻게 그것을 사실로 믿을 수 있는가? 용서받았다는 확신 가운데 믿음으로 행하지 않는다면, 죄책감으로 고개를 떨군 채 거기서 헤어 나오지 못한다면, 죄를 고백하고 회개했음에도 스스로를 끊임없이 혹은 습관적으로 처벌하고 있다면, 그리스도께서 이미 죗값을 지불하시고 묻어 버리셨음에도 이런 모습을 지속하고 있다면, 당신의 태도와 행동은 예수님이 당신의 죗값을 지불하는 데 분명 당신의 도움이 필요하다고 말하는 것과 같다. 우리를 구속하는 이 사명을 위해 주님이 피를 흘리시고 고난을 겪으신 일이 놀랍기는 해도 여전히 그것으로 충분하지 않다는 것이다. "예수님, 잘 하셨어요. 하지만 당신이 하신 일로 문제가 다 해결된 것은 아니지요. 저 같은 사람들의 죄를 가리는 데 필요한 비용은 계산하지 않으셨나 봐요."

우리는 우리가 하나님께 용서받기 어려울 것이라고 생각한다. 사탄의 지적대로 우리는 구제불능 수준이며, 하나님이 어떤 사람들은 용서하실지 몰라도 우리는 절대 용서하실 수 없을 것이라 여긴다. 참소자는 우리가 과거에 죄인이었으므로 하나님이 보실 때나 천국의 기록에 여전히 죄인으로 치부될 것이라는 생각을 끊임없이 우리에게 주입한다. 우리 원수는 우리 실상이 바로 이와 같고 앞으로도 이 사실은 변함없을 것이라고 주장한다. 많이 들어본 소리가 아닌가?

그러므로 에베소서에서 우리 정체성에 대해 알려 주는 또 다른 선언을 살펴보도록 하자. 이 단어는 성경 전반에서 등장하며, 우리를 비롯해 구원을 위해 "주의 이름을 부르는" 모든 사람을 직접적으로 가리킨다(롬 10:13).

우리는 '성도'다.

우리가 하는 말이 아니다. 하나님이 하시는 말씀이다.

"아니"라고 고개를 젓고 있는가?

그리스도로 죄를 용서받은 사람은 누구라도 하나님의 구속함을 받은 성도다.

"에베소에 있는 성도들과 그리스도 예수 안에 있는 신실한 자들"(엡 1:1). "이제부터 너희는 외인도 아니요 나그네도 아니요 오직 성도들과 동일한 시민이요 하나님의 권속이라"(엡 2:19). "그리스도 예수 안에서 거룩하여지고 성도라 부르심을 받은 자들과 또 각처에서 우리의 주 곧 그들과 우리의 주 되신 예수 그리스도의 이름을 부르는 모든 자들"(고전 1:2).

개인을 가리켜 '성도(saint, 성자)'라고 하는 말을 들을 때, 사람들은 대체로 탁월한 종교 지도자로서 살다간 인물이나, 범인은 도무지 흉내 낼 수 없는 수준의 종교적 **수행**을 하였거나 놀라울 정도로 자비를 **실천**하며 살았던 누군가를 떠올리며 그리스도에 대한 그들의 종교적 헌신에 상응하는 마땅한 칭호라고 생각한다. 성도(성자)란 이런 존재다. 옳은 일을 행하는 데 솔선수범한 사람이 성도(성자)인 것이다. 그렇지 않은가?

그러나 종교적 수행, 탁월한 실천이란 단어들이 보이는가? 솔직히 말해 이런 단어들은 하나님의 영광의 은혜를 강조하고 찬양하는 그런 말이 아니다. 이런 표현은 인간의 업적을 칭송하는 단어들이다. "만일 은혜로 된 것이면 행위로 말미암지 않음이니 그렇지 않으면 은혜가 은혜 되지 못하느니라"(롬 11:6).

성도는 불러내심을 받고 성결하게 된 사람이다. 우리가 행한 어떤 행위가 아니라, 오직 우리를 위해 우리 안에서 그리스도께서 행하신 일을 근거로 성도가 된다. 만약 우리 '성도'들을 위한 하나님의 계획이 여전히 우리 죄를 정죄하는 데 목적이 있다면 성경에서 하나님이 자기 백성들에 대해 그렇게 '성도'라는 말을 남발하시고도 어떻게 괜찮을 수 있다는 말인가?

이런 분을 우리 하나님으로 받아들일 수 있겠는가?

우리가 알기로 '거룩하고 흠이 없다'는 것은 세상이 보기에 완전하다는 의미가 아니다. 유다서 24절이 말하듯이, 우리가 회개하고 그 아들을 온전히 신뢰할 때 하나님이 "흠이 없이" 되도록 해

주신다는 말이다. 그렇다고 다시 바로 죄를 지어도 된다는 말은 아니다. 오히려 그것은 자유와 진리와 빛 가운데 행할 기회이자 의무다(요일 1:7). 죄를 부정하고 반항하는 것이 아니라 죄를 고백하며 믿음으로 행할 기회인 것이다.

"만일 우리가 죄가 없다고 말하면 스스로 속이고 또 진리가 우리 속에 있지 아니할 것이요"(요일 1:8). 솔직히 말하자. 우리는 이런 행동을 할 때가 헤아릴 수 없을 정도로 많았다. "만일 누가 죄를 범하여도 아버지 앞에서 우리에게 대언자가 있으니 곧 의로우신 예수 그리스도시라 그는 우리 죄를 위한 화목제물이니"(요일 2:1-2). 이제 이 정체성 선언이 사실이라는 하나님의 말씀을 받아들일 때다.

예수님이 죽지 않으신 것처럼, 그분이 흘리신 피로 충분하지 않은 것처럼, 우리가 그리스도 안에 있지 않고 따라서 용서를 받지 않은 것처럼 생각하고 살기를 사탄이 바라고 있다는 사실을 인정하는가? 하지만 동시에 하나님은 우리가 기쁨과 자유를 누리며, 그분의 말씀이 절대적 진리이고 우리는 깨끗이 씻음을 받았기에 두려워할 필요가 전혀 없다는 확신을 누리며 살기를 원하신다. 옛 우리(이 모든 일들을 했던 우리)는 이제 없다. 이제 새롭게 된 우리(하나님의 구속함을 입은 성도인 우리)가 있을 뿐이다.

"이와 같이 너희도 너희 자신을 죄에 대하여는 죽은 자요 그리스도 예수 안에서 하나님께 대하여는 살아 있는 자로 여길지어다 그러므로 너희는 죄가 너희 죽을 몸을 지배하지 못하게 하여 몸의 사욕에 순종하지 말고 또한 너희 지체를 불의의 무기로 죄에게 내주지 말고 오직 너희 자신을 죽은 자 가운데서 다시 살아난 자 같이 하나님께 드리며 너희 지체를 의의 무기로 하나님께 드리라 죄가 너희를 주장하지 못하리니 이는 너희가 법 아래에 있지 아니하고 은혜 아래에 있음이라"(롬 6:11-14).

그러므로 우리가 그리스도 안에 있고 예수님을 소망으로 삼고 있다면, 하나님이 지금 우리를 정죄하실 일은 전혀 없으며, 우리가 하나님의 은혜와 자비를 받을 자격이 없다고 판단할 불리한 조건이나 처벌할 근거도 전혀 없다. 지금 우리는 그리스도 안에 있기 때문이다. 우리 아버지는 우리를 보실 때 우리 대신 십자가를 지신 예수님을 보신다.

따라서 우리는 하나님의 손등이 아니라 (즉 우리를 거부하는 손짓이 아니라) 그분의 손에 새겨진 우리의 이름을 볼 수 있다(사 49:16). "형제라 부르시기를 부끄러워하지 아니"하시는 분의 손에 박힌 못 때문이다(히 2:11).

"그러므로 이제 그리스도 예수 안에 있는 자에게는 결코 정죄함이 없나니 이는 그리스도 예수 안에 있는 생명의 성령의 법이 죄와 사망의 법에서 너를 해방하였음이라"(롬 8:1-2).

그분 안에서 우리는 죄를 용서받았다.
하나님은 우리를 구속함을 받은 그분의 "성도"라고 말씀하신다.

예수님은 나의 주가 되시며 나는 그리스도 안에 있기에,
그분의 십자가 죽음으로 나의 모든 죗값이 완불되었기에
나는 완전히 죄를 용서받아 의롭게 되었고
모든 죄의 값이 지불되었습니다.
하나님은 이제 구속함을 입은 성도로서
그리스도의 의를 통해 나를 바라보십니다.

* * *

하나님 아버지, 저를 용서해 주소서. 당신에게 지은 죄뿐 아니라, 주의 용서하심을 항상 신뢰하지 못한 죄를 용서해 주소서. 죄를 고백하면 당신은 미쁘시고 의로우셔서 모든 불의에서 저를 깨끗하게 해주실 것을 마음으로 믿도록 도와주소서. 당신이 저를 완전히 용서하셨음을 믿게 해주소서. 주 안에서 제가 깨끗함을 입었고 새로워졌음을 믿게 해주소서. 예수님으로 인해 죄에서 벗어나 구속함을 입은 성도로서의 정체성을 생생하게 현실로 누리며 살 수 있음을 보여 주소서. 예수님의 이름으로 기도합니다. 아멘.

더 깊이 알아보기

시 130:1-8 • 마 26:26-28 • 롬 5:12-21

"우리의 죄를 따라 우리를 처벌하지는 아니하시며 우리의 죄악을 따라 우리에게 그대로 갚지는 아니하셨으니"(시 103:10).

그룹 토의 질문

- 용서가 구원의 필수적인 요소인 이유는 무엇인가? 여기에 은혜는 어떻게 개입하는가?
- 자신이 하나님의 용서를 받은 이야기를 해보라. 예수님은 많이 용서받은 사람이 많이 사랑할 것이라고 말씀하셨다. 그 이유는 무엇인가?
- 성경은 왜 우리를 성도라 부르는가? 하나님이 보시기에 성도가 될 자격 요건은 무엇인가?

17장
하나님의 거처로서 소중한 우리

믿음으로 말미암아 그리스도께서 너희 마음에 계시게 하시옵고
엡 3:17

솔직히 말하자면 하나님은 거하실 다른 장소가 필요하지 않으시다.

"하늘과 모든 하늘의 하늘과 땅과 그 위의 만물은 본래 네 하나님 여호와께 속한 것이로되"(신 10:14). "땅과 거기에 충만한 것과 세계와 그 가운데에 사는 자들은 다 여호와의 것이로다"(시 24:1). "여호와는 모든 나라보다 높으시며 그의 영광은 하늘보다 높으시도다 여호와 우리 하나님과 같은 이가 누구리요 높은 곳에 앉으셨으나 스스로 낮추사 천지를 살피시고"(시 113:4-6).

그러므로 하나님은 살 집을 구하느라 애를 쓰실 필요가 없다. 그분은 "가까이 가지 못할 빛에 거하시고 어떤 사람도 보지 못하였고 또 볼 수 없는 이"시다(딤전 6:16). 그분은 "하늘을 휘장 같이

치시며 물에 자기 누각의 들보를 얹으시며 구름으로 자기 수레를 삼으시고 바람 날개로 다니시며 바람을 자기 사신으로 삼으시고 불꽃으로 자기 사역자를" 삼으시는 분이다(시 104:2-4). 하나님은 이 모든 것을 다 소유하고 계시며 원하시는 대로 모든 만물을 누리고 계신다.

그렇다면 온 우주를 포함하여 물리적이고 영적인 온갖 부동산을 소유하신 하나님이 어딘가를 택하시고 직접 오셔서 거하려고 하시는 이유는 무엇인가?

바로 **우리** 안에 말이다.

하나님은 일찍이 자기 백성들을 향한 이해할 수 없는 이 유쾌한 충동을 실제로 실행에 옮기셨다. 이스라엘을 속박에서 해방시켜 주신 후 하나님은 모세에게 짓고자 하는 성막, "내가 그들 중에 거할 성소"(출 25:8)에 대해 지시하셨다. 성막이 설치되고 완성되어 임재하실 준비가 끝나자, 드디어 그분의 임재의 구름이 "회막에 덮이고 여호와의 영광이 성막에 충만"하였다(출 40:34). "낮에는 여호와의 구름이 성막 위에 있고 밤에는 불이 그 구름 가운데에 있음을 이스라엘의 온 족속이 그 모든 행진하는 길에서 그들의 눈으로 보았더라"(38절).

우주의 무한하신 하나님이 특정한 시간과 특정한 장소에 자기 백성들 가운데 항시적으로 **거주**하신 것이다.

이동용 성막은 결국 기초석을 놓은 성전으로 바뀌었다. 더 영구적인 건축물에서 그분의 백성들은 하나님께 나아오고 하나님을 만날 수 있었다. 성전을 봉헌할 때 문자 그대로 하늘에서 불이 내려와 그들이 드린 제물을 불살랐다. 역시 이번에도 "여호와의 영광이 여호와의 전에 가득"하였다(대하 7:2).

이것이 하나님의 방식이다. 그분은 은혜로 우리와 함께 거하신다.

그러나 성막과 성전은 하나님의 임재로 건축 재료 자체의 가치를 넘어서기는 했지만 여전히 무생물로 된 건축물일 뿐이었다.

사람들이 그곳으로 와야 했고, 그곳을 방문하기 위해 계획을 세우고, 가정을 떠나 이동해야 했다. 전능자의 그림자는 분명히 그들 중에 있었지만 그분은 앞으로 올 훨씬 더 놀라운 무엇인가를 예표하고 계셨다.

하나님의 계획의 이 진전된 차원을 이해하기 위한 첫 번째 힌트는 평상시라면 정적이 감돌았을 나사렛의 어느 날에서 찾을 수 있다. 이날 가브리엘 천사가 마리아라는 처녀에게 나타나 "성령이 네게 임하시고 지극히 높으신 이의 능력이 너를 덮으시리니"라고 말했다(눅 1:35). 하나님이 직접 (하나님의 아들이신 예수께서) 마리아 안에 터를 잡고 거하실 것이며, 태아가 형성되어 가는 이 중요한 수개월 동안 그녀의 자궁을 지상 거처로 삼으실 것이다. 그녀는 "어찌 이 일이 있으리이까"(34절)라고 되물었다.

마리아는 자신을 위해 이 질문을 하였지만 이 질문은 우리 자신을 향한 여러 가지 질문으로 이어진다. 우리 안에 하나님의 아들을 품고 있다고 생각하면 어떤 기분이 들까? 아침에 눈을 떴을 때 문득 이 사실을 깨닫거나 하루 종일 그분의 움직임을 느낄 때 얼마나 기분이 달라질까? 하나님이 우리 육신을 자신의 거처로 삼으셨다는 사실을 깨달을 때 우리는 옷깃을 단정히 매만지며 너무나 특별하면서도 성결하고 신성한 느낌으로 전율하게 되지 않을까?

예수 그리스도를 믿는 신자로서 우리가 바로 이런 존재다. 또한 이것은 우리 정체성의 일부다. 그리스도의 성령, 하나님의 성령이 오셔서 "믿음으로 말미암아"(엡 3:17), 그를 믿는 우리의 믿음으로 말미암아 우리 마음에 임재하시고 거주하시는 것이다. "너희는 너희가 하나님의 성전인 것과 하나님의 성령이 너희 안에 계시는 것을 알지 못하느냐"(고전 3:16). 모든 행성과 별과 온 은하계를 그 '집'으로 삼으시는 무소부재하신 분이, 인간의 머리로는 상상할 수 없는 천계에 거하시는 분이 이 지상의 소중한 거처 중 하나로 우리를 선택하셨다. 바울은 이렇게 말했다. "믿음으로 말미암아 그리스도께서 너희 마음에 계시게 하시옵고"(엡 3:17). 저절로 겸손해지지 않는가? 스스로 소중하다는 생각이 들지 않는가? 사랑을 받고 있다는 생각이 들지 않는가? 마땅히 그래야 한다.

마리아가 그랬던 것처럼 이런 놀라운 사실 앞에서 우리는 전율하며 겸허해져야 마땅하다. 두려워하며 비참하다고 생각하는 것이 아니라, 경이로움으로 엎드려 예배해야 한다. 마리아는 이것을 알게 되자 하나님을 찬양하지 않을 수 없었다. "그의 여종의 비천함을 돌보셨음이라"(눅 1:48). 우리도 마땅히 이런 반응을 보여야 한다. 이 세상에 비길 자가 없으시며 우리 안에 거주하기를 원하실 정도로 우리를 귀히 여기시는 분은 온 우주에서나 우리 삶과 존재의 전 영역에서 찬양을 받으시기에 합당하신 분이다.

실제로, 예배와 관련해서 하나님이 선택하신 이 '거처'는 단순히 우리 개인의 마음에 국한되지 않는 훨씬 더 포괄적 개념이다. 물론 하나님은 우리를 그 자체로 더없이 귀중하고 존귀한 존재로 만드셨고 우리 스스로도 그렇게 생각하기를 원하신다. 그러나 바울이 에베소서에서 하나님의 성령이 우리 안에 내주하려 임하신다고 말할 때, 그는 또한 그리스도의 몸인 교회에 대한 더 거대하고 원대한 계획을 염두에 두고 있었다.

"그의 안에서 건물마다 서로 연결하여 주 안에서 성전이 되어 가고 너희도 성령 안에서 하나님이 거하실 처소가 되기 위하여 그리스도 예수 안에서 함께 지어져 가느니라"(엡 2:21-22).

우리는 각자가 하나님의 성전이다. 그리고 세계 곳곳에 흩어져 그리스도의 몸을 이루는 교회인 우리는 또한 집단으로서 하나님의 거룩한 성전으로 만들어져 가고 있다. 임재하심으로 자기 교회를 충만하게 채우시고자 하는 하나님의 이런 열망은 우리의 상대적 가치를 낮추거나 군중 가운데 고독한 한 개인으로 만들기는커녕 오히려 우리 영향력을 확장시킨다. 이 땅에서 복음의 은혜와 진리의 힘찬 군대의 군사가 되며 "음부의 권세"도 그 진군을 가로막지 못한다(마 16:18). 우리 안에 거하시는 살아계신 하나님은 "아버지와 그의 아들 예수 그리스도와 더불어" 교제하게 하실 때도 이 성도들과 일치를 이룸으로 그리스도를 높이며 서로 사랑하고 배려하며 지지하는 교제가 이루어지도록 하신다(요일 1:3).

우리 안에 계신 하나님의 성령은 우리를 가르치며, 하나 되게 하고, 다른 성도들과 마음을 하나로 묶어 주심으로 우리가 "사랑과 선행"에 게으르지 않도록 도와주시며 "오직 권하여 그 날이 가까움을 볼수록 더욱" 그리하도록 해주신다(히 10:24-25).

구약의 선지자는 이날에 대해 이렇게 적었다. "노래하고 기뻐하라 이는 내가 와서 네 가운데에 머물 것임이라"(슥 2:10). "내가 그들과 화평의 언약을 세워서 영원한 언약이 되게 하고 또 그들을 견고하고 번성하게 하며 내 성소를 그 가운데에 세워서 영원히 이르게 하리니 내 처소가 그들 가운데에 있을 것이며 나는 그들의 하나님이 되고 그들은 내 백성이 되리라"(겔 37:26-27).

한 국가로서 틀을 갖추던 초창기부터 하나님의 거처로 선택된 이스라엘 백성은 얼마나 놀라운 특권을 부여받았던 것인가. 고귀한 보배를 담기에는 너무나 미천했던 촌구석에 있던 마리아가 하나님의 아들의 거처가 되었다니 이 얼마나 경이롭고 놀라운 특권인가.

그리고 지금 "아버지께로부터 나오시는 진리의 성령"(요 15:26)께서 우리 안에 함께하시다니 우리는 얼마나 놀라운 특권을 누리고 있는 것인가. 그분은 "결코 너희를 버리지 아니하고 너희를 떠나지 아니"하실 것이다(히 13:5). "여호와께서는 자기 백성을 버리지 아니하시며 자기의 소유를 외면하지 아니하시리로다"(시 94:14). 실제로 처음부터 끝까지 항상, 시간 속에서나 시간 그 이후까지 "하나님의 장막"이 그분의 자녀들과 함께하실 것이며 "하나님이 그들과 함께 계시리니 그들은 하나님의 백성이 되고 하나님은 친히 그들과 함께 계셔서" 그들의 하나님이 되실 것이다(계 21:3).

하나님은 우리가 사는 나라와 도시와 거리 혹은 우리의 집과 우리 마음에 거처를 마련하셨고, 우리를 선택하셨으며, 자기 자녀로 우리를 귀하게 보살펴주셨다. 이 사실을 진심으로 믿는다면, 그분을 은혜의 선물로 받아들인다면 매일 매순간 우리 삶에 얼마나 놀라운 변화가 일어나겠는가?

그리스도 안에서 우리는 하나님이 거하시는 거처가 된다.

예수님은 나의 주가 되시며, 내가 그리스도 안에 있으므로
그분의 성령이 이제 내 안에 거하십니다.
나는 하나님의 거처입니다.
그분은 내 구주의 피라는
값으로 따질 수 없는 대가를 치르고 저를 사셨고,
저를 그와 교제를 누리기에 합당하다 여기셨습니다.

* * *

하나님 아버지, 당신의 아들을 선물로 주시고 주의 성령의 내주하심이라는 상을 주셔서 감사합니다. 주께서 거하기로 택하신 이 마음이라는 집은 오직 당신이 그렇게 해주셔야 성결할 수 있음을 알고 있습니다. 주님, 제가 당신을 늘 의지하고 신뢰함으로 성결하고 순결하게 도와주소서. 늘 저의 마음을 활짝 열고 당신을 영접하며, 당신의 임재를 느끼고, 당신을 예배하고 섬기기를 원합니다. 저와 함께 거하여 주시고, 불안하고 쉬이 요동하는 저의 마음이 늘 당신과의 교제로 깊은 충족감을 누리도록 해주소서. 예수님의 이름으로 기도합니다. 아멘.

더 깊이 알아보기

신 12:1-7 • 마 1:22-23 • 벧전 2:4-10

"내가 그들 가운데 거하며 두루 행하여 나는 그들의 하나님이 되고 그들은 나의 백성이 되리라"(고후 6:16).

그룹 토의 질문

- 우리의 구원은 구약의 성막과 어떤 면에서 유사한가? 마리아가 그리스도를 잉태한 것과는 어떤 면에서 유사한가?
- 하나님은 어떤 방식으로 우리 안에 내주하시는가? 하나님의 임재하심으로 우리는 어떤 변화가 생기는가? 하나님은 우리 안에 내주하심으로 어떻게 영광을 받으시는가?

18장
하나님의 특별한 일꾼으로서 은사를 받았다

우리는 그가 만드신 바라
그리스도 예수 안에서 선한 일을 위하여 지으심을 받은 자니
이 일은 하나님이 전에 예비하사 우리로 그 가운데서 행하게 하려 하심이니라
엡 2:10

구원은 새로운 시작이다. 그리스도 안에서 새로운 피조물로 다시 태어나는 것이다.

그러나 우리가 하나님의 레이더에 지금 처음으로 포착된 것은 아니다. 시편 139편의 말씀으로 다시 돌아가 보자. 이 시편은 하나님이 어머니의 태에서 우리를 어떻게 지으셨는지, 가장 발전된 초음파 기술을 사용할 때보다 어떻게 더 정확하고 정교하게 태중의 우리를 보셨는지 전해 준다. "나를 위하여 정한 날이 하루도 되기 전에"(16절) 하나님이 어떻게 우리의 살아갈 모든 날을 알고 계획하셨는지 말하고 있다. 그분은 우리에 대해 계속해서 알고 계셨다. 또한 오랫동안 우리를 사용할 날이 오기를 고대하셨다.

또는 "창세 전에" 하나님이 우리를 택하셨다고 말하는 바울의

에베소서 말씀을 묵상해 보자(엡 1:4). 우리가 태중에 생기기 오래 전에 하나님은 우리에 대한 특별하고 완전한 지식에 기초해서 그분의 영광을 위해 우리를 사용할 방법을 이미 결정해 두셨다.

그러므로 그리스도 안에서 우리가 사망에서 생명으로 옮겨갔을 때 놀라운 일이 일어난 것은 물론 사실이지만, 우리를 위한 하나님의 장기적인 준비 작업(우리의 쓰임새)은 이미 계속해서 진행 중이었다.

예를 들어 바울을 보자. 사도행전 9장을 보면 예수님은 다메섹으로 가는 도중에 그를 구원하셨다. 그 이후로 바울은 신약의 대다수를 저술한 성경의 저자가 되었다. 그러나 그 이전에 오랜 기간 동안 (바울 자신도 전혀 모르는 상태에서) 하나님은 역사의 그 시기에 "내 이름을 이방인과 임금들과 이스라엘 자손들에게 전하기 위하여 택한 나의 그릇"으로 그를 사용하시고자 이미 계획하고 계셨다(행 9:15).

생각해 보라. 그는 로마 시민이었다. 이방인의 정서를 잘 알고 있었다. 그러나 그는 또한 히브리 전통 아래서 엄격한 훈련을 받았기 때문에 유대인들의 사고방식도 잘 이해하고 있었다. 양쪽의 사람들이 이해할 수 있도록 복음을 전달할 지식과 배경을 갖추고 있었던 것이다(물론 그들이 받아들일 자세가 되어 있을 경우에). 또한 맹렬한 반대에도 자신의 입장을 굽히지 않는 끈기와 투지가 있었다. 누군가의 눈에서 불타오르는 분노를 보면 그것이 어떤 느낌인지 기억할 수 있었다. 이런 시기심과 분노로 사람이 얼마나 끔찍한 일을 저지를 수 있는지 알았다. 하지만 그는 또한 예수님이 그 은혜로 가장 완악한 영혼도 변화시키실 수 있음을 알았다.

하나님은 바울의 오만을 무너뜨리시고, 악한 죄악에서 구속하시며, 하나님의 일을 하기에 완벽한 적임자로 다듬어 주셨다.

성경의 수많은 다른 인물들에 대해서도 동일한 평가를 내릴 수 있다. 다윗은 양을 치는 목자로 훈련을 받았다. 그는 위험한 맹수들에게서 양떼를 보호하는 법을 알았고, 양떼의 매일의 필요와 종종 감당하기 쉽지 않은 필요를 처리하는 법도 알았다. 그래서 하나님은 "그의 종 다윗을 택하시되 양의 우리에서 취하시며 젖 양을 지키는 중에서 그들을 이끌어 내사 그의 백성인 야곱, 그의 소유인 이스라엘을 기르게" 하셨다(시 78:70-71).

라합은 창녀였다. 수상한 자들을 찾아 요란하게 문을 두들기는 군인들의 눈을 피해 한 남자를 자신의 영업장에 안전하게 숨기는 법을 알았다. 적의 동태를 살피려고 성으로 잠입한 이스라엘 정탐꾼들을 여리고에서 숨겨 주기에 라합보다 더 적합한 사람이 또 누가 있었겠는가? 그들이 결국 라합의 집으로 숨어들었다는 것이(수 2:1) 정말 예상 밖의 일이었을까? 길거리 사정에 빠삭한 그녀를 이용하고자 하신 하나님의 본래 뜻이, 그분의 백성으로 그녀를 받아들이고(수 2:8-13) 그녀와 구속의 관계를 갖기로 하신 것이 전혀 뜻밖의 일이었겠는가?

하나님은 성막의 건축법과 기구 배치에 관해 상세하게 지시를 내리실 때 이미 이 일을 주도할 특정한 사람을 준비해 두고 계셨다. 그의 이름은 브살렐이었다. 그에 대해 알려진 사실은 거의 없지만 반드시 알아야 할 것은 다 알고 있다. 하나님은 그에게 그분의 영으로 충만하게 하시고 "지혜와 총명과 지식과 여러 가지 재주로 정교한 일을 연구하여 금과 은과 놋으로 만들게 하며 보석을 깎아 물리며 여러 가지 기술로 나무를 새겨 만들게" 하셨다(출 31:3-5). 모세의 일을 할 수는 없었다. 아론이 하는 일도 할 수 없었다. 그래서 그는 하나님을 섬기는 데 자신의 재주가 아무 쓸모 없다고 쉽게 체념할 수도 있었을 것이다. 그러나 그가 그런 생각을 했다면 잘못 생각한 것이었다.

그는 하나님의 작품이었다.

우리도 마찬가지다. 하나님은 우리를 위한 계획을 갖고 계시며, 우리의 장점을 활용하시고 우리 단점은 보완해 주신다.

어쩌면 우리는 하나님께서 브살렐처럼 예술이나 연기나 컴퓨터, 건축, 제빵, 야구 코칭에 이르기까지 특별한 능력과 기술이나 열정을 주셨지만 하나님이 사용하시도록 하나님께 돌려드리는 법을 아직 구체적으로 생각해 보지 않았을 수도 있다. 그러나 하나님이 우리에게 무엇인가에 대한 열정이나 특정한 재능이나 특정 분야에 대한 뜨거운 관심을 주셨다면 "너희 안에서 행하시는 이는 하나님이시니 자기의 기쁘신 뜻을 위하여 너희에게 소원을 두고 행하게" 하신다는 사실을 알아야 한다(빌 2:13). 어떻게 하면 하나님이 이미 우리 안에 터를 닦게 하신 이런 특정한 분야에 자기 자신을 투자하는 동시에 사람들을 섬기며 그들에게 영향을 미치고 그들과 관계를 구축해 나갈 수 있는가?

또한 하나님은 타고난 재능 외에도 "성도를 온전하게 하여 봉사의 일을 하게 하며 그리스도의 몸을 세우려"(엡 4:12) 자기 백성들에게 영적 은사들을 주시기도 한다. 이렇게 새롭게 주신 은사에는 섬기고, 가르치며, 권면하고, 베풀며, 리더십을 발휘하고, 격려하며, 손님을 접대하는 등의 은사가 포함된다(롬 12:4-8). 이런 은사들로 하나님은 온갖 종류의 기회들을 보여 주실 수 있다(혹은 이미 보여 주셨을 수도 있다). 이제 우리는 베드로의 교훈에 유념하며 다른 모든 사람과 함께 이 일에 참여할 수 있다. "각각 은사를 받은 대로 하나님의 여러 가지 은혜를 맡은 선한 청지기같이 서로 봉사하라"(벧전 4:10).

하지만 더 뜻밖의 일은 하나님이 우리 마음의 다양한 경험과 억눌림, 심지어 일생 마음을 짓누른 실패들까지 선택하셔서 우리 자신뿐 아니라 남들에게도 축복이 되는 "선한 일"로 사용하실 수 있다는 것이다. 심지어 고통스러운 경험으로만 남은 일도 하나님은 이렇게 사용하실 수 있다.

하나님은 오랫동안 마약에 중독되거나 마약을 밀매하던 자들을 건져 주셔서 여러 가지 중독과 얽매임으로 고통당하는 다른 중독자들을 돕는 일에 사용하시기도 한다. 혹은 가정이나 다른 환경에서 학대를 당하였던 사람들이 다른 희생자를 찾아 도와주도록 하시기도 한다. 백 명의 사람들이 한 방에 있을 수 있지만, 다른 누군가가 보내는 단서를 민감하게 포착할 수 있는 감수성을 지닌 한 사람 때문에 그들이 함께 행동하고 함께 아픔을 나눌 수 있다.

이것이 자기 영광을 위해 과거를 구속하시는 하나님의 작품이자 솜씨다.

그동안 우리 인생을 위협한 가장 강력한 적이었던 특정 죄악들이 이제 적과 맞설 무기로 사용될 수 있다. 같은 문제로 힘겹게 싸우고 있는 이들을 돕고 망가진 부분들을 서로 나누며 용기를 북돋워 줄 수 있다.

이런 방법으로 우리는 우리의 재능을 경건한 용도로 사용할 수 있다.

우리는 행위로 구원을 받지 않는다(엡 2:8-9). 이미 우리는 구원을 받았다. 그러나 구원을 받은 후에는 구속함을 받은 우리의 모든 삶이 성령이 능수능란하게 주도하시는 가운데 선한 일을 할 수 있는 도구로(주님의 걸작품으로) 사용될 수 있다.

에베소서 2장 10절은 우리가 우리의 모든 존재를 하나님이 다스리시고 사용하시도록 내어드리며 그 안에서 행할 수 있음을 암시한다. 필요를 보면 필요를 충족시키고, 기회가 보이면 기회들을 포착한다. 온 세상을 두루 다니시며 예수님이 행하신 대로 우리도 할 수 있다. 기회가 생기는 대로 우리 능력을 이용해 다른 사람들을 섬기며 대신 희생할 수 있다.

우리 아버지 래리 켄드릭은 그리스도인이 자신의 경험과 재능과 어두운 과거를 이용해 진정한 "선한 일"을 이룰 수 있음을 일생 본으로 보여 주셨다.

극도로 가난하고 불안정하며 불우한 가정환경에서 자랐던 아버지는 줄곧 자신의 정체성 문제로 씨름했다. 눈에 띄는 변변한 재능은 거의 없고 영양 부족으로 말라비틀어진 남자아이가 아버지가 생각하는 자신의 모습이었다. 술에 절어 사는 아버지는 아들에게 매우 두렵고 위협적인 사람이었으며, 아버지의 거칠고 폭압적인 태도로 인해 소년 시절 아버지는 자신감이 크게 부족했고 신경질적일 정도로 예민했다.

그러나 어머니가 복음을 듣고 인생을 그리스도께 헌신하면서 세 자녀를 근처의 시골 교회로 데려가기 시작했다. 그로 인해 우리 아버지도 십 대에 그리스도를 믿게 되었다.

우리 어머니가 된 젊은 처자인 론윈과 결혼한 후 아버지는 공립학교 교사가 되었고, 우리 교회에서 청소년 사역을 하기 시작했다. 어린 시절에 겪었던 어려움과 내적 고통 때문에 아버지는 학생들을 도와야 한다는 부담감이 있었다. 또한 아내와 자녀들에게 정말 필요한 남편과 아버지가 되고 싶다는 갈망이 있었다. 불안정한 삶이 아이의 마음과 정체감에 얼마나 심각한 영향을 미치는지 누구보다 잘 알았던 아버지는 의도적이고 끈질기게 각 자녀들에게 "할 수 있다"는 의욕을 불어넣어 주고자 노력했고, 우리가 승자처럼 사고하며 믿음으로 나아가는 데 주저하지 않도록 도전했다.

1984년 아버지는 다발성 경화증 진단을 받았다. 아버지의 건강은 악화되기 시작했다. 기력이 약해지면서 우울증이 생겼다. 1년 이상 의욕이 없고 우울한 상태가 지속되었다. 그러나 어머니의 헌신적 사랑과 성도들의 중보기도로 하나님은 아버지를 깊은 절망과 좌절에서 건져 주셨다. 하나님은 아버지가 다시 기독교 학교 설립이라는 새로운 목표로 풍성한 결실의 계절을 경험하도록 해 주셨고 그 후 아버지는 20년 이상을 이 학교의 교장으로 섬겼다.

일반 학교에서 교사를 한 경험 덕분에 아버지는 기독교 교육에 대해 남다른 열정을 느꼈다. 현명한 경영 능력과 겸손하면서도 인색하지 않게 섬기는 리더십을 유감없이 발휘하며 아버지는 탄탄하게 학교를 운영할 수 있었다. 교회에서 섬긴 경험을 토대로 팀을 꾸리고 이사회를 조직하는 일에도 재능을 발휘했다. 다발성 경화증이라는 결코 만만치 않은 병과 싸워 보았으므로 자신의 한계와 싸우는 사람들을 누구보다 깊이 공감할 수 있었고, 또한 영향력의 범위를 극대화할 수 있었다. 사람들은 아버지가 자신이 하는 일에 확고한 신념이 있으며 그들에게 부여된 하나님 나라의 사명이 더없이 중요함을 알았기에 아버지에게 충실하게 협조하고 조력했다.

아버지가 하나님을 알기 전에 하나님은 아버지가 섬기고 베풀며 휠체어에서 '일어서도록' 그의 인생을 특별하게 준비하고 계셨다. 아버지의 과거를 회복해 주시고, 두려움과 좌절감을 거두어 가셨으며, 오히려 남들을 섬기는 데 그 경험을 사용하도록 하셨다. 하나님의 도구로서 살아있는 모범적인 사람을 생각하면 가장 먼저 떠오르는 분이 바로 아버지다.

그러나 우리도 마찬가지다.

진심으로 하나님을 신뢰한다면 그 어떤 것도 이런 삶을 방해할 수 없다.

우리는 하나님 나라를 위해 우리 앞에 놓인 일을 하도록 이상적이고 특별한 은사를 받고 특별하게 준비된 사람들이다. 예를 들면, 우리가 영화 캐스팅 작업을 할 때 바로 그 역할을 위해 태어난 사람처럼 적격자라고 분명하게 하나님이 신호를 보내시며 인도해 주시는 특정한 사람들이 있었다. 하나님은 그들의 과거를 구속해 주시고 오랜 고통스러운 경험을 통해 그 순간, 그 시간에 사용되도록 준비해 주셨다.

오늘날 사람들의 마음에는 너무나 많은 필요들이 있고 추수할 것은 많되 일꾼이 적은(눅 10:2) 곳도 너무나 많다. 그리고 우리의 재능과 과거와 은사와 오랜 마음의 부담을 사용해 세상에 의미 있는 영향을 미칠 수 있는 기회들은 앞에 널려 있다.

이것이 우리의 모습이고 이것이 우리가 할 일이다.

하나님은 이 일을 하도록 우리를 세밀하게 준비해 오셨다.

우리는 그분의 작품이다.

예수님은 나의 주가 되시고 나는 그리스도 안에 있으므로
나는 그분의 작품이자 도구입니다.
나는 선한 일을 하도록 주님 안에서 다듬어져 왔고,
하나님은 이 일을 하도록 이미 나를 준비해 주셨습니다.
하나님이 내게 주신 모든 기술과 경험은 그분의 명령하신 대로
그분이 사용하셔야 하는 하나님의 것이라고 생각합니다.

* * *

하나님 아버지, 당신은 오늘 제 인생 중 어떤 것도 헛되이 낭비할 것이 없음을 알게 하심으로 제게 용기를 주셨습니다. 주님이 주신 재능, 제가 겪게 하신 경험들, 이 모든 것을 당신은 주를 잘 섬기도록 사용하실 수 있습니다. 이 모든 것을 당신께 드립니다. 주의 성령으로 눈을 열어 주사, 제가 섬기고 발로 뛰기를 원하시는 사람들과 기회를 놓치지 않도록 해주소서. 매일 그리고 오늘 주의 나라를 위해 열매를 맺도록 도와주소서. 예수님의 이름으로 기도합니다. 아멘.

더 깊이 알아보기

엡 3:1-9 • 딤후 2:20-21 • 히 13:20-21

"그러므로 추수하는 주인에게 청하여 추수할 일꾼들을 보내 주소서 하라 하시니라"(마 9:38)

그룹 토의 질문

- 우리가 하나님의 작품이라는 것은 무슨 뜻인가? 브살렐이 이와 관련된 대표적 사례인 이유는 무엇인가?
- 브살렐처럼 특별한 일을 위해 특별한 은사를 받은 사람을 주변에서 본 적이 있는가? 하나님이 그분의 나라를 위해 우리를 어떻게 준비시켜 오셨다고 생각하는가?

3부

그리스도 안에 있는 우리의 유업

19장
하나님 아버지가 주신 풍성한 유업과 자원

> 너희 마음의 눈을 밝히사 그의 부르심의 소망이 무엇이며
> 성도 안에서 그 기업의 영광의 풍성함이 무엇이며 … 너희로 알게 하시기를 구하노라
> 엡 1:18-19

과거의 우리(그리스도를 알기 전)와 현재의 우리(그리스도로 인해 변화된)는 정체성의 영원한 변화가 일어났다는 점에서 근본적인 차이가 있다. 하지만 슬프게도 모든 신자가 이 사실을 다 인지하거나 받아들이지는 않는다. 부디 이 책을 읽는 독자들을 하나님이 격려하여 주시고, 하나님을 아는 지식과 그분의 은혜가 더욱 깊어지게 해주시기를 기도하고 소망한다. 또한 마음과 생각을 변화시켜 주셔서 그리스도 안에서 우리의 진정한 정체성에 대한 하늘의 영원한 시각이 우리 안에 자리 잡기를 기도한다.

이 진실과 관련해 우리 마음에서는 이미 의심의 전쟁이 벌어지고 있을 것이다. 우리를 참소하는 적은 그리스도 안에서 우리가 누리는 신분이나 소유에 관한 모든 것을 증오한다. 또한 정체성에

관한 이런 진실을 우리가 알거나 그 진리로 강건해지기를 원치 않는다.

그러나 하나님 앞에서 우리를 거룩하게 하시고 흠이 없게 하심으로(엡 1: 4) 우리에게 베푸신 하나님의 축복(3절), 우리에게 사랑을 부어 주시고자 하는 하나님의 열망(6절), 우리의 모든 죄를 용서해 주시고자 하는 하나님의 뜻(7절)을 믿고 받아들인다면 우리는 이 진리로 일상의 경험이 완전히 달라지게 될 것이다.

그것은 그리스도를 따르는 제자로서 우리가 우리의 신분을 의심하지 않고 굳건히 믿을 때 영적 승리를 얻을 수 있기 때문이다. 그럴 때 우리는 강건하며 견고하게 설 수 있다. 그리고 이제 매일 일상생활 속에서 누리는 영적 확신으로 두려움과 염려와 불안과 같은 많은 부정적 상황에서 벗어날 수 있다. 이전에는 전혀 있을 수 없는 불가능한 일이라고 생각했다.

이 모든 것은 오직 하나님이 하신 사역 때문이다.

그러나 하나님은 이런 사역에서 한 걸음 더 나아가신다. 우리 아버지께서는 우리에게 베풀기를 아끼지 않으신다.

하나님은 우리의 신분만 바꾸어 주는 것으로 만족하시지 않는다. 우리에게 필요한 모든 능력과 자원을 베풀어 주시는 것이다. 이것은 모두 하나님 안에서 우리가 얻게 된 새로운 정체성으로 허용되는 것이다. 우리가 미아를 입양함으로 미아는 이름과 거주 국가만 달라진 것이 아니라 우리 딸이라는 변화된 신분으로 이전에는 없었던 관계와 자원들을 이용할 수 있게 되었다. 그리스도 안에서 우리가 누리는 정체성으로 우리에게도 동일한 일이 생긴다.

하나님은 우리를 구원해 주시고 죄를 용서해 주시는 데서 그치지 않고 우리를 축복해 주시고 필요한 자원을 공급해 주신다.

"우리 주 예수 그리스도의 아버지 하나님을 찬송하리로다 그의 많으신 긍휼대로 예수 그리스도를 죽은 자 가운데서 부활하게 하심으로 말미암아 우리를 거듭나게 하사 산 소망이 있게 하시며"(벧전 1:3).

"썩지 않고 더럽지 않고 쇠하지 아니하는 유업을 잇게 하시나니 곧 너희를 위하여 하늘에 간직하신 것이라"(벧전 1:4).

이렇게 아버지 하나님은 우리를 "거듭나게" 하셨다. 우리는 거듭난 존재다. 우리는 구원을 얻었다. 다시 태어났다. 그러나 하나님은 또한 우리에게 "유업"을 잇게 하셨다. 우리는 지금 하나님의 유업을 소유하고 있다. 그분은 우리를 하나님의 풍성한 영적 재산을 이어받을 상속자로 삼으셨다.

이런 이유로 베드로처럼 바울 역시 에베소서에서 이 사실에 대해 쓰면서 이와 동일한 교훈을 가르쳤다. 먼저 그는 우리가 구속함을 입고 죄 용서를 받았으며, 넘치게 부어 주신 하나님의 은혜를 받았고(1:8), 그 은혜로 축복과 용납하심을 얻게 되었다고 말한다. 그리고 나서 마치 새로운 문장을 시작하는 것처럼 이렇게 말한다.

"모든 일을 그의 뜻의 결정대로 일하시는 이의 계획을 따라 우리가 예정을 입어 그 안에서 기업이 되었으니"(엡 1:11).

아버지께서 그리스도 안에서 우리 신분을 변화시켜 주셨으므로 (그분의 사랑하는 자녀로 입양해 주셨으므로) 하나님은 이미 상상할 수준을 넘어선 놀라운 일에 착수하셨고, 우리를 다음 단계로 완전히 옮기도록 모든 조건을 갖추셨다. "성령이 친히 우리의 영과 더불어 우리가 하나님의 자녀인 것을 증언하시나니 자녀이면 또한 상속자 곧 하나님의 상속자요 그리스도와 함께 한 상속자니"(롬 8:16-17).

이 '유업'에는 매일의 양식이자, 지혜이며, 매일 우리를 변화시키고, 진리를 알게 하고, 우리 걸음을 인도해 줄(딤후 3:16-17; 시 119:105) 하나님의 살아있는 말씀(벧전 1:23)이 포함된다. 또한 하나님이 성경으로 주신 모든 약속과 이제 우리 것이라고 성경이 선언한 모든 것도 이 유업에 포함된다. 이제 우리는 은혜의 보좌 앞에 언제라도 나아갈 수 있으며, 예수의 이름으로 기도하고 구하며 찾고 문을 두드리며 기대할 권리를 행사할 수 있다. 영원한 영적 가족으로 하나님의 가족이 되었고, 우리 안에서 역사하시는 성령의 권능을 힘입을 수 있으며, 지금 이 순간부터 하늘에 우리가 갈 때까지 영원한 생명을 약속받았다. 영원토록 하나님을 즐거워하고 함께 섬김으로 더욱 깊어지고 넓어질 하나님과 함께할 미래를 보장받았다.

하지만 이것은 우리가 받을 유업의 더 넓은 범주의 일부에 불과하다. 이 거대한 축복의 저장고에는 온갖 종류의 캐비닛과 서랍과 보관함들이 즐비하며, 그 안에는 하나님의 선하심과 신실하심과 보호하심과 필요를 채워주심 외에 눈으로 보이거나 보이지 않는 수백만의 다른 은혜들이 매일 우리가 인출해서 사용할 수 있도록 준비되어 있다.

그러나 성경에서 확인하였겠지만 '부자'에 대해 개념을 새롭게 써야 할 정도로 우리 아버지의 재산은 어마어마하기 때문에 인출이란 표현은 부정확한 심상(mental picture)이라 할 수 있다. 하나님은 "삼림의 짐승들과 뭇 산의 가축이 다 내 것이며 산의 모든 새들도 내가 아는 것이며 들의 짐승도 내 것임이로다 내가 가령 주려도 네게 이르지 아니할 것은 세계와 거기에 충만한 것이 내 것임이로다"(시 50:10-12)라고 말씀하셨다. 1900년대 네덜란드 수상인 아브라함 카이퍼의 유명한 인용문이 이를 잘 설명한다. "만물을 통치하시는 그리스도께서 인류가 존재하는 모든 삶의 영역들 중 자신의 것이 아니라고 말씀하시는 영역은 단 한 평도 없다." 욕심으로 하는 말씀이 아니라 사실이 그래서 하는 말씀이다.

그러므로 신자는 인출하는 만큼 하나님의 잔고가 줄어드는 식으로 하나님의 재산을 축내지 않는다. 지금 언급하는 유업을 더 정확히 이해할 수 있도록 도와주는 성경 구절(에베소서와 다른 성경)은 "~따라, ~대로"(according to)라는 표현과 함께 나오는 말씀이다.

바울은 "그[하나님]의 영광의 풍성함을 따라" 우리 영이 강건하게 될 수 있다고 말한다(엡 3:16). "그리스도의 선물의 분량대로" 우리는 은혜를 받는다(엡 4:7). 아버지께서 "우리가 구하거나 생각하는 모든 것에 더 넘치도록 능히 하실" 정도는 "우리 가운데서 역사하시는 능력대로" 결정된다(엡 3:20).

예를 들어 하나님은 지금 다양한 형태와 크기의 5만 가지가 넘는 축복을 깔고 앉아 선착순으로 요구하는 사람에게 축복을 나누어 주시다가 더 이상 나누어 줄 축복이 바닥나면 그 자리를 접고 일어나는 식으로 일하시지 않는다. 우리가 하나님께 받는 유업은 강에서 공급받는 것처럼 주어지지 않는다. 하나님이 우리에게 주시는 유업은 끝없이 흐르는 강 자체와 같다. 강처럼 거대하고 막힘이 없이 도도하다. '강의 크기대로' 풍성하고 영광스러운 강이다.

그리고 또다시 성경은 우리가 무한한 하늘의 샘을 원천으로 둔 강과 같은 이 유업의 단순한 '상속자'가 아니라고 말한다. 우리는 그리스도와 '공동 상속자'인 것이다. 단순히 상속자라면 부모가 다섯 자녀에게 2만 제곱미터의 땅을 유산으로 남겼을 때 각기 4천 제곱미터씩 유산을 받는 것과 비슷할 것이다. 그러나 공동 상속자가 되면 다섯 자녀가 2만 제곱미터의 땅을 공동으로 소유하게 된다. 또 다른 예를 들어보자. 남편과 아내가 은행 계좌를 공동 관리한다면 남편이 절반의 계좌를 소유하고 아내가 절반의 계좌를 소유하는 것이 아니다. 두 사람이 그 계좌를 전부 소유하는 것이다.

하나님의 말씀은 신자들이 단순히 상속자가 아니라 공동 상속자라고 말한다. 그리스도와 공동 상속자가 된다는 것은 하나님의 은혜를 보여 주는 또 다른 놀라운 사건이다. 이제 하나님이 사랑하시고 축복하시는 자녀가 되었으므로 우리의 상속권은 하나님의 아들의 상속권과 같은 것이다. 놀랍지 않은가?

어쨌든 우리는 하늘의 뒤편 구석진 골목에 자리 잡은 골방 한 구석에 살아도 감지덕지할 것이기 때문이다. 그런 경험이 있지 않은가? 개인적으로 나는 그 정도만 해도 여전히 감사하게 기쁨으로 받을 것이다. 그러나 우리는 단순히 그런 수준이 아니라 그분과 함께 하늘에 앉게 될 것이다(엡 2:6). 아버지께서는 우리에게 예수님과 공동 유산을 주셨다. "우리가 다 그의 충만한 데서 받으니 은혜 위에 은혜러라"(요 1:16). 우리가 기본적으로 받는 유산이 이 정도다. 그리고 하나님만이 이 모든 것이 무슨 의미인지 다 알고 계신다. 하지만 우리의 좁은 시각으로 보더라도 여전히 믿기 어려운 놀라운 일이다.

그렇다 해도 이것은 사실이다. 하나님은 우리에게 아무것도 빚지지 않으셨지만 모든 것을 우리에게 주셨다. 하나님은 "모든 일을 그의 뜻의 결정대로 일하시는" 분이며(엡 1:11), "우리에게 모든 것을 후히 주사 누리게 하시는 하나님"(딤전 6:17)이다. 하나님은 그 말씀을 지키시는 분이다.

그래서 우리는 모든 일에 감사할 수 있고(살전 5:18), 항상 기뻐할 수 있으며(빌 4:4), 모든 것을 참으며, 믿고, 모든 것을 바라며, 견딜 수 있다(고전 13:7). 풍성함이 무궁하며 사랑이 한이 없으신 하늘의 아버지께서 우리에게 모든 것을 주셨기 때문이다.

그래서 우리는 주님 안에서 필요한 모든 것을 기도로 구할 수 있다. 이런 이유로 하나님은 자기 자녀인 우리에게 모든 필요를 채워 주겠다고 약속하셨다. 지금 이 시간도 하나님은 "그리스도 예수 안에서 영광 가운데 그 풍성한 대로"(빌 4:19) 우리 쓸 것을 모두 채워 주고 계신다. 우리는 거리에서 전혀 모르는 낯선 사람에게 구걸을 하고 있는 것이 아니다. 온 우주를 가진 어마어마한 거부이신 천상의 아버지께 우리 필요를 채워 주심으로 영광을 받으시도록 구하고 있는 것이다.

하나님은 우리가 구하거나 생각하는 모든 것에 더 넘치도록 능히 하시는 분이다(엡 3:20). 우리는 얼마든지 구하고 상상할 수 있다. 그러므로 우리가 주님 안에 거하고 그분의 말씀이 우리 안에 거하면 우리 마음의 선한 소원대로 구할 수 있음을 믿고 마음껏 구하도록 하자. 때가 되면 하나님이 이루어 주실 것이다(시 20:4).

에덴동산에 강이 흐르게 하시고 노아의 방주에 짐승들을 보내어 주시며 광야에서 만나를 주신 하나님, 까마귀로 엘리야를 먹이시고 제자들이 배불리 먹고도 열두 광주리나 남게 하신 하나님, 궁핍하고 가난한 마게도냐 교회에 풍성한 은혜를 베푸시며 사우스조지아 사역자들에게 영화 제작에 관한 아이디어와 재원들을 아낌없이 주신 하나님 또한 그 안에서 우리의 모든 쓸 것을 채워 주실 수 있다(벧후 1:3).

아무리 우리에게 부어 주셔도 하나님은 싫증을 내거나 자원이 고갈되는 법이 없으시다. 하나님은 모든 선하고 완전한 것의 원천이시므로 그 본성을 따라 기쁘게 주시는 분이다. 자기 자녀들을 부양하는 것은 창세 전부터 시작된 하나님의 뜻이었다. 우리의 구원은 그분 안에 있는 영원한 유업으로 풍성한 축복을 받았다. 그러므로 고개를 들어 "우리로 하여금 빛 가운데서 성도의 기업의 부분을 얻기에 합당하게 하신" 하나님께 감사와 찬송을 돌려드리자(골 1:12).

예수님은 나의 주가 되시며 나는 그리스도 안에 있으므로
나는 하늘 아버지의 복된 자녀로서 썩지 않고 더럽혀지지 않고
쇠하지 아니하는 풍성한 유업을 잇게 되었습니다.
그 유업은 하늘에 보관되어 있으나
그리스도 안에서 저의 것이 되었습니다.
아버지께서는 은혜를 베푸셔서 저를 그 사랑하는 아들과
공동의 상속자로 삼으셨습니다.

* * *

하나님 아버지, 주께서 제게 얼마나 큰 축복을 베푸셨는지 제 머리로는 도무지 다 헤아릴 길이 없습니다. 주님의 자녀로서 제게 주신 은사와 약속은 제가 감당하기에 과분할 따름입니다. 당신은 넘치는 은혜와 사랑을 주셨습니다. 제가 감당할 수 없을 정도로 거대한 주의 유업에 어찌할 바를 몰라 할 때에도, 하나님의 사랑을 모르고 가난한 사람처럼 걸어 다니지 않도록 도와주소서. 대신 제가 하늘의 재산을 상속받았으며, 이 땅에서 당신의 뜻을 행하는 데 필요한 모든 것을 당신이 항상 채워 주실 것을 알고 오늘 굳건히 서게 도와주소서. 예수님의 이름으로 기도합니다. 아멘.

더 깊이 알아보기

잠 8:18-21 • 갈 3:27-29 • 히 11:8-10

"하나님이 세상에서 가난한 자를 택하사 믿음에 부요하게 하시고 또 자기를 사랑하는 자들에게 약속하신 나라를 상속으로 받게 하지 아니하셨느냐"(약 2:5).

그룹 토의 질문

- 그리스도 안에 있는 우리의 정체성과 우리의 유업의 차이는 무엇인가?
- 그리스도 안에 있는 우리의 정체성이란 무엇인가? 세상적인 유업과 어떤 면에서 유사한가? 어떤 면에서 다른가?
- 공동 상속자란 무엇인가? 과거에 하나님이 우리의 특별한 필요를 어떻게 채워 주셨는지 이야기해 보라.

20장
아들로 인해 하나님께 나아갈 권세를 가지다

> 그로 말미암아 우리 둘이 한 성령 안에서
> 아버지께 나아감을 얻게 하려 하심이라
> 엡 2:18

　우리가 하나님 아버지께 받은 모든 것은 아들로 **말미암은** 것이다. 이 문장은 시간을 두고 곰곰이 생각해 보아야 한다. 중요한 진리이므로 제대로 이해할 필요가 있다.
　물론 삼위일체, 다시 말해 아버지와 아들과 성령의 삼위가 하나로 연합을 이룬다는 사실은 인간의 머리로 다 이해할 수 없다. 그러나 우리 시대는 물론이고 과거 오랫동안 우리를 속였던 교묘한 거짓말을 한 가지 지적하자면, 하나님의 거룩하심을 핵폭탄 광선처럼 두려움의 대상으로 볼 필요가 없다는 생각이다. 아마 하나님은 우리가 생각하는 것보다 훨씬 쉽게 다가갈 수 있는 분일 것이다. 하나님께 나아가는 것은 뜨거운 태양 빛에 수증기처럼 증발하는 것이 아닌, 따스하고 편안한 품에 안기는 느낌일 것이다.

그러나 하나님은 "어제나 오늘이나 영원토록" 동일하신 분이다(히 13:8). 하나님이 모세에게 "네가 내 얼굴을 보지 못하리니 나를 보고 살 자가 없음이니라"(출 33:20)라고 하신 말씀은 지금도 변함없이 그대로 적용된다. 눈처럼 희면서도 뜨거운 하나님의 거룩함과 우리의 검고 타락한 죄성 간의 메울 수 없는 차이는 바뀌는 것이 아니라 치유될 뿐이다.

그리고 유일한 치유책은 예수 그리스도다.

우리는 "그리스도로 말미암아" 하나님과 "화목"할 수 있다(고후 5:18). 그리스도를 통해 하나님이 기뻐하시는 사람이 될 수 있으며(히 13:21), 그리스도를 통해 "진실하여 허물 없이 … 의의 열매가 가득"할 수 있다(빌 1:10-11). 그리스도를 통해 우리는 성령을 받고 "그의 은혜를 힘입어 의롭다 하심을 얻어 영생의 소망을 따라 상속자가" 될 수 있다(딛 3:7).

사실 그리스도로 말미암는다는 이 진리는 훨씬 더 근본적인 진리다. 창조 자체가 아들로 인해 이루어졌다. "만물이 그로 말미암아 지은 바 되었으니"(요 1:3). "만물이 다 그로 말미암고 그를 위하여 창조되었고"(골 1:16). 하나님은 "그로 말미암아 모든 세계를" 지으셨고, 지금도 아들은 "그의 능력의 말씀으로 만물을" 붙들고 계신다(히 1:2-3).

그러므로 아들이 없이는 말 그대로 우리는 아무것도 가지지 못한다.

아들이 없이는 아무것도 존재하지 않는다.

그러나 그분을 통해 (그와 더불어) 우리는 존재할 뿐 아니라 성경이 말하는 하나님께 '나아감'으로 인한 수많은 축복을 누릴 수 있다.

'하나님께 나아감'이란 여러 면에서 우리 인생의 가장 소중한 자산이다.

바울이 에베소서를 쓰고 있었던 1세기 관점에서 보자면, 그가 말하는 '나아감'이란 일부 이방인들이 하나님의 가족으로 받아들여진 것을 포함한다. 바울이 그렇게 빈번히 언급한 복음의 "비밀"(엡 3:3-9)은 "유대인이나 헬라인이나 종이나 자유인이나 남자나 여자" 사이에 더 이상 어떤 영적인 차별도 없이 "다 그리스도 예수 안에서 하나"라는 것이었다(갈 3:28).

이방인 형제자매들은 한때 "그리스도 밖에 있었고 이스라엘 나라 밖의 사람이라 약속의 언약들에 대하여는 외인이요 세상에서 소망이 없고 하나님도 없는 자"였지만 이제는 "그리스도 예수 안에서 그리스도의 피로 가까워"졌다(엡 2:12-13).

"또 오셔서 먼 데 있는 너희에게 평안을 전하시고 가까운 데 있는 자들에게 평안을 전하셨으니 이는 그로 말미암아 우리 둘이 한 성령 안에서 아버지께 나아감을 얻게 하려 하심이라"(엡 2:17-18).

나아감은 우리 유산의 일부다. 그리고 우리의 기업이다.

이 개념이 당시 종교인들에게 얼마나 낯설게 들렸을지 정확히 파악하기는 쉽지 않다. 이방인이 하나님께 나아갈 수 있는 가능성은 풋볼 팀이 종료 15초를 남겨 두고 4번의 터치타운을 하는 것과 비슷하다. 불가능한 것이다. 2분 내로 시작할 너무나 중요한 모임에 참석해야 하는데 사무실과 10마일 이상 떨어진 곳에서 교통 체증으로 인해 꼼짝없이 갇혀 있는 것과 같다.

그러나 그리스도는 "새 언약의 중보자"가 되신다(히 9:15). 그분은 십자가로 불가능한 격차를 메우셔서 "부르심을 입은 자로 하여금 영원한 기업의 약속을 얻게 하려" 하셨다(15b절). 우리가 "담대함과 확신을 가지고 하나님께 나아"가는 유일한 이유는 "그 안에서 그를 믿음으로 말미암아" 그런 담대함과 확신이 생기기 때문이다(엡 3:12).

역시 아들이 아니면 아무것도 할 수 없다.

그러나 아들로 인해 모든 것이 가능하다.

그리스도를 통해 하나님께 나아갈 때 매장되어 있던 특권의 금맥도 함께 얻게 된다.

하나님이 은혜로 우리를 구원하기로 선택하실 때에 이미 스스로는 할 만큼 다 했다고 결정하실 수도 있었음을 생각해 본 적이 있는가? 또한 아들이 우리 죄를 위해 죽으시고 부활하셔서 승천하신 후에 나머지는 알아서 능력껏 판단하도록 방치하실 수도 있었다는 생각은 해본 적이 있는가? 만약 하나님과 예수께서 이런 결정을 하셨다면 우리 인생이 얼마나 달라졌을지 생각해 본 적이 있는가?

성경을 그토록 소중히 여기면서, 또한 성경을 통해 우리에게 베푸신 하나님의 은혜를 확신하게 되었으면서 성경을 읽고 공부하는 일은 왜 그렇게 귀찮아하는지 의아하다. 그리스도인으로 사는 삶이 결코 만만치 않은 만큼, 성경에 계시된 진리로 인도함을 받지 못한 채 신앙의 여정을 항해해야 한다면 어떨지 생각해 보라.

혹은 기도라는 방편이 없다면 어떨지도 생각해 보라. 아들이 기도로 아버지께 나아갈 방도를 마련해 주지 않으셨다면 어떠했겠는가? 우리 마음의 염려와 의문을 이야기할 수 있는 유일한 방법이 서로와 이야기하는 것밖에 없다면 어떠했겠는가? 하나님이 진지하게 귀 기울여 들어주지 않으신다면 어떠했겠는가?

놀랍고 감사하게도 우리는 이 질문의 대답을 알아낼 필요가 전혀 없다. 그리스도께서 우리에게 나아감을 허락해 주셨기 때문이다. 그 아들은 우리 기도가 들은 바 된다는 보증이 되어 주신다.

성경은 "우리가 예수의 피를 힘입어 성소에 들어갈 담력을 얻었나니"라고 말한다(히 10:19). 그분은 "하나님의 집 다스리는 큰 제사장"이시며(21절), 우리로 "참 마음과 온전한 믿음으로 하나님께" 나아가도록 해주시는 분이다(22절). "우리에게 있는 대제사장은 우리의 연약함을 동정하지 못하실 이가 아니요 모든 일에 우리와 똑같이 시험을 받으신 이로되 죄는 없으시니라"(히 4:15).

그러므로 아들을 통하여 우리는 언제라도 "긍휼하심을 받고 때를 따라 돕는 은혜를 얻기 위하여 은혜의 보좌 앞에 담대히 나아갈" 수 있다(히 4:16). 우리는 그분의 이름으로, "죽으실 뿐 아니라 다시 살아나신 이"의 이름으로, "하나님 우편에 계신 자요 우리를 위하여 간구하시는 자"의 이름으로 기도할 수 있다(롬 8:34). 그분은 우리에게 "내 이름으로 무엇이든지 내게 구하면" 이루어

주겠다고 약속하셨다(요 14:14). 그분은 아들을 통해, 우리의 삶을 통해 아버지께 영광을 돌릴 일을 하실 것이다.

나아감은 이렇게 강력한 힘을 발휘하며 더없이 아름답다. 우리는 만질 수 있는 하나님께 나아가는 것이 아니다. "불이 붙는 산과 침침함과 흑암과 폭풍과 나팔 소리와 말하는 소리가 있는 곳에" 나아가는 것이 아니다(히 12:18-19). 우리는 "시온 산과 살아 계신 하나님의 도성인 하늘의 예루살렘과 … 새 언약의 중보자이신 예수와 및 아벨의 피보다 더 나은 것을 말하는 뿌린 피"로 나아간다(22, 24절).

아버지께서는 이런 것을 원하신다. 이를 위해 하나님은 자기 아들을 죽은 자 가운데서 일으키어 하늘에서 자기의 오른편에 앉히시고 "모든 통치와 권세와 능력과 주권과 이 세상뿐 아니라 오는 세상에 일컫는 모든 이름 위에 뛰어나게" 하셨다(엡 1:21). 우리로 이렇게 나아감을 얻게 하심으로 교회를 통해 아들의 권세가 세상에 드러나게 하셨다. 교회는 바로 우리로, "그의 몸이니 만물 안에서 만물을 충만하게 하시는 이의 충만함"이다(23절).

예수님은 지상을 거니실 때 아버지께서 어떤 권위를 주셨는지 보여 주셨다. 하나님은 그분에게 귀신의 영들을 다스리는 권세(눅 4:36)와 죄를 용서하는 권세(마 9:6)를 주셨다. 직업적 종교인들과 달리 그분의 가르침은 즉각 그 권위를 인지할 수 있을 정도로 능력이 있었다(막 1:22). 마귀는 엎드려 자신에게 절하면 권세를 줄 수 있는 것처럼 교만하게 행동했지만(눅 4:6-7) 예수님은 고문당하고 십자가에 못 박히시기 전 심문을 받으실 때 빌라도에게

"위에서 주지 아니하셨더라면 나를 해할 권한이 없었으리니"(요 19:11)라고 말씀하셨다.

예수님은 승천하시기 직전 그분을 따르는 자들에게 "하늘과 땅의 모든 권세를" 내가 받았다고 말씀하셨다. 또한 "무릇 사람이 할 수 없는 것을 하나님은 하실 수" 있는 것도 이와 동일한 권세로 가능하다(눅 18:27). 바울은 이 권세로 "내게 능력 주시는 자 안에서 내가 모든 것을 할 수 있느니라"(빌 4:13)라고 말할 수 있었다. 그리고 이 권세로 우리는 "그를 향하여 우리가 가진 바 담대함이 이것이니 그의 뜻대로 무엇을 구하면 들으심이라 우리가 무엇이든지 구하는 바를 들으시는 줄을 안즉 우리가 그에게 구한 그것을 얻은 줄을 또한 아느니라"(요일 5:14-15)는 확신도 가질 수 있다.

우리는 모든 것에 뛰어난 아들의 권세로 하나님께 언제라도 나아갈 수 있다. 이것은 아버지의 자녀로서 우리가 받은 유업이다.

예수님은 나의 주이시고 나는 그리스도 안에 있으므로
나는 아버지께 나아가 구원을 얻으며
또한 인생의 모든 필요를 아뢸 수 있습니다.
그분은 그 말씀을 따라 내게 필요한 모든 것을
그 권세로 이루어 주실 것입니다.

* * *

하나님 아버지, 저를 오라 부르시니 당신의 아들 예수의 이름과 그분에게 주신 권세로 오늘 주님 앞에 나아갑니다. 주의 은혜의 보좌 앞에 나아갈 수 있고, 사랑하는 자녀로서 우리 간구를 들어주시고 용납해 주심을 받는 이 특권을 당연하게 여기지 않도록 해주소서. 당신의 크신 권능과 거룩하심에 감사를 드리고 저를 가까이 오게 하시는 당신의 열정에 감사를 드립니다. 이제 나의 모든 찬양과 간구를 주님께 올려드립니다. 예수님의 이름으로 기도합니다. 아멘.

더 깊이 알아보기

요 14:12-14 • 골 1:15-20 • 히 7:26-28

"구하라 그리하면 너희에게 주실 것이요 찾으라 그리하면 찾아낼 것이요 문을 두드리라 그리하면 너희에게 열릴 것이니"(마 7:7).

그룹 토의 질문

- 예수님은 어떤 방법으로 우리가 하나님께 나아갈 수 있도록 하셨는가?
- 구체적이고 담대하게 기도하고 있는가? 믿음으로 기도하는가? 의심하며 기도하는가?

21장
성령의 인치심과 강건케 하심

> 그의 영광의 풍성함을 따라 그의 성령으로 말미암아
> 너희 속사람을 능력으로 강건하게 하시오며
> 엡 3:16

믿음의 눈으로 성경을 읽고 도출할 수 있는 유일한 결론이라면 하나님이 자신의 자녀들에게 모든 것을 주기로 결정하셨다는 것이다.

하나님은 과거부터 지금까지 항상 이렇게 한결같이 우리를 대해 주셨다. 전심을 다하셨고 모든 것을 거셨다.

"내가 하늘 문을 열고 너희에게 복을 쌓을 곳이 없도록 붓지 아니하나 보라"(말 3:10). "성읍에서도 복을 받고 들에서도 복을 받을 것이며 … 네가 들어와도 복을 받고 나가도 복을 받을 것이니라"(신 28:3, 6). 하나님은 이런 모든 축복이 "네게 임하며 네게 이르리니"라고 말씀하셨다(2절). 만약 하나님이 아직까지 하시지 않은 일이나 지금도 하지 않고 계신 일이 있다면 우리 역시 필요

없을 것이다(벧후 1:2-3).

"자기 아들을 아끼지 아니하시고 우리 모든 사람을 위하여 내주신 이가 어찌 그 아들과 함께 모든 것을 우리에게 주시지 아니하겠느냐"(롬 8:32). "다 너희의 것이요 너희는 그리스도의 것이요 그리스도는 하나님의 것이니라"(고전 3:22-23).

자애로운 하나님의 마음은 더없이 관대해서 막을 자가 없다. 이 이상 하나님이 얼마나 더 관대하실 수 있다는 말인가?

그러나 아직 시간이 시작되지 않은 영원한 과거의 그 순간에, 하나님은 우리 세상과 우리 구원을 위한 영원한 계획을 준비하시는 와중에 (기쁨으로 우리에게 모든 은사와 은총을 부어 주기로 계획하시는 와중에) 무엇인가 또 다른 일을 구상하고 계셨다. 우리를 위해 그 이상의 일을 하심으로 영광을 받으실 것을 아셨던 것이다.

하늘의 아버지께서 우리에게 아낌없이 영적 보물들을 부어 주시고 그 보물을 우리 팔과 가슴으로 가득 안고도 다 담지 못하는 상황에서(엡 1:6) 이것으로 아직 다가 아니라고 말씀하시리라고 어떻게 생각할 수 있겠는가. 그러나 하나님은 우리 인생이 훨씬 더 "그의 영광의 찬송"이 되게 하시고자(엡 1:12) 삼위의 뜻을 모아 우리의 유업의 하나로 그 자신을 주겠다는 엄청난 결정을 하셨다.

실제로 우리의 놀라운 영적 유업은 성령을 통해 그 자신을 선물로 주는 것으로 대단원의 막을 올렸다. 놀라운 일이 아닌가.

"그 안에서 또한 믿어 약속의 성령으로 인치심을 받았으니 이는 우리 기업의 보증이 되사 그 얻으신 것을 속량하시고 그의 영광을 찬송하게 하려 하심이라"(엡 1:13-14).

큰돈을 보내거나 온라인으로 선물을 보낸 후 뿌듯하고 자랑스러웠던 기억이 있다면, 창조 이후로 하나님이 우리에게 주신 선물은 누가 보더라도 하나님의 너그러움을 입증하고도 남는 수준임을 알 수 있다. 그러나 우리가 그동안 받았고 또한 하나님이 우리를 위해 준비해 주신 이 모든 유업 외에도 하나님이 바로 지금 몸소 우리와 함께해 주고 계신다. 결코 우리를 떠나거나 버리지 않으시고, 언제나 우리를 도와주시며, 매일 강건하게 해주시고, 기꺼이 우리에게 용기를 주시고, 쉬지 않고 인도해 주시고, 우리와 친밀하게 동행하여 주신다.

말로는 충분하지 않다. 우리에게 복을 주고 필요한 것을 갖추도록 하기 위한 이 계획이 창세 이전부터 항상 진행되어 왔다는 사실은 하나님이 약속대로 언제나 신실하게 이루시는 분임을 증거해 준다. 예수님은 이렇게 말씀하셨다.

"내가 아버지께 구하겠으니 그가 또 다른 보혜사를 너희에게 주사 영원토록 너희와 함께 있게 하리니 그는 진리의 영이라 세상은 능히 그를 받지 못하나니 이는 그를 보지도 못하고 알지도 못함이라 그러나 너희는 그를 아나니 그는 너희와 함께 거하심이요 또 너희 속에 계시겠음이라"(요 14:16-17).

보혜사(Helper)에 해당하는 헬라어는 성령이 '같은 종류의 또 다른 조력자'임을 암시한다. 예수님이 1세기 제자들 곁에서 늘 함께하셨던 보혜사였듯이, 성령은 우리가 처한 모든 환경 속에서 언제나 우리를 도우시며 보혜사가 되어 주신다.

성령을 약속으로 주셨음을 생각해 보라. 약속은 지켜야 한다.

예수님은 지상을 떠나시기 전 제자들에게 여러 가지 말씀을 남기셨지만 특히 "내가 내 아버지께서 약속하신 것을 너희에게 보내리니 너희는 위로부터 능력으로 입혀질 때까지 이 성에 머물라"(눅 24:49)라고 말씀하셨다. 그분은 제자들에게 "예루살렘을 떠나지 말고 내게서 들은 바 아버지께서 약속하신 것을 기다리라"(행 1:4)라고 명령하셨다.

약속대로 성령이 오시자 그분은 예수님이 말씀하신 "예루살렘과 온 유대와 사마리아와 땅 끝까지 이르러 내 증인이 되리라"(행 1:8)는 사명과 관련해 제자들이 느꼈을 두려움이나 부족한 점이나 한계들을 일시에 모두 해결해 주셨다. 큰 권능으로 나타나셨고 제자들을 통해 세상을 한순간에 변화시켜 주셨다.

오늘날 우리 역시 이 "약속의 성령"을 받았다(엡 1:13). 성령은 능력으로 임재하시고 하나님과 다른 사람들을 섬기는 마음이 불타오르도록 역사해 주신다(행 1:8). 그분은 하나님이 자기 나라를 위해 가장 효과적으로 우리를 사용하실 수 있도록 기회를 주시는 안내자시다(막 13:11). 죄와 타협을 멀리하게 하시고, 말에 재갈을 물리듯이 율법으로 강제하지 않으시며, 대신 사랑의 하나님 안에서 자유를 누리도록 조절해 주시는 분이다(갈 5:16-25). 그분은 "우리의 연약함을" 도우시며, 미약한 입의 말을 강력한 기도로 바꾸어 주시고, "하나님의 뜻대로 성도를 위하여 간구"하신다(롬 8:26-27). 이 약속의 성령은 못하실 일이 없다.

고통스러운 상황에서 우리 어깨를 감싸 안아주시든, 결정을 내려야 할 순간에 양심을 짚어 주시든, 크고 작은 수많은 방법으로 자신의 임재를 드러내시든, 성령께서 기이한 일을 행하시며 우리 속에서 매일 역사하실 때마다 우리는 기억해야 한다. 하나님은 우리가 기다리는 모든 일에 대해 이제 겨우 문을 살짝 열어 주신 정도에 불과하다는 사실을 말이다. 하나님은 오늘 우리가 받았다고 생각하는 유업보다 훨씬 많은 것을 약속해 주셨다.

우리 안에 계신 성령은 이 약속의 보증이 되어 주신다.

우리는 "그 안에서 또한 믿어 약속의 성령으로 인치심을" 받았다(엡 1:13). "그 안에서 너희가 구원의 날까지 인치심을 받았느니라"(엡 4:30).

여기서 사용된 심상은 강렬하고 아름답다. "인(印)"은 고대 문화에서 개인이 선택한 행동이나 약속을 보증해 주는 가시적 징표였다. 주로 인장 반지나 이와 유사한 도구로 찍은 인장은 문서의 내용과 명령한 내용이 무조건 반드시 이행되어야 함을 의미했다. 인이 찍히면 더 이상 변경이 불가능했다.

에스더서에서 기술한 것처럼 유대인들을 말살하고자 하는 하만의 음모는 "왕의 반지로 인을" 쳐서 변경 불가능한 효력을 지니게 되었다(에 3:12). "왕의 이름을 쓰고 왕의 반지로 인친 조서는 누구든지 철회할 수" 없었기 때문에(에 8:8) 에스더는 왕에게 나아가 진실을 알리기 위해 죽기를 각오하는 대담한 용기를 발휘할 수밖에 없었다. 실제로 그 조서는 철회되지 않았고 대신 다른 칙령을 발표해서 유대인들이 스스로를 방어하도록 했다(11절).

다니엘서에서도 왕이 신하들에게 속아 30일 동안 자신 외에 다른 누구에게도 기도를 하지 말라는 명령을 발표하는 내용이 나온다. 이 명령을 어길 경우 사자 굴에서 사자의 밥이 되는 형벌을 받아야 했다. 뒤늦게 자신이 무슨 일을 저질렀는지 깨달은 왕은 친구 다니엘이 하나님께 기도를 드림으로 그 명령을 어겼음을 알았을 때 그를 구할 방도를 찾아내고자 여러 가지로 노력했다. 그러나 다니엘은 그 행동에 대해 처벌을 받아야 했다. "왕이 그의 도장과 귀족들의 도장으로 봉하였으니"(단 6:17). "이 일이 확실하니"(12절).

마찬가지로 우리 역시 성령으로 "그 얻으신 것을 속량"하실 때까지 인치심을 받았다(엡 1:14). 하나님은 장차 하늘에서 받을 유업의 약속에 대해 "우리에게 인치시고 보증으로 우리 마음에 성령을" 주셨다(고후 1:22).

우리 삶에 함께하시는 성령은 그 인치심의 증거다. 이제 성령은 언젠가 이루어질 또 다른 약속을 대표한다. 성령은 그 약속에 대해 미리 지불된 담보물이다. 돈은 은행에 있다. 성령은 신랑이 하늘에 우리를 위한 집을 준비하며 그의 교회인 신부에게 준 약혼 반지와 같다.

이것은 하나님이 약속하신 것이 다 이루어진다는 뜻이다. "예수를 죽은 자 가운데서 살리신 이의 영이 너희 안에 거하시면 그리스도 예수를 죽은 자 가운데서 살리신 이가 너희 안에 거하시는 그의 영으로 말미암아 너희 죽을 몸도 살리시리라"(롬 8:11). 하나님은 믿음으로 그리스도를 믿는 자들에게 이런 보증을 해주신다.

성경은 우리의 구원을 언급할 때 종종 과거 시제를 사용한다. "우리가 소망으로 구원을 얻었으매"(롬 8:24). 과거를 돌이켜보면 우리가 그분을 믿고, 믿음으로 그분의 약속을 받았던 때를 기억할 수 있다. 그러나 하나님이 성령으로 우리를 성장시키고 성숙하게 하며 거룩하게 하심으로 우리가 여전히 "구원을 받는" 과정(고전 1:18)에 있다는 것 역시 사실이다. 바울은 "너희 구원을 이루라"(빌 2:12)고 말했고, 올바른 결실을 맺으며 삶에서 구원이 구체적으로 실현되도록 주의하라고 했다. "그와 같은 형상으로 변화하여 영광에서 영광에 이르니 곧 주의 영으로 말미암음이니라"(고후 3:18). "우리의 속사람은 날로 새로워지도다"(고후 4:16).

내일 태양이 떠오르듯이 "우리가 그의 피로 말미암아 의롭다 하심을 받았으니 더욱 그로 말미암아 진노하심에서 구원을 받을" 날이 오고 있다(롬 5:9)(구원을 받을 것이라고 미래 시제로 되어 있다). 우리가 이 사실을 확신하는 이유는 하나님이 이미 약속에 대해 지불하신 '보증금' 때문에 결국 우리를 확실히 구원해 주실 것을 알기 때문이다. 하나님이 모든 위험 부담을 책임지고 감당하시기 때문이다.

"무릇 하나님의 영으로 인도함을 받는 사람은 곧 하나님의 아들이라 너희는 다시 무서워하는 종의 영을 받지 아니하고 양자의 영을 받았으므로 우리가 아빠 아버지라고 부르짖느니라 성령이 친히 우리의 영과 더불어 우리가 하나님의 자녀인 것을 증언하시나니"(롬 8:14-16).

하나님은 약속을 지키시는 분이므로, 관건은 우리가 그것을 믿고 받아들이며 그 약속이 이루어질 때까지 흔들리지 않느냐에 있다. 우리에게는 이렇게 하도록 도와주실 성령이 우리 안에 계신다.
그분은 지금부터 영원까지 함께 계실 것이다.

예수님은 나의 주가 되시고 나는 그리스도 안에 있으므로
나는 마음과 삶에 성령의 인치심을 받았습니다.
성령은 무슨 일이 있더라도 나를 버리지 않고
함께하겠다고 하신 예수님의 약속이 성취된 결과입니다.
성령은 나를 돕는 자시며, 상담자시고, 위로자시며,
힘이 되시고, 그리스도 안에 있는 영적인 유업의 보증이시며,
그리스도께서 재림하실 때 성취될 약속의 증표가 되십니다.

* * *

하나님 아버지, 예수님의 이름으로 당신께 나아가 당신이 그리스도 안에서 제게 주신 모든 것에 감사하기를 원합니다. 영광스러운 은혜의 풍성함을 제 삶에 부어 주시니 주님을 찬양합니다. 저의 눈을 열어 당신 안에 있는 유업의 충만함을 알게 하소서. 미래에 대한 불안을 버리고, 당신을 신뢰하며 당신 앞에 나아가 당신이 제게 주신 모든 것을 활용할 수 있도록 도와주소서. 약속하신 성령께서 능력으로 함께해 주시니 감사합니다. 주의 성령을 귀히 여기고, 주의 약속을 믿으며, 어떤 환경에서도 주께 영광을 돌리도록 도와주소서. 예수님의 이름으로 기도합니다. 아멘.

더 깊이 알아보기

벧전 1:5-9 • 요일 2:24-27 • 계 7:1-4

"너희는 말세에 나타내기로 예비하신 구원을 얻기 위하여 믿음으로 말미암아 하나님의 능력으로 보호하심을 받았느니라"(벧전 1:5).

그룹 토의 질문

- 성도의 삶에서 성령은 무슨 일을 하시는가?
- 그리스도 안에서 우리를 인치셨다는 말은 무슨 뜻인가? 언제 이 일이 이루어지는가? 이것이 왜 기뻐해야 할 일인가?
- 어떤 면에서 성령은 예수님처럼 또 다른 '돕는 자'가 되시는가? 어떻게 해서 그분은 약속의 성취가 되시는가?

22장
우리에게는 하늘의 소망이 있고
천상의 집이 준비되어 있다

우리가 이 소망을 가지고 있는 것은 영혼의 닻 같아서 튼튼하고 견고하여
히 6:19

그리스도를 모르는 사람들이라도 이 세상에서 찰나적이지만 행복을 경험할 수 있다. 세속적이고 일시적인 형태지만 사랑과 감사를 표현할 수 있다. 또한 누군가에게 연민을 느끼고 신뢰감을 가지며 인내심을 발휘할 수 있다.

그러나 참된 소망을 누릴 수는 없다.

진정한 소망은 누리지 못한다. 영원하고 참된 소망은 누릴 수 없다.

소망이라는 단어는 **바람**(desire)과 **기대**(expectation)라는 두 단어의 조합을 연상시킨다. 원하지 않는 것을 소망할 수는 없으며, 절대 이루어지지 않을 것이라고 생각한다면 소망을 견지할 수 없다.

세상은 왜곡된 소망을 품는다. 일단, 그들은 하나님이 원하시는 대로 소망하지 않을 때가 많다. 둘째로, 그들의 소망은 불확실하다. 복권에 당첨되기를 바라거나 세상의 문제를 다 해결해 줄 대통령을 뽑기를 바라는 것과 같은 세속적 기대에 더 가깝다. 희망은 멋진 캠페인 문구로 사용되지만, 오직 하나님만이 미래를 보시며, 우주를 다스리시고, 참되고 영원한 소망을 우리에게 보장해 주실 수 있다.

하나님은 우리에게 그리스도 안에 있는 소망을 주신다. 그 소망은 아름답고 의미 있고 변치 않으며 확실한 소망이다.

바울은 "우리가 소망으로 구원을 얻었으매"라고 썼다(롬 8:24). "영생의 소망을 위함이라 이 영생은 거짓이 없으신 하나님이 영원 전부터 약속하신 것인데"(딛 1:2). "소망이 우리를 부끄럽게 하지 아니함은 우리에게 주신 성령으로 말미암아 하나님의 사랑이 우리 마음에 부은 바 됨이니"(롬 5:5).

지상의 누구라도 가질 수 있는 유일한 참 소망이 바로 이 소망이다. 이번 주말이나 올해의 소망과는 차원이 다르다. 이 소망은 별들의 군단을 지나서 영원으로 이어진다. 예수 그리스도 안에 온전히 소망을 둔다면 이런 소망을 가질 수 있다. 그것은 "너희를 위하여 하늘에 쌓아 둔 소망"으로, 값으로 매길 수 없는 축복된 소망이다(골 1:5).

바울이 이미 말한 대로 이전에 우리는 "그리스도 밖에 있었고" 하나님의 권속이 아니었으며 "세상에서 소망이 없고 하나님도 없는 자"였다(엡 2:12). 그러나 이제 "우리의 시민권은 하늘에 있는지라 거기로부터 구원하는 자 곧 주 예수 그리스도를"기다린다(빌 3:20).

그분은 우리를 위하여 한 장소를 준비하고 계신다. 우리가 상상할 수조차 없는 놀랍고 아름다운 곳을 준비하고 계신다. 그리고 다시 오셔서 우리를 불러 모아 데리고 가실 것이고, 그곳에서 우리는 그분과 영원히 함께 살 것이다. 천국에 대한 이런 기대는 진정한 소망을 이루는 매우 핵심적인 요소다.

두려워한다는 것은 뭔가 끔찍한 일이 일어나리라 예상하고 믿는 것이다. 그러나 소망을 가진다는 것은 좋은 일이 일어날 것이라고 더 열렬히 확신하는 것이다. 그것이 사실이기 때문이다. 예수님은 제자들에게 이렇게 말씀하셨다.

> "내 아버지 집에 거할 곳이 많도다 그렇지 않으면 너희에게 일렀으리라 내가 너희를 위하여 거처를 예비하러 가노니 가서 너희를 위하여 거처를 예비하면 내가 다시 와서 너희를 내게로 영접하여 나 있는 곳에 너희도 있게 하리라"(요 14:2-3).

여기서 그리스도의 약속은 신랑이 신부와 영원히 함께 살 거처를 준비하러 돌아가는 심상을 사용하고 있다. 그분은 교회의 신랑이며(마 25:1-13), 우리에게 다시 돌아오겠다고 약속해 주셨다.

그분이 오시면 절대 실망하지 않을 것이다.

"주께서 호령과 천사장의 소리와 하나님의 나팔 소리로 친히 하늘로부터 강림하시리니 그리스도 안에서 죽은 자들이 먼저 일어나고 그 후에 우리 살아 남은 자들도 그들과 함께 구름 속으로 끌어 올려 공중에서 주를 영접하게 하시리니 그리하여 우리가 항상 주와 함께 있으리라"(살전 4:16-17).

잘못이 바로잡힐 것이다. 악이 정식으로 처벌을 받을 것이다. 우리 몸이 새롭게 될 것이다.

성경은 더 이상 슬픔이나 이별이 없을 것이라고 말한다. "모든 눈물을 그 눈에서 닦아 주시니"(계 21:4). 천국에서는 "다시는 사망이 없고 애통하는 것이나 곡하는 것이나 아픈 것이 다시 있지 아니하리니 처음 것들이 다 지나갔음이러라"(4b). 더 이상 지쳐서 탄식하지도 않을 것이다. "여호와여 어느 때까지니이까 나를 영원히 잊으시나이까 주의 얼굴을 나에게서 어느 때까지 숨기시겠나이까 나의 영혼이 번민하고 종일토록 마음에 근심하기를 어느 때까지 하오며 내 원수가 나를 치며 자랑하기를 어느 때까지 하리이까"(시 13:1-2).

로마서 7장에서 "오호라 나는 곤고한 사람이로다 이 사망의 몸에서 누가 나를 건져내랴"(24절)라고 외친 바울의 탄식이 다시는 우리 입에서 나오지 않을 것이며, 생각으로 떠오르지도 않을 것이다. 우리의 죄성으로 인한 마음의 괴로움도 사라질 것이며, 진저리 칠 정도로 싫은 우리의 약점과 유혹에 대한 싸움도 다시는 없을 것이다. 로마서 3장 23절에 나오는 죄를 짓고 "하나님의 영광에 이르지"못해서 우리 발이 걸려 넘어지고 골머리를 앓는 일은 더 이상 없을 것이다.

변화되어 그분과 같이 될 것이다. 우리는 하나님의 자녀이기 때문이다.

"사랑하는 자들아 우리가 지금은 하나님의 자녀라 장래에 어떻게 될지는 아직 나타나지 아니하였으나 그가 나타나시면 우리가 그와 같을 줄을 아는 것은 그의 참모습 그대로 볼 것이기 때문이니"(요일 3:2).

"그는 만물을 자기에게 복종하게 하실 수 있는 자의 역사로 우리의 낮은 몸을 자기 영광의 몸의 형체와 같이 변하게 하시리라"(빌 3:21).

그러므로 그리스도와 공동 상속자이자 하나님이 사랑하시고 아끼는 자녀로서 우리는 오늘 "소망의 풍성함"(히 6:11)으로 쉼을 누리며 삶을 살아갈 수 있다. "믿음과 오래 참음으로 말미암아 약속들을 기업으로 받는 자들"을 본받을 수 있다(12절).

임신한 여성이 태어날 아기의 어여쁜 얼굴을 하루라도 빨리 보고 싶은 기대감으로 설레듯, '결혼 행진곡'을 듣는 한 쌍이 마침내 결혼 생활을 시작하는 순간을 맞이하듯, 모든 믿는 자는 "속량이 가까웠"으므로 오늘 "머리를 들" 수 있다(눅 21:28).

그리스도인들만이 누리는 이런 경험을 가리키는 신학적 용어는 '영화'다. 이것은 우리를 향한 하나님의 사랑만큼 확실하고 우리를 구원하시는 하나님의 사역만큼 확실하다. "또 미리 정하신 그들을 또한 부르시고 부르신 그들을 또한 의롭다 하시고 의롭다 하신 그들을 또한 영화롭게 하셨느니라"(롬 8:30).

아직 이 일이 성취된 것은 아니며 이런 이유로 우리는 이 일을 소망할 수 있다. 그러나 "우리 생명이신 그리스도께서 나타나실 그 때에 너희도 그와 함께 영광 중에" 나타날 것이다(골 3:4).

분명한 확신이 없는 사람들은 이것을 '그림의 떡'이라 부를 것이다. "주께서 강림하신다는 약속이 어디 있느냐 조상들이 잔 후로부터 만물이 처음 창조될 때와 같이 그냥 있다"(벧후 3:4)고 말하는 것이다.

하지만 이들의 말은 틀렸다. 이제 우리는 그리스도 안에서 자신의 정체성을 알고 그분을 통해 얻는 유업을 알게 되어, 갈수록 이 땅에서 더욱 견고해지는 소망의 효과를 지금 경험할 수 있고 하나님의 은혜로 이미 하늘에 있는 이들이 누리는 유업을 지금 누릴 수 있기 때문이다. 그렇다면 이 확실한 소망으로 우리는 어떤 유익을 얻을 수 있는가?

• **소망으로 항상 기뻐할 수 있는 이유가 생긴다.** 그리스도를 통해 아버지와 교제할 수 있게 되었으므로 우리는 "하나님의 영광을 바라고 즐거워" 할 수 있다(롬 5:2). 환경을 보면 낙심하기 쉽지만 우리 마음은 소망의 기쁨을 누릴 수 있다.

• **소망이 있으면 영원의 시각으로 상황을 바라볼 수 있다.** 바울은 "생각하건대 현재의 고난은 장차 우리에게 나타날 영광과 비교할 수 없도다"(롬 8:18)라고 말했다. 장례식장, 병원, 가족 간 갈등, 경제적 걱정과 같은 온갖 문제들로 지금 힘들고 고통스러울 수 있지만 이 문제들은 모두 일시적이다. 우리에게 영구적인 상처를 남길 수도 없고 하나님께서 우리를 위해 하늘에 준비해 두신 보물을 빼앗아갈 수도 없다.

• **소망이 있으면 놀라운 인내력을 발휘할 수 있다.** 다윗은 "내가 산 자들의 땅에서 여호와의 선하심을 보게 될 줄 확실히 믿었도다"(시 27:13)라고 말했다. 우리가 단순히 세상에서 살아남기 위해 싸우고 있다면 우리를 짓누르는 인생의 무게로 결국 무너지고 말 것이다. 그러나 우리 안에 거하시는 성령의 능력으로 우리를 기다릴 영광스러운 영원을 간절히 사모함으로, 우리는 그리스도처럼 우리 앞의 경주를 감당하고 모든 어려운 장애물을 처리할 수 있는 인내를 발휘할 수 있다.

• **소망이 있으면 문제를 해결할 의욕이 생긴다.** 복음으로 인해 우리 소망은 더 이상 우리 자신의 노력과 일에 좌우되지 않는다. 그리스도의 의가 우리의 의이며 우리는 온 생애를 그 의에 의지해서 살아갈 수 있다. 그러나 "주를 향하여 이 소망을 가진 자마다 그의 깨끗하심과 같이 자기를 깨끗하게" 한다(요일 3:3). 주님을 향한 소망과 기대를 가질수록 빈둥거리며 나태해지는 것이 아니라 오히려 "경건하지 않은 것과 이 세상 정욕을 다 버리고 신중함과 의로움과 경건함으로 이 세상에 살고 복스러운 소망과 우리의

크신 하나님 구주 예수 그리스도의 영광이 나타나심을 기다리게"
된다(딛 2:12-13).

　이미 말했듯이 인생은 너무 짧고 영원은 너무 길어서 수증기처럼 허망하게 사라지는 시간을 찰나적이고 무의미한 일에 소모할 틈이 없다. 영원에 대한 소망이 없는 세상은 "한 번 사는 인생이니 원하는 대로 하고 살아라"라고 말한다. 그러나 영원한 산 소망을 지닌 하나님의 자녀는 "한 번 사는 인생이니 우리 하나님의 영광을 위해 우리 인생과 시간을 최대한 선용하자"라고 말한다.
　이 모든 소망이 우리에게 있고, 그리스도께서는 우리 안에서 구원에 필요한 모든 일을 이루어 주셨으며, 우리를 위해 놀라운 일을 준비해 주고 계신다. 이런 주님이 계시고 마지막 심판 때에 받을 상급이 기다리고 있다면 소망으로 어찌 가슴이 벅차오르지 않겠는가? 영원이 걸린 문제인데 어떻게 이 세상에서 경건하게 살지 않을 수 있으며, 그리스도의 영광스러운 복음을 전파함으로 더 많은 사람이 그 안에서 우리가 가진 소망을 발견하고 누리도록 애쓰지 않겠는가?
　우리는 지금 '우리의 신분'과 '가진 소유'와 '앞으로 이루어질 일'로 인해 이전과 완전히 다른 삶을 살아갈 수 있다.

예수님은 나의 주님이시며 나는 주님 안에 있으므로
나는 그리스도께서 곧 오시리라는
확실한 산 소망을 갖게 되었습니다.
그날에 나는 그분의 형상으로 변화되어
새로운 몸을 입게 될 것이며, 나의 구세주와 그분의 성도들과
더불어 영원토록 하늘에서 본향을 누리게 될 것입니다.
나의 아버지께서는 앞으로 이루어질 일에 대한
약속의 보증으로 성령을 주셨습니다.

* * *

하나님 아버지, 예수 안에서 확실한 산 소망을 주심에 찬양과 감사를 드립니다. 제 마음과 생각이 주의 재림을 기대하는 기쁨과 설렘으로 가득하게 해주소서. 저는 영적으로 이미 그리스도와 함께 천국에 앉아 있사오니 그곳에 제 마음을 두게 해 주소서. 성령으로 충만하게 하시고 매일 앞으로 이루어질 일을 기대하며 살게 도와주소서. 제 눈을 열어 주셔서 영원의 시각으로 현재의 환경을 보게 하소서. 인생의 시련을 견딜 힘을 주소서. 저의 가정과 마음과 생활이 지금이라도 준비되도록 도와주소서. 예수님의 이름으로 기도합니다. 아멘.

더 깊이 알아보기
시 31:19-24 • 고전 15:50-58 • 히 10:23-25

"소망의 하나님이 모든 기쁨과 평강을 믿음 안에서 너희에게 충만하게 하사 성령의 능력으로 소망이 넘치게 하시기를 원하노라"(롬 15:13).

그룹 토의 질문
• 세상의 소망과 그리스도의 소망은 어떻게 다른가?
• 우리는 무엇을 소망하는가? 우리가 소망으로 얻을 수 있는 것은 무엇인가?

4부

정체성에 상응하는 삶의 의무

23장
생각이 새로워져야 한다

그러므로 내가 이것을 말하며 주 안에서 증언하노니
이제부터 너희는 이방인이 그 마음의 허망한 것으로 행함 같이 행하지 말라
엡 4:17

    에베소서 전반부를 읽으면 아찔하게 높은 영적 다이빙대에 선 기분이다. 하나님의 광대한 계획과 영원한 목적이 한눈에 들어온다. 나도 그 모든 계획과 뜻의 일부가 될 수 있음을 깨닫고 의기충전하여 도약대에서 날아오른다. 그리고 깊은 그 뜻 안으로 돌진하며 그 경험에 완전히 몰입하게 된다.

    마음이 온통 여기에 빼앗긴다. 날아오를 듯이 힘이 나고 설렌다. 그리스도 안에서 우리 정체성과 아버지께 받은 유업으로 나날이 새로운 것을 발견한다. 이제 그 안 깊은 곳까지 들어와 있다. 우리는 선택함을 받았고 용납하심과 사랑을 받았으며 죄를 용서받았다. 이제 인침을 받고 안전하며 강건하게 되었다. 모든 쓸 것을 풍성하게 공급받는다.

에베소서 4장에 이를 즈음에는 마치 거품에 포근히 안긴 것처럼 수면 위로 떠올라 심호흡을 한다. 이전에는 멀리서만 보았던 이 모든 놀라운 진리들이 이제 사방에 있다. 이런 상태가 참 좋다. 오랜 의심과 두려움에 맞서 이길 수 있다는 자신감이 가득하다. 이런 놀라운 진리들이 부력처럼 수면 아래로 가라앉지 않도록 받쳐 준다. 옛날부터 계속 이곳에 있었던 것 같고 당연히 있어야 할 곳으로 알아왔던 것 같다.

그렇다면 다음에는 무엇을 해야 하는가? 지금 자신이 있는 이 새로운 위치와 이런 감정 상태에서 어떤 후속 조치를 취해야 하는가?

수영을 시작해야 한다.

이제 앞으로 나아가야 할 시간이다. 다음 단락인 에베소서의 후반부를 헤쳐 나가기 위해 정확히 우리가 할 일이 이것이다. 바울은 3장에 걸쳐 우리 구원의 영적 진리 속으로 다이빙한 후 잠시 "우리가 구하거나 생각하는 모든 것에 더 넘치도록 능히 하실 이"(엡 3:20)가 되신 예수님을 예배하는 시간을 가진다. 그런 다음 그는 우리 앞에 놓인 수영장 레인을 바라보며 이렇게 말한다.

"그러므로."

"그러므로 주 안에서 갇힌 내가 너희를 권하노니 너희가 부르심을 받은 일에 합당하게 행하여"(엡 4:1). 바울은 여기서부터 우리의 정체성과 우리에게 주어진 유업에 맞게 그리스도인으로서 우리가 어떻게 살아야 하는지 설명하고 함께 상상한다. 이제 겸손할 수 있고 용서할 수 있다. 신실할 수 있고 기도할 수 있다. 정직하며 도덕적 성결과 성실함으로 흠이 없는 자가 될 수 있다. 오직 하나님이 새로운 정체성으로 우리를 재창조하시고자 감당하신 일 때문에 이 모든 일이 가능하게 되었다.

그러나 이런 삶을 살 수 있게 되었다 하더라도 또한 마땅히 우리는 이런 삶을 살아야 할 의무가 있다. 우리는 이 의무를 행하고 추구해야 한다. 하나님은 그리스도 안에서 우리를 위해 필요한 것을 모두 준비해 주셨다. 우리에게 분에 넘치도록 많은 것을 주셨다. 그리고 이제 그분은 그것들을 사용하기를 바라신다. 잠언에서 묘사한 사냥꾼처럼 사냥감을 잡았지만 게을러서 요리하지 않는 사람이 되어서는 안 된다(잠 12:27). "자기의 손을 그릇에 넣고서도 입으로 올리기를" 괴로워하는 게으른 자가 되어서는 안 된다(잠 19:24).

그러나 에베소서 4-6장에서 소개한 훈련과 삶의 방식을 마치 법조문을 실은 인쇄물처럼 생각해서는 안 된다. 좋은 소식의 기쁨을 무색하게 할 불쾌한 소식처럼 생각해서도 안 된다.

이 실천에 관한 장들에서 논의하는 모든 내용은 인생의 가장 놀라운 축복으로 이어지게 할 추가적 보너스를 담고 있다. 하나님이 우리에게 요구하시는 것은 어떤 경우에도 우리에게 해롭지 않다. 우리는 이런 명령들을 일상 속에서 실천함으로 놀라운 삶을 경험할 수 있다. 우리는 그 삶을 정말 좋아하게 될 것이다.

그러므로 그 명령들을 살펴보도록 하자.

바울은 이 명령들을 매일 입고 벗는 옷처럼 묘사한다. 우리는 옛 옷(더럽고 맞지 않는 옷)은 벗고 새 옷을 입어야 한다. "유혹의 욕심을 따라 썩어져 가는 구습을 따르는 옛 사람(옛날의 자신을 상징하는 부분)을 벗어 버리고 오직 너희의 심령이 새롭게 되어 하나님을 따라 의와 진리의 거룩함으로 지으심을 받은 새 사람(새로운 정체성을 지니면서 입게 된 옷)을 입으라"(엡 4:22-24).

예수님이 죽은 자를 말씀으로 살리신 후 나사로에게 명령하신 내용과 비슷하다. 나사로는 4일 동안 봉해진 무덤에 있었다. 그러므로 그는 무덤에서 부활해 모습을 드러냈을 때 여전히 "족을 베로 동인 채로 나오는데 그 얼굴은 수건에" 싸여 있었다(요 11:44). 예수님은 근처에 있는 사람들에게 "풀어놓아 다니게 하라"고 말씀하셨다(44b). **"나사로야, 그 옷을 벗고 다시 일상으로 돌아가라."**

그리스도 안에서 살아있는 사람도 여전히 이전의 죽은 정체성이라는 옷을 입고 다닐 수 있다. 우리는 언제라도 이 옷을 다시 주워 입을 수 있다. 그러나 왜 이 옷을 입으려고 하는가? 생각해 보자. 옛날에 늘 입고 다녔던 더러운 속박의 낡은 옷, 지독한 불쾌감을 주고 깊은 고통과 상실을 안겨 주었던 옷을 왜 또다시 입으려고 한다는 말인가? 그 옷을 입을 때 우리 모습은 끔찍하다. 더럽고 누추하다. 죽음에 스스로를 내어준 사람들에게는 괜찮을지 모르지만 그리스도 안에서 새 생명을 얻은 우리에게는 좋은 옷이 아니다.

다른 예를 사용하자면 이것은 마치 사용하던 컴퓨터가 바이러스로 인해 문제가 생기고 완전히 망가지는 것과 비슷하다. 더 이상 본래 기능을 하지 않는다. 작동이 안 되고 고장 날 때도 많다. 도움이 되기보다 오히려 방해가 된다. 결국 어느 날 아버지는 새로운 소프트웨어와 운용 체계를 갖추고 혹시 있을 고장에서 파일을 보호하도록 바이러스 방지용 알약을 설치한 새로운 하드 드라이브를 사준다.

바로 이런 것이다. 돈을 이미 지불하고 사놓은 완전히 새로운 하드 드라이브가 언제라도 교체할 수 있도록 상자 속에 들어있다. 그러니 그 상자를 바라보며 앉아 있을 수는 없다. 뭔가 조치를 취해야겠다는 생각이 들 때까지 6개월이나 오래된 컴퓨터 옆에 둘 필요가 없다. 낡은 것은 이제 버리고 새 장비로 바꾸어야 한다.

그러므로 우리는 거짓의 옷을 벗고 진리의 옷을 입는다. 원한의 옷을 벗고 용서의 옷을 입는다. 음란의 옷을 벗고 성결의 옷을 입는다. 우리는 진노의 자녀였으나 이제 하나님의 사랑하는 자녀가 되었다. 옛 정체성을 입고 있었으나 이제 새로운 정체성을 받았다.

에베소서 4장부터는 우리에게 이런 변화가 나타나야 한다. 그러나 우리 안에 가시적인 변화를 기대하기 전에 우리 뇌와 우리 생각이라는 신경 중추에서 먼저 '옷을 벗고 입는' 변화가 일어나야 한다.

성경은 "대저 그 마음의 생각이 어떠하면 그 위인도 그러한즉"(잠 23:7)이라고 말한다. 모든 것이 여기서 출발한다. "육신을 따르는 자는 육신의 일을, 영을 따르는 자는 영의 일을 생각하나니"(롬 8:5). 진정으로 성령의 인도하심을 받는 인생이 되기를 원한다면, 이전과 다른 삶을 살기를 진심으로 바란다면 가장 먼저 마음에 집중해야 한다.

그러므로 자신에게 물어보라. 어떤 유형의 영향력이 생각의 대다수를 차지하는가? 무슨 생각을 하며 시간의 대부분을 사용하는가? 직장 일인가? 뉴스인가? 정치인가? 스포츠? 텔레비전과 영화? 소셜 미디어? 취미? 아니면 돈?

모처럼 바쁜 일이 없어 저녁 시간이 한가하다면 어떻게 그 시간을 보내는가? 무슨 생각을 주로 하는가? 차 안에 혼자 있을 때나 약속 시간까지 40분이 남았을 때 자주 골몰하게 되는 생각은 무엇인가?

바울은 "더 이상 생각의 허망한 것을 따라 살아서는 안 된다"고 말했다. 중요하지 않은 하찮은 일이나 최악의 경우 악한 일에 골몰해서는 안 된다는 말이다. 물론 우리가 하는 모든 생각이 항상 다 나쁘지는 않을 것이다. 그러나 과연 그것이 영구적인 가치가 있는 것인가? 지금 그렇게 시간을 허비할 정도로 진정 가치 있는 일인가? 살날이 두 달밖에 남지 않았다면 계속해서 그렇게 매력을 느낄 일이 얼마나 되겠는가?

"세월을 아끼라 때가 악하니라"라는 바울의 말에 비추어 볼 때(엡 5:16) 바울이 여기서 강조하는 내용은 전혀 중요하지 않은 문제로 생각을 허비하지 말라는 것이다.

그러나 '생각의 허망함'은 이 수준으로 끝나지 않는다. 스스로에게 실제로 이렇게 자문해 보아야 한다. "그리스도 안에 있는 정체성이 우리 생각을 지배한다면 어떤 변화가 생기겠는가?"

우리는 우리 정체성과 일치하지 않는 생각, 다시 말해서 주님이 원하시는 우리의 모습과 일치하지 않는 생각을 벗어 버려야 한다. 모든 신령한 복을 받았음에도 염려와 근심이 가득한가? 하나님이 우리의 모든 죄와 잘못을 다 갚지 않으심에도 분노와 미움으로 마음이 이글거리는가? 하나님이 우리를 크게 기뻐하시며 사랑하신다는 말을 들어도 비관적이고 자기를 정죄하는 생각으로 가득하지는 않는가?

에베소서 1-3장의 말씀대로 주님이 우리에 대해 말씀하신 진실을 지속적으로 확인해야 함에도 이런 식으로 생각하고 산다면 참으로 **허망**하다. 우리에 대한 진실을 계속해 확인하지 않는다면, 우리의 사고 패턴은 과거의 우리 모습을 더 닮아갈 것이다. "우리 육체의 욕심을 따라 지내며 육체와 마음의 원하는 것을" 하던(엡 2:3) 과거와 달라지지 않을 것이다.

새로운 정체성은 새로운 사고방식을 요구한다.

하나님 아버지는 "그 기쁘신 뜻대로"(엡 1:5) 이전의 생활 방식에서 우리를 구속해 주셨다. 이제 그분은 결혼 생활, 관계, 직장, 다른 사람들과의 일상적 상호 교류와 같은 삶의 모든 영역에 대해 "선하시고 기뻐하시고 온전하신 뜻"(롬 12:2)을 가지고 계신다. 이런 각 영역에서 그분의 뜻을 "분별"할 수 있는 비결은 "이 세대를 본받지 말고 오직 마음을 새롭게 함으로 변화를" 받고자 스스로 결단하는 데 있다(롬 12:2a).

스스로의 정체성에 부합하게 올바로 생각한다면, 하나님이 구원하셔서 빚어가실 새로운 사람처럼 살아갈 수 있다.

* * *

주님, 주님이 주신 두뇌를 잘 사용하도록 도와주소서. 주님을 섬기는 데 생각을 온전히 집중하도록 해주소서. 주의 말씀으로 저를 이끌어 주시고 제가 그 말씀을 곰곰이 묵상하며 영혼을 자라게 하는 음식으로 삼게 하소서. 주님께 누가 되는 생각을 할 때 깨닫게 해주소서. 당신이나 저 자신과 다른 사람들에 관해 성경의 진리에 어긋나는 생각을 할 때 그 잘못을 알게 해주소서. 진심으로 주님을 아는 마음을 주소서. 예수님의 이름으로 기도합니다.

더 깊이 알아보기

막 12:28-34 • 골 3:1-3 • 히 8:10-12

"그리스도의 평강이 너희 마음을 주장하게 하라 너희는 평강을 위하여 한 몸으로 부르심을 받았나니 너희는 또한 감사하는 자가 되라"(골 3:15).

그룹 토의 질문

- 정직하게 스스로를 '누구'라고 생각하는가? 자신에 대한 관점이 하나님의 말씀과 일치하는가? 아니면 세상의 관점과 일치하는가?
- 우리의 정체성에 관해 우리 생각을 새롭게 하는 것이 왜 중요한가? 에베소서 4장은 정체성의 변화와 관련해 무엇이라고 가르치는가?
- 옛 생각과 방식을 벗는다는 것은 무슨 의미인가? 그러면 우리에게는 어떤 변화가 일어나는가?

24장
말로 덕을 세워야 한다

> 무릇 더러운 말은 너희 입 밖에도 내지 말고 오직 덕을 세우는 데 소용되는 대로
> 선한 말을 하여 듣는 자들에게 은혜를 끼치게 하라
> 엡 4:29

하나님과 함께하는 여정으로 우리가 다다른 곳은 어디인가? 죽음에서 생명으로 옮겨졌다. 잃어버렸다가 찾았으며, 분리되었다가 가까워졌으며, 원수에서 친구가 되었다. 이방인이었다가 하나님의 사랑하는 자녀가 되었다. 그리스도 안에서 우리 정체성과 우리가 가진 유업을 알게 되면 우리 삶의 모든 부분에 변화가 일어나야 한다.

특별히 우리의 말이 변화되어야 한다!

우리가 입양한 딸을 중국에서 데려올 당시 아이는 중국어밖에 사용하지 못했다. 그러나 새 가정에서 영어를 사용했기 때문에 어렵지 않게 금방 영어를 습득했다. 하지만 더 중요한 것은 하나님의 가족으로서 우리가 사용하는 언어 역시 변해야 한다는 것이다.

우리 삶에 꼭 일어나야 하는 변화다. 우리의 몸에서 혀는 "작은 지체"에 불과하지만 큰 숲을 태우는 작은 불씨처럼 위력적이다. "얼마나 작은 불이 얼마나 많은 나무를 태우는가"(약 3:5).

성경은 "죽고 사는 것이 혀의 힘에 달렸나니"(잠 18:21)라고 말한다. 말은 엄청난 잠재력을 지니고 있다. 진리를 선포하고 찬양하는 용도로 사용될 수도 있고, 큰 기쁨을 선사할 수도 있지만, 심각한 상처를 줄 수도 있다. 한 입으로 축복할 수도 있고 저주할 수도 있으며, 상처를 가할 수도 있고 상처를 치유해 줄 수도 있다. 우리는 누구나 이 사실을 알고 있으며 이런 양면을 모두 경험해 보았다.

그러나 혀에 재갈을 물리지 않으면 하늘 아버지의 은혜와 능력을 효과적으로 드러낼 수 없다. "누구든지 스스로 경건하다 생각하며 자기 혀를 재갈 물리지 아니하고 자기 마음을 속이면 이 사람의 경건은 헛것이라"(약 1:26). 그리스도 안에서 자신의 가치를 제대로 이해하고 하나님이 부어 주시는 비할 바 없는 은혜에 감사하는 사람들은 행동에 변화가 나타날 뿐 아니라 말에도 변화가 나타날 것이다.

그들의 입은 악취 나는 하수구가 아니라 생명의 원천이 될 것이다. 진실이 거짓을 대체한다. 격려와 권면으로 비방을 권좌에서 끌어내린다.

"난 못해"라고 말하기보다 "내게 능력 주시는 자 안에서 내가 모든 것을 할 수 있느니라"(빌 4:13)라고 말한다. 알아주거나 좋아해 주는 사람이 아무도 없다고 한탄하기보다 "나는 하나님의 축복과 사랑을 받는 자녀다"라고 거리낌 없이 말할 수 있다. 하나님께 선택과 용납과 용서를 받은 왕의 대사로서 새로운 정체성의 진리를 반영하는 말을 한다.

마귀는 스스로를 자학하고 낮추는 말을 해야 하나님이 기뻐하신다고 우리를 교묘하게 설득한다. 우리는 늘 실패자로 살았고 죄인이었다고 공개적으로 밝히는 것이 가장 정직하고 진실한 겸손의 실천이라고 믿게 한다. 하지만 이런 자세는 신자로서 진정한 겸손의 자세가 아니다.

우리가 죄를 지은 죄인이라는 말은 사실이다. 하지만 이제 그리스도 안에서 우리는 성도가 되었다. 하나님과 그분의 말씀에 어긋나는 수치스러운 행동을 했지만 이제 그 안에서 용서를 받았다. 그리스도께서 큰 대가를 지불하시고 영원토록 우리를 정결하게 하고 소망과 미래를 주기로 결정하셨다. 그러므로 우리가 여전히 악하다고 말한다면, 스스로 구제불능이며 사랑받을 자격이 없고 능력으로 함께하셔도 아무 일도 할 수 없다고 자학한다면, 그리스도께서 우리를 위해 이루신 사역을 부정하는 셈이며 완전한 거짓말을 하는 것이다.

물론 거짓말은 우리 입에서 깨끗하게 버려야 할 것 중 하나에 불과하다. 에베소서는 여기에 여러 가지를 더 추가한다. "더러운 말"(4:29), "악독과 노함과 분냄과 떠드는 것과 비방하는 것"(4:31), "누추함과 어리석은 말이나 희롱의 말"(5:4). 우리는 이 목록들이 익숙하다. 하지만 그리스도인이 사용하는 필수 사전에 더 이상 포함되어서는 안 되는 말이라는 것을 우리는 모두 잘 알고 있다.

그러나 잘못된 습관을 실제로 이기기 위한 힘은 단순히 스스로 열심히 노력하고 애쓰도록 자신을 다독인다고 결코 생기지 않는다. 그리스도 안에서 인생을 바꾸어 준 놀라운 우리의 정체성, 우리를 위한 그분의 엄청난 계획, 우리를 구원하신 그분의 강력한 목적, 그분의 나라를 위해 일하게 하심을 통해 우리 말의 습관이 바뀌도록 해야 한다. 그것은 우리의 말을 확신에 찬 긍정적인 말, 지혜, 성경적 진리, 축복하고 격려하는 말로 바꾸는 것이며, 이런 말은 우리가 살아서 걷고 말하는 빛의 자녀임을 밝히 드러낸다.

성경은 우리 정체성에 대해 다음과 같은 사실을 알려 준다. "너희가 전에는 어둠이더니 이제는 주 안에서 빛이라 빛의 자녀들처럼 행하라"(엡 5:8). 빛의 자녀들처럼 말하라.

스스로가 믿든지 믿지 않든지 모든 사람은 하나님의 형상으로 만들어졌다고 앞에서 이야기한 적이 있다. 각 개인은 하나님이 사랑으로 세심하게 분명한 뜻을 가지고 창조하신 존재이므로 무한한 가치를 지닌다. 우리는 모두 전능하신 하나님의 형상을 지닌 자들이다.

그런 점에서 말과 관련한 경고가 담긴 신약의 짧은 책인 야고보서가 한 입으로 남에게 유익한 말과 상처를 주는 말을 하고, 남을 비방하는 말과 하나님을 찬양하는 말을 하는 왜곡된 위선을 경고한다는 것은 흥미롭다. 야고보는 이렇게 말한다. "이것으로 우리가 주 아버지를 찬송하고 또 이것으로 하나님의 형상대로 지음을 받은 사람을 저주하나니"(약 3:9).

이 차이를 알겠는가? 사람들의 말하는 방식에 어떤 차이가 있는지 보이는가?

매일 우리가 만나는 사람들은 모두 하나님이 위대한 내재적 가치를 부여한 사람들이다. 그러므로 사람들과 대면할 때마다 상대방이 스스로 존중받고 존귀한 존재라는 느낌이 들도록 말해야 한다. 그들은 나와 마찬가지로 하나님의 형상으로 만들어진 존재다. 그들의 귀와 마음은 우리 입의 배설물을 받아내는 화장실이 아니라 귀하게 여기고 건강하게 서도록 도와야 할 그릇이다.

그러므로 사람들을 만나고 교제할 때는 말로나 행동으로나 하나님이 그들에 대해 말씀하신 진리에 일치하게 대화하도록 각별히 주의를 기울여야 한다.

바울은 "너희 말을 항상 은혜 가운데서 소금으로 맛을 냄과 같이 하라 그리하면 각 사람에게 마땅히 대답할 것을 알리라"(골 4:6)라고 말했다. 단순히 옳은 일이라서 이렇게 하라는 것이 아니다. 이렇게 하는 것이 우리 정체성이나 상대방의 정체성에 부합한 행동이기 때문이다.

하나님이 우리를 그분에게로 가까이 이끄시는 핵심적인 목적 가운데 하나는 온갖 다른 배경과 가치관을 가진 모든 다양한 사람이 하나의 통일된 몸으로 화목하게 지내는 것을 보여 주기 위함이라고 바울은 말한다. "이제는 전에 멀리 있던 너희가 그리스도 예수 안에서 그리스도의 피로 가까워졌느니라"(엡 2:13). 하나님은 사람들 사이에 존재하는 "원수 된 것 곧 중간에 막힌 담을 자기 육체로 허시고"(14절) 서로 원수 된 자들을 그분의 집의 한 지체가 되도록 하셨다.

연합. 하나님은 우리가 서로 하나로 연합되기를 원하신다. 그 스스로 삼위일체로 하나를 이루셨으므로 우리가 그분의 하나 된 자녀로서 연합을 이루는 주체가 되기를 원하신다.

성경을 공부할 때 우리 혀의 올바른 사용법에 관한 하나님의 말씀이 이 하나 됨이라는 주제를 어떻게 강조하는지 눈여겨보라. 하나님이 혀를 올바로 사용하기를 원하시는 이유는 상당 부분 이렇게 해서 형제자매들을 세우고 하나 됨을 이룰 수 있기 때문이다. 연합은 그리스도의 성품을 세상에 증거하는 가장 확실한 방법 중 하나다.

예수님은 "너희가 서로 사랑하면 이로써 모든 사람이 너희가 내 제자인 줄 알리라"(요 13:35)라고 말씀하셨다. 이런 하나 됨은 그 어떤 방법보다 서로에게 말하는 태도를 통해 더 효과적으로 이뤄질 수 있다.

사실인지 모두 직접 시험해 보기 바란다.

바울은 우리 혀의 옷을 갈아입기 위해서는 "더러운 말"을 멀리하고 대신 "오직 덕을 세우는 데 소용되는 대로 선한 말"(엡 4:29)을 해야 한다고 말한다. "누추함과 어리석은 말"이나 "희롱의 말"을 버리고 "오히려 감사하는 말"을 해야 한다(엡 5:4).

남에 대해 험담하고 싶거나 사람들을 깎아내리거나 음담패설을 하고 싶은 유혹을 받는 상황을 생각해 보자.

솔직하게 이런 말을 하는 이유는 무엇인가? 사랑? 아닐 것이다. 보통은 사람들의 주목을 받고 싶거나 남들에게 인기 있고 재미있는 사람이라는 인상을 주고 싶어서 이런 말을 할 것이다. 사람들에게 인정을 받고 싶은 것이다. 이기적인 욕망 때문이다. 남을 세워 주기 위해서가 아니라 스스로를 세우기 위한 것이다. 교만해서이다.

그러나 설령 이런 말로 좌중이 웃었다 해도 결국 무슨 유익이 있었는지 생각해 보라. 실제로 사람들은 당신을 이전보다 덜 존경하게 될 것이고 당신 안에 있는 그리스도를 덜 보게 될 것이다. 하나님의 진리와 사랑의 속성이 자기중심적인 혀에 의해 걸러지게 될 것이므로 이런 식의 말로는 하나님이 영광을 받으실 수 없다.

그러나 하나님의 말씀대로 실천한다면 어떤 일이 벌어질까? 사람들과 대화를 하면서 '감사의 말'을 한다면 어떻게 될까? 누추하고 어리석은 말을 하지 않고 하나님이 그동안 베풀어 주신 일에 감사하는 내용들을 말한다면 어떻게 될까? 혹은 그들과 인생의 여정을 함께하게 되어 감사하다거나, 직장이나 가정에서 함께하게 되어, 혹은 흉금을 터놓고 서로를 알아가며 친구가 될 수 있어서 너무나 감사하다고 말한다면 어떻게 될까? 그들에게 감사를 표현해 보라. 혹은 그들 안에 그리스도의 모습이 보인다고 이야기해 보라. 아니면 그들의 미래에 대해 축복을 빌어 주라.

그러면 그들에게 좋은 인상을 줄 뿐 아니라(음담패설로는 절대 일어나지 않는 일이다), 그들을 세워 주게 될 것이며, 더불어 서로의 관계가 견고해지고 서로의 마음이 더욱 가까워지게 될 것이다. 그들은 당신을 더욱 존경스러운 눈으로 바라보게 될 것이다. 당신은 누구에게서도 듣기 힘들지만 누군가에게 꼭 듣고 싶은 말을 들을 기회를 줄 것이며, 동시에 사랑과 진리와 은혜와 **하나 됨**으로 하나님께 영광을 돌리게 될 것이다.

이제 주제를 바꾸어 보자. 또 다른 이야기가 있다. 에베소서 4장 29절의 "순간의 필요에 맞게"(NASB 번역)라는 구절을 살펴보자. 어떤 대화이든 (어떤 사람과 어디서 대화하는지는 중요하지 않다) 상대방은 항상 어떤 식으로든지 일정한 필요를 지니고 있다. 물리적 필요일 수도 있고 정서적 필요일 수도 있다. 걱정하는 일이 있을 수도 있다. 답을 알고 싶은 질문들이 있을 수도 있고, 위로가 필요할 수도 있다. 상담이 필요하거나 조언이 필요할 수도 있다. 오직 하나님만이 아실 것이다.

함께 대화하고 있는 그 순간, 그들의 마음에 다양한 필요들을 안고 있을 가능성이 있다. 그러므로 대화할 때는 자신이 상대방에게 어떻게 비추어질지에 관심을 집중하지 말고, 그들이 어떻게 지내고 있으며 그들의 상황이 어떤지 물어보는 데 주력하라. 이렇게 질문을 한 다음에는 주의 깊게 들으라. 거의 예외 없이 그들의 대답 속에 한두 가지 이상의 필요들이 드러날 것이다. 하나님의 성령께서는 우리에게 분별력과 공감하는 마음과 지혜를 주셔서 진리와 생명과 사랑을 말함으로 그들의 필요를 채워 주도록 도와주실 수 있다.

어쩌면 가족 중의 한 사람이 최근에 세상을 떠났을 수도 있다. 아니면 중요한 결정을 내리느라 고민하고 있을 수 있다. 당장 스스로의 능력으로는 해결하기 어려운 상황과 씨름하며 여러 가지로 마음에 짓눌림을 받고 있을 수도 있다. 그렇다면 자칫 무의미하고 돌아서면 바로 잊어버렸을 대화를 너무나 소중해서 기억에 영원히 남을, 삶이 달라지는 순간으로 만들 기회가 바로 앞에 있는 것이다.

예수님은 항상 이렇게 행동하셨다. 여인은 갈증을 채워 줄 물을 원했을 뿐이었다(요 4:7). 그러나 그분은 그녀의 필요를 보시고 진리를 말씀해 주셨고 영원히 인생을 바꾸어 주셨다.

언제나처럼 평범했을 대화가 하나님과 대면하는 너무나 소중한 순간이 된다. 진심을 담은 격려의 한마디가, 유사한 경험에서 나오는 진심 어린 공감이, 상대방에 대한 사려 깊은 조언이 모두 순간의 필요에 맞는 반응이다. 자신의 일을 내려놓고 그들의 필요에 대해 함께 기도하는 아름다운 선택, 그것이 바로 빛으로 함께 나아가는 경험이다. 사랑과 하나 됨의 순간이다. 어떤 조언을 해주어야 할지 난감할 수도 있지만 이해한다고, 혹은 마음이 아프다고, 그리고 기도하겠다고 말해 주는 것만으로 충분하다.

이렇게 말로 사랑과 하나 됨을 표현할 때 하나님은 기쁨과 공감의 시간들을 허락하실 것이다. 같은 순간이라도 제대로 처리하지 않으면 언제라도 어리석고 무감각하고 허무한 대화 시간으로 소중한 시간을 날려 버리고 말 것이다. 시간을 낭비하고 공기를 낭비하는 시간이 되어 버리는 것이다. 대신에 서로의 진심을 알아가며 하나님의 영광을 누리고 영혼이 고양되는 아름다운 시간이 될 수도 있다.

예수님은 "사람이 무슨 무익한 말을 하든지 심판 날에 이에 대하여 심문을 받으리니 네 말로 의롭다 함을 받고 네 말로 정죄함을 받으리라"(마 12:36-37)라고 말씀하셨다. 두려운 말씀이 아닌가? 우리가 생전에 했던 말이 하나님 앞에서 다시 반복되어 재생되고 우리를 고발한다면 얼마나 끔찍하겠는가.

그러나 하나님께 과거에 말로 지은 죄를 고백하면 하나님은 미쁘셔서 우리를 깨끗하게 해주시고 용서해 주실 것이다. 우리 말을 성결하게 하여 그분의 진리와 사랑의 무기로 사용하게 해달라고 구한다면 하나님은 그 기도를 들어주실 것이다. 우리 말이 그분 안에서 얻은 우리 정체성과 부합하며, 대화하는 모든 사람에게 하나 됨과 은혜를 베풀기를 원하시는 하나님의 마음을 따라 우리 혀를 사용한다면, 감사하게도 심판의 날에 그 말이 다시 우리에게로 돌아오는 것을 들을 것이다.

해야 할 말을 하고, 하지 않아야 할 말을 하지 않았다고 기뻐할 것이다. 당신은 마음에 사랑과 영원을 품으며 구속함을 받고 변화된 영혼으로, 주님과 사람들에게 진정으로 감사하는 사람으로, 거룩한 입술에서 나오는 새로운 열매로 사람들을 존귀히 여기고 축복하는 자로서 대화했다고 기뻐할 수 있을 것이다. 이것이 우리의 정체성에 걸맞은 모습이다.

* * *

하나님 아버지, 말이라는 선물을 통해 우리 마음을 표현하고 다른 사람의 말을 귀 기울여 들을 능력을 주셔서 감사합니다. 주님, 이 선물을 청지기로서 잘 감당하기를 원합니다. 자신의 자만을 드높이거나 자의적이고 변덕스럽게 이 선물을 사용하지 않고 주의 권위에 복종함으로 사용하기를 원합니다. 저를 통해 사랑으로 진리를 말씀하소서. 주의 복음과 지혜와 지식과 소망을 제 입술로 전하게 해주소서. 이 말의 선물을 주를 높이고 그리스도께로 사람들을 이끌며 인생 여정을 함께하는 사람들을 격려하는 기회로 사용하게 해주소서. 예수님의 이름으로 기도합니다. 아멘.

더 깊이 알아보기

골 3:16-17 • 약 1:26-27 • 벧전 4:11

"나의 반석이시요 나의 구속자이신 여호와여 내 입의 말과 마음의 묵상이 주님 앞에 열납되기를 원하나이다"(시 19:14).

그룹 토의 질문
- 누군가의 말로 심한 상처를 입었거나 반대로 큰 혜택을 누린 때가 있었다면 이야기해 보라.
- 그리스도 안에 있는 우리의 정체성을 알 때 우리 말에 어떤 변화가 일어나는가?
- 구체적으로 우리 입에서 버려야 할 말은 무엇인가? 마땅히 해야 할 말은 무엇인가?

25장
마음이 정결해야 한다

> 하나님의 성령을 근심하게 하지 말라
> 그 안에서 너희가 구원의 날까지 인치심을 받았느니라
> 엡 4:30

우리는 모두 깨끗한 물을 마시려고 한다. 깨끗하게 세탁한 옷을 입으려 한다. 밤에 깨끗한 침대에 깨끗하게 빨아 말린 이불 속으로 들어가 누웠을 때 느끼는 산뜻한 감촉을 좋아한다. 의사에게서 건강에 아무 이상이 없다는 말을 듣기를 원한다.

그러나 이렇게 깨끗한 물이나 옷이나 건강에 대한 이런 기대를 저버리는 일이 하나라도 일어난다면, 가령 물잔에 이물질이 있거나 점심 때 먹은 음식물이 옷에 묻었거나 혈액 검사에서 이상 소견이 나왔거나 하면 갑자기 모든 것이 뒤틀린다. 더 이상 괜찮다고 할 수 없다. 마음이 괴롭다. 낙심이 되고 좌절감이 든다.

하나님이 우리에게 원하시는 삶은 순수한 기쁨과 평화를 누리는 삶이다. 친밀하고 정결하며 한결같고 소통이 지속되기를 원하

신다. 우리는 매일 이런 삶의 특권을 누릴 수 있다. 하나님의 사랑과 용서와 인정하심을 받았음을 알고, 죄책감에서 해방되었으며 그 풍성한 손길로 돌보심을 받고 있음을 알기 때문에 실시간으로 축복을 누릴 수 있다. 어떤 상황에서도 흔들림 없이 확신 가운데 행할 수 있으며 "청결한 마음과 선한 양심과 거짓이 없는 믿음"으로 형언할 수 없는 만족감과 충족감을 누릴 수 있다(딤전 1:5).

하나님을 떠나서는 어디서도 이런 삶을 누릴 수 없다.

이런 삶이 가능한 이유는 우리 안에 내주하시며 충만하게 임재하시고 어려운 환경에 처할 때마다 강력하게 중보해 주시는 성령이 계시기 때문이다. 하나님은 우리가 내주하시는 성령과 함께하며 정결하고 기쁨을 누리는 삶을 살도록 하셨다.

그러나 성령에 대해 알아야 할 사실이 있다. 성령의 구체적이고 특정한 한 가지 속성을 알아야 한다. 성령의 이 속성에 맞추지 않는다면 그토록 알고 누리기를 원하는 매일의 자유는 남의 이야기가 될 것이다.

하나님의 성령은 근심하실 수 있다. 그분은 지극히 거룩하시기에 인간의 죄에 대해 극도로 민감하게 반응하신다. 그러므로 우리 안에 내주하시는 성령이 우리 마음에 꽁꽁 숨겨둔 죄와 함께 공간을 사용하시도록 고집한다면 성령은 매우 힘들어하실 것이다. 괴로워하실 것이다. 근심하실 것이다.

바울은 바로 이런 시각으로 우리 죄를 보기를 원했다. 우리가 죄를 묵인하고 방조하면 죄를 지어도 심각하게 자각하지 못할 수 있고, 우리 안에 죄를 방치한 채 살면서도 전혀 문제의식을 느끼지 못할 수 있다. 그러나 우리에게 주신 성령과 같은 시선으로 우리 죄를 방치하는 것이 얼마나 어처구니없는 짓인지 볼 수 있다면, 우리가 저지르는 잘못을 그렇게 무시하고 가볍게 여기지 않을 것이라고 바울은 말한다.

예를 들어, "거룩함과 존귀함으로"(살전 4:4) 우리 몸을 다스리려 하지 않고 "하나님을 모르는" 사람들과 동일하게 "색욕"에 노예가 되는(5절) 성적인 부도덕에 대해 살펴보자. 성적인 부도덕이 잘못된 것인가? 당연히 잘못된 것이다. 우리는 이것이 잘못임을 알고 있다. "하나님이 우리를 부르심은 부정하게 하심이 아니요 거룩하게 하심이니"(7절). 그러나 우리 자신에게서 이 죄를 볼 때도 끔찍하게 생각하고 멀리하는가? 간절하게 회개하는가? 그런 자신에 대해 근심하는가? 바울은 이런 죄를 보고도 근심하지 않는 사람은 "사람을 저버림이 아니요 너희에게 그의 성령을 주신 하나님을 저버림이니라"(8절)라고 말한다.

그가 무슨 말을 하는지 이해가 되는가? 우리는 성경의 경고나 주일에 목사님의 경고를 듣고도 여전히 하나님과 우리 관계를 오염시키는 죄를 버리려 하지 않을 수 있다. 그러나 우리는 그분의 성령이 우리 안에 거하시며 우리 안에서 근심하신다는 사실을 기억하고 하나님께 짓는 죄가 얼마나 역겹고 불쾌한지 눈으로 확인해야 한다.

고린도전서 6장에서도 이와 동일한 주제를 집중적으로 다루고 있는 것으로 보아, 바울은 우리가 이 사실을 꼭 알아야 한다고 생각한 것 같다. 그는 계속해서 음행을 저지르는 자들에 대해 "너희 몸은 너희가 하나님께로부터 받은 바 너희 가운데 계신 성령의 전인 줄을 알지 못하느냐"(고전 6:19)라고 꾸짖었다.

다시 말해서 하나님의 성령이 다 보고 계시기 때문에 어떤 죄도 성령과 상관없이 지을 수 없다는 말이다. 우리 안에 계시는 하나님의 성령이 우리 죄를 모두 느끼시기 때문에 어떤 죄도 우리의 개인적 문제가 되지 않는다. 우리가 주님의 기준을 위반하면 우리는 슬퍼하지 않더라도, 온유하신 사랑의 성령께서 그 죄들을 슬퍼하시며 근심하신다. 그 죄가 절대 우리를 만족시킬 수 없음을 알고 계시기 때문이다. 성령은 죄에 탐닉하며 만족감을 얻으려 하는 우리를 보실 때 크게 상심하신다.

그러나 그분의 오른편에는 "영원한 즐거움이" 있다(시 16:11). 우리를 향해 활짝 펼치신 그분의 손에는 우리가 그토록 원하는 정결하고 맑은 인생의 모든 축복이 있다. 다만 우리가 단호하게 죄를 배격하고 결코 허용하지 않는다는 조건이 충족되어야 한다. 죄는 장밋빛 미래를 약속하지만 반드시 그 약속을 배반한다.

우리를 이토록 따스한 마음으로 대하시는 그분을 사랑하라.

우리에게도 같은 마음을 주시기를 기도하라.

그리스도를 떠나 있을 때 우리 마음은 컴컴한 어둠 속에 있었고 완악하며 냉담했다. "자신을 방탕에 방임하여 모든 더러운 것을 욕심으로" 행하였다(엡 4:18-19). 그러나 그때 하나님은 이렇게 약속해 주셨다.

"맑은 물을 너희에게 뿌려서 너희로 정결하게 하되 곧 너희 모든 더러운 것에서와 모든 우상 숭배에서 너희를 정결하게 할 것이며 또 새 영을 너희 속에 두고 새 마음을 너희에게 주되 너희 육신에서 굳은 마음을 제거하고 부드러운 마음을 줄 것이며 또 내 영을 너희 속에 두어 너희로 내 율례를 행하게 하리니 너희가 내 규례를 지켜 행할지라"(겔 36:25-27).

이제 우리는 이런 사람이 되었다. 하나님은 우리를 이런 존재로 만드셨다. 정결하고 새로워졌다. 우리 안에 성령이 내주하신다. 새롭게 하루하루를 살아갈수록 우리는 이런 모습으로 계속 변화되어가고 성장해 갈 수 있다.

그러나 또한 이것은 우리가 죄에서 구원받은 후에도 죄가 중대하고 심각한 문제이며 우리 인생에서 한 점도 남김없이 깨끗이 제거해야 하는 이유이기도 하다.

바울은 서로 "불쌍히 여기며"(엡 4:32) 성령처럼 우리 죄나 모든 죄에 대해 특별히 예민한 민감성을 길러서 죄를 해결할 수 있다고 말한다. "하나님이여 나를 살피사 내 마음을 아시며 나를 시험하사 내 뜻을 아옵소서 내게 무슨 악한 행위가 있나 보시고 나를 영원한 길로 인도하소서"(시 139:23-24).

보디발의 아내가 유혹하자 그 손을 뿌리치며 "내가 어찌 이 큰 악을 행하여 하나님께 죄를 지으리이까"(창 39:9)라고 말했던 요셉의 마음을 가지도록 노력해야 한다. 죄를 생각만 해도 혐오감으로 몸서리를 쳐야 한다. 생각조차 하기 싫어해야 한다. 하나님과 그분의 성령에게 절대 죄를 짓지 말아야 한다.

죄에 대해 이런 결연한 태도를 가질 수 있는가? 분명히 가능하다. 우리는 "모든 무거운 것과 얽매이기 쉬운 죄를 벗어 버리고"(히 12:1) 성령께서 우리 앞에 놓아 주신 깨끗하고 맑은 길을 그냥 걸어가면 된다.

마음에 그런 의지가 있는가? 준비가 되어 있는가? 그렇다면 지금 당장 그렇게 해보자. 고백하지 않은 죄, 분명한 "육체의 일", 곧 "음행과 더러운 것과 호색과 우상 숭배와 주술과 원수 맺는 것과 분쟁과 시기와 분냄과 당 짓는 것과 분열함과 이단과 투기와 술 취함과 방탕함과 또 그와 같은 것들"(갈 5:19-21)을 모두 주님 앞에 가져가자. 이런 것들은 우리에게 아무 이로울 것도 유익할 것도 없다. 최악은 우리를 자기 거처로 삼기 원하시는 성령을 근심하게 할 뿐이라는 것이다.

그러나 이런 마음에 품은 죄들을 버리고 성령이 우리 마음에 내주하신다고 생각해 보라. 이 모든 더러운 죄 대신 우리를 진정으로 만족시키고 살릴 수 있는 "성령의 열매"(갈 5:22)가 자리 잡는다고 생각해 보라. "사랑과 희락과 화평과 오래 참음과 자비와 양선과 충성과 온유와 절제"(22b-23), 성령의 이런 열매를 들으면 마음이 더욱 밝아지고 소망이 생기지 않는가? 더 깊은 만족감과 기쁨이 생기지 않는가?

더 정결해지는 것 같지 않는가?

성경은 하나님의 백성인 우리가 도무지 이해할 수 없는 이유로 마른 우물에서, "물을 가두지 못할 터진 웅덩이"(렘 2:13)에서 인생의 갈증을 해소하고 회복을 얻고자 한다고 말한다. 그러나 예수님은 "나를 믿는 자는 성경에 이름과 같이 그 배에서 생수의 강이 흘러나오리라"(요 7:38)라고 말씀하셨다. 요한은 자신의 복음서에서 "이는 그를 믿는 자들이 받을 성령을 가리켜 말씀하신 것이라"(39절)라고 덧붙였다.

지금 그런 사람들 중 한 사람이 바로 정결하고 깨끗한 물을 먹을 수 있는 당신이다. 그런데 한 방울에 불과하다 할지라도 죄의 독극물로 이 우물을 오염시키고 싶어 할 이유가 어디 있겠는가?

그러므로 성령을 근심하게 할 죄가 있다면 모두 마음에서 제거해 버리자. 성령이 근심하신다면 옛 사고방식이나 말하는 방식, 행동 방식, 반응 방식을 모두 버리자. 하나님이 값없이 주신 샘의 물을 마음껏 마시자. 그리고 성령과 함께하는 여정이 지극히 평화롭고 아무 방해물도 없이 자유롭다고 느껴지는지 확인해 보자.

* * *

주 하나님, 오래 참으시며 우리의 작은 호소에도 귀 기울여 주시는 성령께서 우리 안에 내주하게 해주셔서 감사합니다. 저의 죄를 묵인하거나 방치하지 않으시고 죄에서 자유하도록 해주시며 그 모든 고통스러운 대가를 감당하지 않게 해주시니 감사합니다. 스스로 결백하다며 죄를 완강히 부인한 저를 용서해 주소서. 주님과 저를 위한 사랑의 계획을 한사코 거부한 저를 용서해 주소서. 지금 주님 앞에 죄를 고백하오니 치료하고 회복하시는 주의 자비와 저를 온전히 변화시켜 주실 능력을 당신께 받도록 해주소서. 예수님의 이름으로 기도합니다. 아멘.

더 깊이 알아보기
시 51:1-17 • 약 4:4-10 • 요일 3:2-3

"그러므로 너희가 회개하고 돌이켜 너희 죄 없이 함을 받으라 이같이 하면 새롭게 되는 날이 주 앞으로부터 이를 것이요"(행 3:19).

그룹 토의 질문
- 어떻게 우리 마음을 깨끗하게 해야 하는가? 하나님이 우리에게서 제거하기를 원하시는 것은 무엇인가?
- 성령을 근심하게 하는 것은 무엇인가?

26장
성령으로 행해야 한다

내가 이르노니 너희는 성령을 따라 행하라
그리하면 육체의 욕심을 이루지 아니하리라
갈 5:16

성령은 빌립에게 "이 수레로 가까이 나아가라"(행 8:29)라고 명령하셨다.

1세기 교회 지도자 중 한 사람인 빌립은 "일어나서 남쪽으로 향하여 예루살렘에서 가사로 내려가는 길까지 가라"(26절)는 하나님의 갑작스러운 지시에 따라 이미 이곳에 내려와 있었다. 따라서 빌립은 누구보다 먼저 이 수레로 다가갈 위치에 있었다. 이 수레 안에는 고향으로 돌아가고 있는 에티오피아 관리가 타고 있었는데, 그는 특이하게 "선지자 이사야의 글을" 읽고 있었다(28절).

성령은 이 모든 상황을 관리하고, 이제 스스로 그리스도의 제자가 되려고 하는 누군가와 그리스도의 제자 중 한 사람이 직접 만나도록 해줄 유일한 분이었다. 하나님의 지시대로 이어진 두 사람의 만남은 놀랍게도 한 사람의 완전한 변화로 이어졌고, 에티오피아에 복음이 전해지는 계기가 되었다.

그러나 이런 놀라운 일은 빌립이 성령으로 행하며 성령의 음성대로 철저히 복종하면서 이끌리심을 받고, 무슨 지시를 하시더라도 성령께 기꺼이 순종하였기 때문에 일어난 것이다. 성령의 인도하심을 따른다고 하나님의 말씀에 순종해야 하는 우리 의무가 무효화되지 않는다. 하나님의 말씀에 순종할 수 있는 비결이 바로 성령이시다!

성령은 베드로에게 "두 사람이 너를 찾으니 일어나 내려가 의심하지 말고 함께 가라 내가 그들을 보내었느니라"(행 10:19-20)라고 말씀하셨다. 성령의 이 지시를 듣기 바로 직전에 베드로는 기도를 하고 있었고, 이 지시를 들을 때 마침 한 무리의 여행자들이 문을 두드렸다. 고넬료라고 하는 로마군 지휘관의 심부름으로 온 사람들이었다.

역시 성령은 미리 작정해 두신 상황을 관리하고 계셨다. 베드로는 '부정한 사람' 즉 이방인의 집에 가게 될 것이다. 그 이방인은 자신의 배경과 익숙한 논리에 얽매이지 않고 그의 죄를 용서하고 영생을 주시고자 예수님이 이루신 일에 대해 간절히 듣고 싶어 했다. 하나님은 한때 하나님의 가족 밖의 사람들로 취급받았던 고넬료와 모든 이방인이 세상을 위한 그분의 복음 계획에 포함되었음을 선언하고 계신 것이었다. 성령께서는 베드로가 하나님의 말씀대로 순종하도록 인도하시고 힘을 주셨다.

그러나 베드로와 고넬료가 대면할 수 있었던 이유는 베드로가 성령의 인도하심을 받으며, 어디로 그리고 누구에게로 가게 하시든지 순종하여 성령으로 행했기 때문이다.

여기서 우리는 하나님께서 자기 백성을 이끄시는 성경적 방식을 확인할 수 있다. 바로 성령의 인도하심을 받는 것으로, 이것은 그리스도 안에 있는 우리의 유업이자 우리 정체성에 부합하는 방식이다.

슬프게도 오늘날 많은 교회 지도자와 신자들은 성령에 대해 이야기하기를 꺼린다. 혼란을 야기할 행동이라고 생각하거나 비정상적인 사람으로 보일 가능성이 조금이라도 있으면 철저히 몸을 사린다. 또한 극단적일 수 있는 사람과 얽혔다고 생각하면 정반대의 극단적 입장으로 선회한다. 그들 식의 새로운 삼위일체는 성부와 성자와 성경인 것처럼 보일 정도다. 예수님을 따르고 하나님의 말씀에 순종하기를 원하지만 정작 예수님 자신이 성령의 이끌리심을 받았고, 하나님의 말씀이 성령의 이끌리심을 받은 사람들의 손으로 쓰였으며(딤후 3:16), 오늘 여전히 말씀을 "성령의 검"(엡 6:17)이라고 한다는 사실을 기억하지 않는다.

일상의 생활 속에서 성령의 역할을 무시한다면 우리 자신의 힘과 경건의 훈련과 명철에 의지하여 하나님의 말씀에 순종하려고 할 것이다. 하지만 이런 방식으로는 결국 에너지가 고갈될 것이며 수고하더라도 거의 열매를 맺지 못할 것이다.

너무나 많은 목회자들이 성경 말씀을 설교한 후, 말씀대로 순종하기 위해서 "더 열심히 노력하고 더 헌신하라"고 결론을 내린다. "지역 공동체를 섬기고, 그리스도께서 교회를 사랑하신 것처럼 아내를 사랑하며, 배우자에게 충실한 사람이 되기를 원한다면 일찍 일어나 밖으로 나가서 움직이세요. 나가서 행동하세요! 저는 여러분을 믿습니다." 그러나 이것은 마치 엔진을 움직이지 않고 도로로 차를 끌고 나가려는 것과 같다. 모든 게 마음먹기에 달린 것처럼 말이다.

성령은 신앙생활의 엔진이 되어 주신다. 성령은 능력의 원천이시며(행 1:8), 우리가 말씀을 읽을 때 이해하도록 도와주시고 우리가 영적 정체성에 맞게 살도록 도와주실 분이라고 예수님은 말씀하셨다(롬 8:14; 갈 5:18). 성령의 내주하시는 능력이 아니면, 하나님의 말씀과 성령이 함께 파트너십을 이루지 않으면, 하나님께 성실히 행하고 올바로 순종하기란 불가능하다. 나뭇가지 하나가 열매를 맺지 못한 채 땅에 떨어져 있는데 "더 열심히 노력해, 더 잘해 봐, 더 헌신적으로 하란 말이야"라고 말하겠는가? 그렇지 않다. 이런 나무는 생명의 근원인 나무의 몸통에 다시 접붙여 열매를 맺도록 해야 한다.

그리스도 안에 있는 우리 정체성은 성령의 사역과 반복적으로 연결된다. 구원의 복음을 믿고 성령으로 "인치심"을 받은(엡 1:13) 우리는 또한 "성령을 근심하게" 하지 말고(엡 4:30), "성령으로 충만함을" 받으며(엡 5:18), "항상 성령 안에서 기도하고"(엡 6:18), "성령의 인도"하심을 받으며(갈 5:18), "성령을 따라 행하라"(갈 5:16)는 명령을 받았다. 우리는 하나님의 말씀을 받아들이고, 순종함으로 기도하며, 하나님의 성령의 인도하심을 받음으로 말씀대로 순종하는 것을 매일 습관처럼 행해야 한다.

성령으로 충만하게 채워 주시고 인도해 주시도록 구하면 성령은 필요할 때마다 우리 마음을 움직이셔서 그분의 발과 손이 되도록 해주실 것이다. 사랑으로 사람들에게 손을 내밀고, 믿음을 전하며, 필요를 채워 주고, 상대방에게 말씀을 전하며, 선물을 나누도록 해주실 것이다. 반드시 우리 귀에 들리는 음성이 아니라 배려하는 생각이나 소망, 내면의 갈망, 구체적인 방식으로 섬기고자 하는 부추김을 이용하실 것이다. "저 사람에게 가서 말을 걸어봐"와 같은 마음의 속삭임으로 인도하실 수도 있다. 실제로 행동해 보고서야 이유를 알게 되는 경우도 있다. 그러나 성령은 절대 하나님의 말씀에 어긋나는 일을 하시지 않는다. 우리가 성령의 인도하심을 따를수록 우리 마음은 더욱더 그분의 인도하심대로 따라가고 싶어 할 것이다.

성경은 "술 취하지 말라 이는 방탕한 것이니 오직 성령으로 충만함을 받으라"(엡 5:18)라고 말한다. 술에 취하면, 말이나 생각과 행동이 직접적인 영향을 받는다. 마찬가지로, 신앙생활은 성령으로 충만함을 받고 성령의 통제를 받아 말과 생각을 모두 하나님께 복종시키고 그 인도하심에 민감하게 반응하는 것이다. 그분은 두려움의 영이 아니라 능력과 사랑과 절제하는 마음을 주시기 때문이다(딤후 1:7).

우리는 앞으로 나아가도록 성령께서 인도하실 때 앞으로 나아가는 법을 배운다. 멈추라고 말씀하시면 멈추게 된다. 가서 누군가를 다독이고 복음을 전하도록 하시거나, 어떤 모임을 미루라고 하시거나, 재정적으로 궁핍한 사람에게 필요한 도움을 주라고 하시거나, 어떤 사람을 위해 기도하라고 하실 때, 혹은 누군가를 고용하고 누군가는 고용하지 말라고 하실 때 미래를 보시는 그분이 어떻게 해야 최선인지 아신다고 믿고 그대로 따른다.

우리는 성령이 이끄시는 대로 하나님께 순종함으로 가정에서뿐 아니라 사역과 영화 제작과 관련해서 성령이 주신 수많은 기적을 경험했다. 우리를 부추기시는 성령의 재촉대로 순종했을 때 하나님은 너무나 풍성한 축복을 베풀어 주셨다. 이 책 서두에서 소개한 미아 입양 사건이 바로 이런 경우에 해당한다. 하나님은 우리가 피해야 할 일이 있으면 마음에 평안함을 느끼지 못하게 하심으로 혹시 있을 위험이나 잘못된 사업상의 결정이나 관계와 관련된 결정에서 보호해 주셨다(골 3:15).

오늘날에는 이런 성령의 힘을 어떻게 사용해야 하는지 모르는 신자들이 너무나 많다. 성령의 인도하심대로 반응하는 것이 너무나 위험하고 혼란스러울 것이라고 생각한다. 난처하고 곤란한 상황은 물론이고 매우 불안한 상황에 처할 것 같은 생각이 들기도 한다.

성령의 이끌리심을 받아 행동하시는 예수님을 보고 제자들이 바로 이런 식으로 생각했다. '왜 이 사마리아 여인과 이야기를 하십니까? 무리 중에 주를 만진 자가 있다니 무슨 말씀이십니까? 어떻게 세금을 내기를 바라십니까? 스승님을 배신할 자가 있다니 무슨 말

씀이십니까? 예루살렘으로 가서 십자가에 못 박혀야 하시다니 무슨 말씀이십니까?'

공생애 기간 예수님의 행적을 쫓아가 보면 예수님은 성령께서 이끄시는 대로 항상 순종하셨음을 알 수 있다. 세례를 받으실 때 성령으로 충만함을 입으셨고(눅 3:22), "광야에서 사십 일 동안 성령에게 이끌리시며 마귀에게 시험을" 받으셨다(눅 4:1-2). 다음으로 회당에 들어가셔서 "주의 성령이 내게 임하셨으니"(눅 4:18)라는 구절을 읽으셨다. 성령께서 사명을 완수하도록 그를 이끌어 주신다는 말씀이었다. 예수님은 늘 성령으로 행하셨다.

오늘날 우리는 그때와 역사적으로 아주 다른 상황에 있다. 이제 우리에게는 완성된 성경이 있고 우리는 그 기록된 말씀을 따르라는 명령을 받았다. 당연히 그렇게 해야 한다! 지금 우리는 하나님의 말씀에 추가하라고 말하는 것이 아니다. 단지 하나님의 말씀에 순종하는 법에 대해 이야기하고 있는 것이다. 하나님의 말씀은 성령을 따라 행하라고 수차례 명령하고 있다(갈 5:16).

사탄만이 우리 머릿속에 여러 생각을 속삭이듯 주입할 수 있는 유일한 영적 존재인가? 그가 부추기는 생각은 우리를 정죄하고 유혹하는 내용일 뿐이며 악한 생각뿐이다. 그런 상황에 처할 때 우리는 말씀으로 그를 대적해야 한다. 그러나 성령 역시 우리에게 말씀하시지 않는가? 그것도 훨씬 더 선명하게 말씀하시지 않는가? 일상의 여러 관계 속에서 말씀에 순종하는 법을 알도록 도와주시지 않는가?

성령께서 실제로 살아계시고 실존하시며 우리 안에 내주하고 계시다면 우리는 당연히 그분이 우리를 인도해 주시고 어디로 가야 하지 보여 주시리라 기대해야 마땅하지 않는가? 하나님의 뜻에서 벗어나지 않고 그분이 맡기신 일을 이루도록 이끌어 주시리라 기대해야 하지 않는가?

빌립과 베드로는 그렇다고 말할 것이다. 바울도 마찬가지일 것이다. 그는 하나님의 뜻이 아니므로 어떤 지역에서 사역을 "성령이 … 못하게" 하셨다고 말한 적이 있다(행 16:6). 하나님은 말씀을 통하지 않고는 절대 아무 일도 하지 않으신다고 말할 사람들도 있을 것이다. 그러나 하나님은 말씀 안에서 성령으로 자기 자녀들을 인도해 주실 뿐 아니라, 성령의 인도하심을 받으라고 우리에게 가르치신다. 우리는 우리 인생에서 이런 경험을 너무나 많이 하였다.

예를 들어, 영화 〈오버커머Overcomer〉의 촬영을 앞두고 우리는 영화에 필요한 장면을 찍을 수 있는 적당한 병원을 찾기 위해 조지아 콜럼버스로 간 적이 있다. 우리는 성령께서 어디로 가기를 원하시는지 인도해 주시도록 기도하고 구하였다. 적당한 장소라고 들었던 어느 병원에 도착했다. 안으로 들어가자 우리는 임시로 4층을 선택해서 주변을 둘러보고 카메라에 배경이 어떻게 나올지 살폈다. 그리고 스태프에게 앞으로 진행할 일을 알리던 도중에 관리자 중 한 사람과 만남을 가졌다. 그는 "여러분이 다 〈워 룸War Room〉 출신이라지요. 그 영화 정말 좋았어요. 원한다면 이 동을 다 사용해도 좋습니다"라고 말했다. 참으로 놀라운 반응이었다. 기도가 응답된 것이다.

그러나 그것으로 끝이 아니었다.

우리는 까맣게 모르고 있었지만 콜럼버스에 살고 있던 어머니의 여동생인 캐롤 이모가 집에서 기도를 하며 아침 묵상을 하고 있었는데, 주님은 그녀에게 우리가 있던 성 프란시스 병원으로 가 보라고 재촉하셨다. 그녀는 이유를 전혀 모르는 상태였다.

그와 동시에 건너 마을 한 커피숍에서 누군가와 대화를 하고 있던 한 목사님은 일어나 즉시 그 병원으로 가서 교인들을 만나라고 하나님이 말씀하신다는 생각이 들었다. 그는 즉각 자리에서 일어나 병원을 찾았다.

몇 분이 채 지나지 않아 이모가 병원 4층을 찾아왔고 우리는 그녀의 방문에 깜짝 놀랐다. 우리가 대화를 나누고 있는데 다시 엘리베이터 문이 열리고 토마스 목사님이 다가왔다. 우리는 처음 보는 분이었지만 이모는 그를 알아보고 우리에게 소개해 주었다. 더 이상한 일은 토마스 목사님이 원래 병원의 다른 층을 가려고 했지만 주님께서 구체적으로 4층으로 가라고 지시하시는 듯한 강한 느낌을 받았다는 것이다.

그렇게 해서 그날 서로 만날 계획이 전혀 없었던 사람들이 한 자리에 서 있었다. 그러나 이 우연한 만남은 그해 여름 전혀 계획에 없었던 가장 중요한 순간의 하나가 되었다. 우리는 그 지역 공동체에서 중요한 사람을 만났는데 그는 영화를 만드는 데 꼭 필요한 사람이었다. 그날 밤 늦게 그는 우리에게 도움을 주고 싶어 할 다른 목회자들에 대해 말해 주었고, 그들과 리더십 모임을 주선해 주겠다고 선뜻 나서 주었다. 이후로 이 모임은 우리 작업에 긴밀하고 중요한 일을 감당해 주었다. 그는 또한 자신이 시무하는 교회의 건물을 사용할 수 있게 해주겠다고 제안했다. 우리는 이 건물을 영화 제작 사무소로 사용했다. 교회 건물 뒤의 터는 우리가 찍는 영화 장면에 딱 맞는 완벽한 배경이었다.

그 병원 4층의 만남으로 우리는 그 여름 내내 많은 도움을 받았다. 하나님의 성령이 그날 여러 신자들의 마음을 움직이셔서 한시 한 곳에 모이게 하신 것이 아니라면 어떻게 이런 기막힌 '우연의 일치'가 일어날 수 있었겠는가. 우리 중 누구도 알 수 없었고 다만 성령의 인도하심을 받았을 뿐이다. 성령께서 실시간으로 실제 생활 속에서 우리 마음을 움직이시지 않으셨다면 어떻게 그토록 확실한 기도 응답을 받을 수 있었겠는가?

예수님은 "그러나 진리의 성령이 오시면 그가 너희를 모든 진리 가운데로 인도하시리니 그가 스스로 말하지 않고 오직 들은 것을 말하며 장래 일을 너희에게 알리시리라"(요 16:13)라고 말씀하셨다. 그리고 그가 오시면 "그가 내 영광을 나타내리니 내 것을 가지고 너희에게 알리시겠음이라"(14절)라고 하셨다.

감사하게도 그분은 보편적 진리와 원리로 우리를 인도하기 위해 그분의 말씀을 주셨다. 하지만 또한 성령을 주셔서 성경이 우리에게 생생히 살아있는 말씀이 되게 하시고, 우리가 처한 상황 속에서 말씀에 순종하는 법을 알도록 도와주시며, 말씀을 선포하도록 힘을 주시고, 오늘 그분의 인도하심을 따를 때 그 말씀을 실천해야 할 구체적인 곳을 알려 주신다.

신앙생활을 하는 데 있어, 정체성에 맞게 살아가는 데 있어 가장 최악의 방법은 하나님의 뜻을 이루는 데 우리 자신의 지혜와 직관으로 충분하다고 착각하고 우리 육신의 한정된 에너지에 의존하는 것이다.

신앙생활을 지탱할 능력은 성령의 엔진에서 얻어야 한다. 오직 성령의 리더십과 인도하심을 의지할 때에야 여러 상황의 구체적인 현황을 파악하는 데 필요한 일상적 통찰을 얻을 수 있다.

인생을 그리스도께 내어드리고, 예수님께 순종하며, 아버지와 아들과 성령의 이름으로 세례를 받고, 매일 성령으로 충만하게 해주시도록 하나님께 구하기를 바란다. 성령을 근심하게 해드릴 모든 죄를 버리라. 매일 하나님의 말씀 가운데 머물며 무슨 일에든지 항상 기도로 나아가고 성령으로 인도해 주시도록 구하라. 허리띠를 단단히 동여매고 우리 마음을 움직이시고 힘을 주셔서 하나님께 영광을 돌리게 하실 성령께서 우리 안에서 우리를 통해 일하시도록 마음의 준비를 하라.

성령으로 충만하라(엡 5:18).

성령의 인도하심을 받으라(갈 5:18).

성령으로 행하라(갈 5:16).

이렇게 우리는 구원을 받았고 명령을 받았다. 우리는 설레는 마음으로 주신 명령을 감당해야 한다!

* * *

하나님 아버지, 성령을 보내 주셔서 저를 인도해 주시고 주께서 하고 계신 일의 일부를 감당하게 해주시니 감사합니다. 제 마음의 눈과 귀를 열어 주셔서 성령이 하시는 말씀을 깨닫게 해주소서. 어디로 이끄시든지 제 의지와 발이 순종하며 따르도록 해주소서. 내 고집대로 행하며 스스로 주인이 되어서 가고 싶은 대로 갈 때 어떤 일이 생기는지 보았습니다. 주님만이 언제나 제가 있어야 할 곳으로 인도하시며 제가 해야 할 일을 정확하게 하도록 도와주실 수 있습니다. 주를 신뢰합니다. 주를 따르도록 도와주소서. 성령 안에서 행하도록 도와주소서. 예수님의 이름으로 기도합니다. 아멘.

더 깊이 알아보기

행 1:4-8 • 고전 2:10-16 • 고후 3:4-6

"우리가 세상의 영을 받지 아니하고 오직 하나님으로부터 온 영을 받았으니 이는 우리로 하여금 하나님께서 우리에게 은혜로 주신 것들을 알게 하려 하심이라"(고전 2:12).

그룹 토의 질문

- 성령으로 행한다는 것은 무슨 의미인가?
- 성령은 어떻게 우리에게 말씀하시고 인도하시는가? 하나님의 말씀과 그분의 성령은 어떻게 서로 협력하는가?
- 우리 마음을 하나님이 사용하시도록 어떻게 준비해야 하는가?

27장
항상 사랑으로 행해야 한다

사랑을 받는 자녀 같이 너희는 하나님을 본받는 자가 되고
그리스도께서 너희를 사랑하신 것같이 너희도 사랑 가운데서 행하라
엡 5:1-2

하나님은 사랑이시다.

삼위 하나님은 서로에 대해 완벽한 사랑과 하나 됨을 보여 주신다. 언제나 그랬고 앞으로도 늘 그러실 것이다. 그래서 하나님이 인간을 자기 형상으로 만드셨을 때 에덴동산에는 사랑과 하나 됨이 있었다. 하지만 죄와 사망이 세상에 들어오자 증오와 이기심이 모든 인간의 마음에 들어왔다.

세월이 흘러 예수님이 하나님의 살아있고 완전한 사랑의 현현으로 세상에 오셨다. 그분은 아버지의 사랑을 받았고 하나님의 성령으로 충만하였다. 또한 다른 사람들에게 하나님의 사랑을 전하는 걸어 다니는 통로 역할을 하셨다(요 3:16; 롬 5:8; 요 15:9). 그분은 매일 이 사랑을 드러내는 데 관심을 집중하셨다. 아버지의 사

랑을 사람들에게 직접 보여 주셨다. 예수님이 전혀 죄를 짓지 않으신 이유 중의 하나이기도 하다. 그분은 하나님이셨지만 또한 사람들을 사랑하는 데 최선을 다하셨다. 사랑은 남들에게 죄를 짓지 않는 것이다. 사랑은 율법의 완성이다.

이렇게 스스로 사랑을 보이신 그분은 또한 제자들에게 하나님의 사랑의 통로가 되는 법을 가르쳐 주셨다.

"아버지께서 나를 사랑하신 것같이 나도 너희를 사랑하였으니 나의 사랑 안에 거하라 내가 아버지의 계명을 지켜 그의 사랑 안에 거하는 것같이 너희도 내 계명을 지키면 내 사랑 안에 거하리라 내가 이것을 너희에게 이름은 내 기쁨이 너희 안에 있어 너희 기쁨을 충만하게 하려 함이라 내 계명은 곧 내가 너희를 사랑한 것 같이 너희도 서로 사랑하라 하는 이것이니라"(요 15:9-12).

예수님은 아버지의 사랑을 받았고 그 사랑을 그들에게 부어 주셨다. 그런 다음 그분은 그들이 자신의 사랑을 받아들인 후 다른 사람들에게 다시 부어 주기를 원한다고 말씀하셨다.

에베소서 5장에 이르면 '하나님의 사랑을 받는 자녀'인 우리 역시 그분을 '본받는 자'가 되어 어디로 가든지 다른 사람들을 사랑으로 대하며 행하라는 명령을 듣게 된다. 기억하라. 그분은 우리를 사망에서 생명으로 옮겨 주셨고, 우리 마음에 하나님의 사랑을 부어 주는 성령을 주셨으며, 나아가 무한한 자원을 우리에게 주셨다(롬 5:5). 이제 우리는 하나님의 사랑을 끝없이 공급받고 있다. 세상의 모든 사람은 이 사랑을 필사적으로 원하고 필요로 한다. 우리는 이런 영적 자원의 거대한 강이 있으며, 우리가 만나는 모든 사람을 사랑함으로 사랑이신 하나님께 영광을 돌릴 수 있는 놀라운 특권을 부여받았다. 친구나 이웃은 물론이고 원수까지 사랑해야 한다고 예수님은 말씀하셨다.

두 명의 땅 주인이 있다고 생각해 보자. 한 사람은 사막에 집을 짓고 한 사람은 강가에 집을 지었다. 사막에 있는 사람의 땅은 나무도 기를 수 없고 농사도 지을 수 없다. 방문하는 손님이 있으면 모래 말고 나누어 줄 것이 없다. 그는 늘 목이 말라서 손님들이 오면 물을 나누어 주는 것이 아니라 오히려 정반대로 손님들에게 물을 달라고 부탁한다.

반대로, 강가의 땅 주인은 울창한 나무와 아름다운 뜰이 있다. 알곡을 맺는 멋진 들이 있다. 강에서 원하는 대로 생선을 잡아먹을 수 있으며, 찾아오는 모든 사람에게 야외에서 재미있게 즐길 기회를 마음껏 허락할 수 있다. 강을 이용해 전기를 만들고, 정원에서 키운 갖가지 채소와 과일을 아낌없이 나누어 주며, 앞으로도 필요한 물을 원 없이 공급받을 수 있다. 누구라도 방문할 수 있고, 원하는 대로 물을 마시며, 심지어 물통에 물을 길어 집으로 가져갈 수도 있다.

그리스도께 우리 인생을 맡겨 드리면 하나님의 성령은 우리 안의 강물이 되어 주신다. 하나님의 사랑을 풍성하게 부어 줄 강이 되어 주신다. 그분은 믿음으로 이 사랑이 우리 안에 막힘없이 흘러가길 원하시며 만나는 모든 사람에게 하나님의 사랑을 아낌없이 나누어 주길 원하신다.

이런 식으로 상황을 접근하면 많은 일들이 단순해진다. 때로 인생은 기억해야 할 일이 너무나 많은 것처럼 느껴진다. 지켜야 할 교훈이 너무나 많고 변수들도 수없이 많다. 우리의 신앙생활도 이와 유사하게 느껴진다. 우리가 매일 만나는 사람이나 상황에 성경 전체에서 강조하는 지혜를 어떻게 적용해야 할지 궁리해야 하는 것처럼 생각된다. 이렇게 매순간 어떤 일이 옳은지 판단하며 대처해야 한다면 부담감이나 좌절감이 적지 않을 것이다.

그러나 예수님은 이 모든 것을 전심을 다해 "주 너희 하나님을 사랑"하고 "네 이웃을 네 자신 같이 사랑하라"는 명령으로 간단히 요약하셨다(마 22:37-39). 전적으로 동감한다. 아멘이다. 참으로 옳은 말이다. 그러나 그분은 그 말을 듣는 청중이 어떤 규칙을 따라야 한다는 도전을 받을 때 자신들의 실행 목록에 스스로 만든 항목을 추가하고, 자신을 돋보이게 하고 자기 만족감을 더하도록 점검표를 만들 사람들이라는 것을 아셨다.

하지만 사랑에 관한 한 이런 방식은 효과가 없다. 사랑은 이런 식으로 작동하지 않는다.

예수님은 그분을 따르는 사람들이나 친구들과 함께 대화하실 때 완전히 다른 무엇인가를 말씀하셨다. 신앙생활의 핵심을 하나로 요약하셨다. **그 안에 거하라.** 우리를 현재의 모습으로 만드신 분 안에 '머무르라'. "아버지께서 나를 사랑하신 것같이 나도 너희를 사랑하였으니 나의 사랑 안에 거하라"(요 15:9).

그러므로 가정이나 직장이나 다른 어느 곳에서 다른 사람들과 관계를 맺는 법에 대한 답을 간단히 정리하면, 사랑으로 다가가라는 말로 정리할 수 있다. "이 모든 것 위에 사랑을 더하라 이는 온전하게 매는 띠니라"(골 3:14). "무엇보다도 뜨겁게 서로 사랑할지니 사랑은 허다한 죄를 덮느니라"(벧전 4:8). 그러나 실제로 사랑을 실천할 수 있어야 한다. 사랑을 베풀기 전에 먼저 사랑을 믿고 받아야 한다. 하나님의 사랑하는 자녀로서 그리스도 안에 있는 우리 정체성이 우리의 행동에도 그대로 반영되어야 한다. 성령으로 그분의 사랑을 부어 주신 그 강으로 들어가라. 하나님이 우리를 잃었다가 찾은 자로 변화시켜 주신 사랑의 강으로 들어가라. 그리고 사방에서 밀려드는 그분의 사랑에 몸을 담근 채, 가는 곳마다 사람들의 마음에 생명의 원기를 회복시키는 하나님의 사랑을 전달하며 정원의 세찬 호스처럼 사랑이 흘러가도록 하라.

성경은 "계명은 이것이니 너희가 처음부터 들은 바와 같이 그(사랑) 가운데서 행하라"(요이 6)라고 말한다. 예수님이 말씀하신 대로 이 계명을 따라 행하면 된다. "내가 너희를 사랑한 것같이 너희도 서로 사랑하라"(요 15:12).

사랑할 때 **인생의 기쁨과 만족**을 누릴 수 있기 때문이다.

지루하고 단조롭기 그지없다고 생각한 생활이, 혹은 너무나 복잡해서 마음을 짓누르던 삶이 이제 그리스도의 사랑으로 사람들을 사랑하며 매일 성령의 인도하심을 받는 흥미진진한 모험이 된다.

장을 보러 가거나, 드라이브 스루로 햄버거를 사거나, 배우자와 대화를 하거나, 자기 전에 자녀와 대화를 나누거나, 힘든 일이 생긴 동료나 직원을 대할 때 무엇보다 그리스도의 사랑을 보여 줄 좋은 기회로 생각하라.

예수님이 보여 주신 모습이 바로 이런 모습이었다. 그분은 앞에 있는 사람의 필요를 알아차리고 항상 그 순간에 개입하셨고, 그 필요를 채워 주며 그들에게 하나님의 사랑의 온기를 전해 주셨다. 사람들은 예수님과 대면할 때 압도되었다. 예수님은 굶주리고 있는 사람을 먹여 주셨다. 무지하면 가르쳐 주셨다. 지치고 피곤한 사람을 보면 힘을 주고 용기를 북돋워 주셨다. 상처입은 사람들은 위로해 주셨고 병든 사람들은 고쳐 주셨다. 귀신에 사로잡힌 사람들은 깨끗하게 해주셨다.

사랑이라는 한 가지로 무한한 적용이 가능하다.

하나님의 사랑 안에 거하는 법을 배우며 그리스도 안에서 우리를 새로운 피조물로 만들어 주신 그분의 사랑 안에서 쉼을 누릴 때, 바로 그때가 주님께 당신과 당신의 인생을 사용해 사랑이 진정으로 필요한 주변 누군가에게 그 사랑을 전해 주시도록 구할 때다. 우리는 얼굴 표정을 통해서나 진심 어린 격려와 응원이나 섬김을 통해서, 따뜻한 말과 가진 자원을 통해서, 기도를 통해서 그 사랑을 그들의 마음에 흘려보낼 수 있다. 성령께서 누군가에게 예수님의 사랑을 전달하도록 우리 마음을 부추기실 때 민감하게 깨어서 그 순간을 놓치지 않도록 노력하라.

우리 마음에 아무 사랑도 느껴지지 않는다면 그리스도를 실제로 모르기 때문이거나, 앞에서 말했듯이 성령을 근심하게 하고 사랑이 흘러가지 못하게 막는 어떤 일에 집착하고 있기 때문일 수 있다. 에베소서에서 바울은 사랑으로 행하라고 명령하기 바로 직전에 이렇게 말했다.

"하나님의 성령을 근심하게 하지 말라 그 안에서 너희가 구원의 날까지 인치심을 받았느니라 너희는 모든 악독과 노함과 분냄과 떠드는 것과 비방하는 것을 모든 악의와 함께 버리고 서로 친절하게 하며 불쌍히 여기며 서로 용서하기를 하나님이 그리스도 안에서 너희를 용서하심과 같이 하라"(엡 4:30-32).

악독과 용서치 않는 마음은 사랑과 정반대다. 마음으로 누군가를 미워하는 것이나 마찬가지다. 주님은 우리가 그리스도 안에서 모든 죄를 용서받은 것같이 우리 역시 우리에게 죄를 지은 모든 사람을 용서하라고 명령하셨다.

하나님이 다른 사람들에게 그분의 사랑과 은혜와 축복을 부어 주기 위해 당신을 통로로 사용하실 때 어떤 것도 그 통로를 막지 못하도록 하라.

개인적인 이야기를 한번 해볼까 한다(지금 이 글을 쓰는 이는 스테판이다). 〈오버커머Overcomer〉를 촬영하기 앞서 우리는 콜럼버스에서 영화 제작 사무실을 차렸다. 그리고 바로 이어 기획 모임을 가졌다. 사무실에는 여름 한철 동안 도움을 받기 위해 고용한 사람들이 몇 명 있었고 나는 그들에게 안부 인사를 했다.
당시 나는 이 장의 주제와 관련된 성경 본문을 읽고 있었다.

그리스도께서는 우리가 항상 그분 안에 거하며 성령의 인도하심을 받고 다른 사람들을 향한 사랑으로 행하는 법을 찾기를 원하신다는 내용이었다. 그런데 갑자기 난데없이 성령께서 새로운 직원 중 한 사람에게 가서 격려해 주고 응원해 주라고 말씀하신다는 생각이 강하게 들었다. 벡키라는 여성이었다. 나는 그녀를 잘 몰랐고 이 일이 왜 중요한지도 몰랐다.

그래서 그녀가 서류 작업을 다 마쳤을 때 "벡키, 잠시 이야기할 시간이 있나요?"라고 물었다. 나는 복도의 구석진 곳으로 오라고 손짓을 했고 영화 작업에 함께 합류해 준 데 대해 감사 인사를 한 후 바로 "오늘 일하는 데 힘들거나 어려운 일은 없었어요?"라고 물었다.

그녀는 나를 빤히 보더니 슬그머니 시선을 돌린 다음 갑자기 울기 시작했다.

그리고 몇 분 동안 마음의 고통을 토로했다. 주님을 참으로 사랑하지만 최근 몇 개월 동안 흔들리는 믿음으로 너무나 괴로웠다고 털어놓았다. 가정 문제로 힘들고 우울증과도 씨름하고 있다고 말했다. 또 20년간 이어온 결혼 생활이 최근에 이혼으로 막을 내렸고 이혼의 고통을 극복하느라 어려운 시간을 보내고 있다고 말했다. 배우자에게 거부당했다는 생각에 그녀는 자신이 하찮은 사람처럼 느껴진다고 이야기했다.

그녀가 둑이 터진 것처럼 고통스러운 심정을 털어놓는 동안, 성령께서 왜 그녀에게로 나를 이끄셨는지 이해가 되었다. 우리는 그리스도 안에 있는 우리의 정체성과 가치에 관한 영화를 만드느라 그곳에 있었다. 그리고 사무실에서 주님은 우리 팀이 즉각 그 교훈을 적용할 수 있는 상황에 처하도록 하셨다.

나는 이렇게 말했다. "벡키, 첫째로 당신은 남편이 하나님을 믿지 않는 사람이라고 말해 주었어요. 이 말은 누군가를 조건 없이 사랑하는 능력이 남편에게 없다는 말이나 같아요. 그런 능력은 오직 그리스도께서 우리에게 주시는 능력이지요. 둘째, 당신이 하찮은 사람이라는 생각은 사탄이 당신 머리에 주입한 거짓말입니다. 당신의 정체성에 대한 직접적인 공격이지요. 하나님이 당신을 만드셨고 예수님이 당신을 위해 돌아가셨으니까요. 주님은 자신을 버리실 정도로 당신이 존귀하다고 말씀하신 것입니다. 우리 원수가 우리에 대해 잘못 주입하는 거짓말에 넘어가지 말았으면 좋겠습니다."

그녀는 잠시 시선을 내리더니 곧 나를 바라보았다. "바로 오늘 아침에 어떤 이유에선지 가장 먼저 들었던 생각이 바로 '켄드릭 형제들이 나를 좋아하지 않을 것 같다'는 것이었어요."

그녀의 말에 나는 적잖이 놀랐다. 당시 우리는 영화 촬영에 필요한 사전 작업을 겨우 시작했을 뿐이었고, 진행하던 일들로 바빠서 그때까지 사무실에 방문했던 적도 거의 없었다. 나는 이렇게 말했다. "참 흥미롭군요. 사무실로 들어가려고 하자 주님이 '오늘 가서 베키를 격려해 주어라' 하고 말씀하셨거든요. 하나님이 당신을 얼마나 사랑하시기에 이런 말씀을 하시겠어요?"

나는 그녀와 십여 분간 대화를 나누고 함께 기도한 다음 헤어졌다. 그녀와 헤어져 돌아서면서 '주님, 당신은 정말 대단한 분이

시군요. 주님이 누군가를 어떻게 위로하기를 원하시는지 직접 경험으로 알게 하시고 오히려 저를 격려해 주시네요'라고 생각했다. 그리고 1년 후 벡키는 하나님이 그 대화로 자신의 신앙생활에 돌파구가 생기게 하셨다는 것과 하나님이 얼마나 자신을 사랑하시는지 이해하게 되었다고 알려 주었다. 나는 작년에 도움이나 격려가 필요한 상황에 여러 차례 개입하면서 큰 기쁨을 경험했고, 나를 통해 하나님의 사랑을 드러내게 해달라고 기도했다. 이렇게 하면 쓸데없는 스트레스에서 벗어날 수 있고, 더 많은 기쁨을 누리며 훨씬 더 많은 결실을 거둘 수 있다. 이제 나만을 위해 사는 생활로는 절대 돌아가고 싶지 않다.

사랑으로 행하면 어디로 가든지 놀라운 일들을 이룰 수 있다.

하나님은 누구신가? 하나님은 사랑이시다.
당신은 누구인가? 당신은 하나님의 사랑을 받는 사람이다.
매일 우리가 할 수 있는 가장 중요한 일은 무엇인가?
사랑하는 것이다.
가는 곳마다 그 상황을 외면하지 말고
"주님, 주님의 사랑을 받는 제가 여기 있습니다.
어디로 가든지 주의 사랑으로 가득 채워 주셔서 그 사랑을
다른 이들에게 흘려보내도록 해주소서"라고 구해야 한다.
우선 배우자와 가족부터 시작해 보라.
매일 하나님의 임재로 충만히 채우고
가정을 하나님의 사랑으로 가득 채우라.

그런 다음 친구들과 교회와 이웃에게 그 사랑을 베풀고
마지막으로 모르는 낯선 사람들에게도 그 사랑을 전하라.
늘 깨어 준비되어 있으라.
상처입고 고통스러워하는 사람이 어디 있는가?
가서 그들을 위로해 주라.
걱정으로 힘들어하는 사람은 어디 있는가?
가서 함께 기도해 주라.
두려움에 떠는 사람은 어디 있는가?
가서 확신을 심어 주라.
도움이 필요한 곳은 어디인가?
필요를 채워 주시는 하나님을 의지하고 나아가라.
이제 오늘 하고 있던 일을 잠시 두고 일어나
사랑으로 행하는 기쁨을 경험해 보라.
우리는 이런 존재다. 이 이상 더 멋진 삶은 없다!

* * *

하나님 아버지, 당신의 아들을 사랑하시고 그 아들을 통해 세상을 사랑하시니 사랑의 하나님, 당신을 찬양합니다. 저를 구원해 주시고 사랑하는 자녀로 삼아 주시니 감사합니다. 제 마음에 성령을 선물로 주시고 당신의 사랑을 부어 주시니 감사합니다. 주님, 제 인생을 받으시고 충만하게 채워 주시며 어디로 가든지 주의 무조건적이고 희생적인 사랑을 전하는 통로가 되도록 해주소서. 제게 섬기는 종의 마음을 주소서. 교만과 이기심이 죽도록 도와주소서. 제 삶의 모든 죄와 악독을 보이는 대로 모두 버리도록 도와주소서. 저를 사용하여 세상을 변화시키시고, 저의 일을 통해 주의 이름을 영화롭게 하도록 인도하소서. 예수님의 이름으로 기도합니다. 아멘.

더 깊이 알아보기

롬 13:8-10 • 빌 4-7 • 요일 4:18-21

"피차 사랑의 빚 외에는 아무에게든지 아무 빚도 지지 말라"(롬 13:8).

그룹 토의 질문
- 어떤 면에서 하나님의 사랑이 강물과 유사한가? 그리스도 안에서 거한다는 것은 무슨 의미인가?
- 성경의 수많은 계명들을 사랑으로 요약할 수 있는 이유는 무엇인가?
- 우리 삶에서 하나님의 사랑을 막는 요인은 무엇인가?
- 어떤 면에서 용서가 사랑으로 행하도록 도와주는가?

5부

요동치 않고 굳건히 서서
영적 전투에서 승리하라

28장
영적 공격을 당할 때 담대히 맞설 수 있다

하나님의 전신 갑주를 취하라 이는 악한 날에 너희가 능히 대적하고
모든 일을 행한 후에 서기 위함이라
엡 6:13

갑자기 온 세상이 일어나 당신을 일제히 공격하는 것 같은 경험을 한 적이 있는가? 그 일이 며칠이나 몇 주 혹은 몇 개월이고 계속될 수도 있다. 자동차 엔진의 경고등이 들어온 주에 예기치 못한 건강상의 문제로 가족이 충격에 빠지고, 뜻밖의 고지서가 우편함에 들어있고, 과중한 업무량으로 불면의 밤들이 이어지던 것도 모자라, 혼란스러운 문제로 난데없이 관계상의 문제가 폭발한다. 아무 상관도 없는 이 모든 일이 한꺼번에 일어나다니 이상하지 않은가?

이런 위기들이 한꺼번에 닥치는 이유는 많다. 그러나 실제로 에베소서 6장이 "악한 날"이라고 말한 일을 경험하고 있을 가능성을 배제할 수는 없다. 이런 악한 날은 사탄이 우리를 무너뜨릴

목적으로 사방에서 무차별 공격을 하는 때다. 100퍼센트 완전한 영적 음모를 말하는 것이다. 성경이 말하는 정교한 적의 공격은 주기적으로 발생하며 우리는 이런 공격을 늘 예상해야 한다.

그러나 치고 빠지는 작전으로는 충분하지 않을 것을 알기 때문에 사탄은 무서운 독화살로 총공격을 가해 우리로 지쳐서 나가떨어지게 할 작전을 계획한다. 닥치는 어려움이 어떤 기술상의 문제이든지, 건강상의 문제나 재정적인 문제 혹은 관계상의 문제이든지 이런 공격은 일반적인 수준을 벗어나며, 우리의 지갑이나 일정 혹은 안정된 직장보다 훨씬 더 핵심적인 부분을 타격하는 데 목적이 있다.

사탄은 하나님의 자녀들을 미워한다는 사실을 기억해야 한다. 예수님은 사탄이 훔치고 죽이며 파괴하러 온다고 말씀하셨다(요 10:10). 우리는 하나님의 형상으로 만들어졌고, 그분의 아들로 구원을 받았으며, 그분의 성령이 함께 내주하며 하나님의 영광을 위해 살아야 하는 존재이므로 사탄은 우리의 등을 노리고 전쟁을 선언한다. 그러므로 이런 일은 개인적인 문제로 생각해서는 안 된다. 가문 간의 대립이며 우리는 상대편 가문의 매우 사랑받는 자녀다.

사탄이 노리는 것은 무엇인가? 사탄은 우리 기쁨을 훔치고, 믿음을 빼앗으며, 우리의 도덕성을 무너뜨리고, 궁극적으로는 믿음의 대열에서 이탈하게 만들기를 원한다. 우리 정체성에 대한 인식을 무너뜨리려고 할 것이다. 우리의 믿음이 뿌리를 내리고 하나님과 교제가 이루어지는 마음과 생각의 사령부인 내면의 가장 심층

부를 노릴 것이다. 우리 마음에 의심과 기만과 불안을 심어 주기 위해 사용할 수 있는 수단을 모두 동원해서 자포자기하고 싶게 만들 것이다. 하나님의 선하심과 사랑에 대한 믿음에 회의를 품게 하고, 성경이 우리에 대해 말하는 사실을 의심하게 할 것이다. 그리고 이 싸움에서 이기든 지든 다시 돌아와 공격을 가할 것이다.

그러나 꼭 명심해야 할 사실이 있다. **우리는 틀림없이 이길 수 있다는 것이다.** 철저히 이런 공격에 대비할 수 있다. 전면 공격을 받더라도 우리 하나님의 불변하시는 성품과 그리스도 안에서 우리가 끝없이 공급받는 자원으로 인해 끝까지 견고히 서서 진군할 수 있다. 우리 자신의 힘이나 무술 실력, 혹은 보급품을 의지하지 않는다. 우리 안에는 하나님의 성령이 함께하시고, 우리 손에는 하나님의 말씀이 들려 있으며, 우리 양쪽에는 우리를 보호해 주시는 아버지와 승리하신 주님이 서 계신다.

예수님이 이미 십자가로 적을 무장해제시키셨고 적의 총에서 탄환을 제거해 두셨다(골 2:13-15). 사탄은 지금 총알이 장전되지 않은 총으로 우리를 겨누고 있다. 그러므로 다음 공격을 받을 때 우리는 정면으로 그를 바라보고 그의 허세를 꿰뚫어보며 '견고히 자리를 지키고 서서' 대항해 싸울 수 있다.

구약의 욥 이야기는 사탄이 의인의 인생을 파멸에 이르게 할 수 있음을 보여 준다. 사탄은 일순간에(욥 1:13-19) 욥의 인생을 나락에 빠뜨렸다. 조직적으로 잇따라 욥을 공격했다. 강도들이 나타나 들판에서 욥의 가축들을 빼앗아 갔다. 양의 우리에서 불이 나서 온 양 떼가 죽고 일꾼들도 일부 죽었다. 최악은 큰 바람이 장남의 집을 쳐서 함께 모여 식사를 하던 자녀들이 모두 사망한 일이었다. 집이 통째로 무너져 자녀들이 깔려 죽었다. '악한 날'이었다.

욥의 인생에서 최악의 순간이었다. 이 모든 사건은 우연히 일어난 사고처럼 보였다. 그런데 정말 단순히 사고일까? 우연히 일어난 일일 뿐일까? 변덕스러운 날씨 때문일까? 그렇지 않다. 성경은 이런 구체적인 공격이 전략적이며 사탄이 미리 계획해 조직적으로 일어난 일이라고 말한다(욥 1:9-12). 사탄에게는 욥이 신앙을 버리고 이런 비극을 허락하신 하나님을 비난하며 면전에 대고 하나님을 저주하게 하겠다는 분명한 목표가 있었다.

그러나 먼지가 가라앉자 욥은 비통한 가슴을 부여잡고 땅에 엎드렸고 놀랍게도 사탄이 원했던 것과 정반대 행동을 했다. 욥은 고통 중에 하나님을 예배하며 "주신 이도 여호와시요 거두신 이도 여호와시오니 여호와의 이름이 찬송을 받으실지니이다"(욥 1:21)라고 말했다.

사탄은 1라운드에서 지고 말았다. 그래서 그는 공격 수위를 더 높여 욥의 건강을 공격했다. 그러자 욥의 부인이 남편에게 와서 그를 조롱하며 "하나님을 욕하고 죽으라"(욥 2:9)고 비웃었다. 어떻게 이런 대사를 하게 됐는지 궁금하지 않은가? 그녀의 저주는 정확히 사탄이 욥에게 바라던 반응이었다. 그러나 사탄은 2라운드에서도 패배했다. 대체로 사탄은 욥의 재물과 자녀와 건강, 그리고 아내를 이용해 욥의 마음을 무너뜨릴 허점을 찾으려 했고, 마지막으로 그의 친구들을 동원해 그를 정죄했다.

하지만 사탄은 모든 공격에서 패배했고 그의 계획은 완전히 수포로 돌아갔다. 온 천지가 욥을 대적하여 일어섰지만 그는 하나님을 끝까지 붙들었다. 이런 그의 모습은 십자가의 예수님과 매우 흡사하다. 욥은 "그가 나를 죽이시리니 내가 희망이 없노라 그러나 그의 앞에서 내 행위를 아뢰리라"(욥 13:15)라고 말한 후 "내가 알기에는 나의 대속자가 살아 계시니"(욥 19:25)라고 말했다.

욥은 그 모든 싸움에 흔들리지 않았다. 우리도 그렇게 할 수 있다. 사탄이 어떤 공격을 하더라도 우리를 완전히 무너뜨릴 정도의 위력은 발휘할 수 없다.

그러나 우리는 사탄이 이런 작전을 포기한 것이 아님을 알고 있다. 신약에서 베드로는 사탄에 대해 "우는 사자 같이 두루 다니며 삼킬 자를 찾나니"(벧전 5:8)라고 묘사한다. 오늘날도 그는 가정에서나 지역 공동체에서나 교회와 가족 주변에서 여전히 이 일을 계속하고 있다. 그나 그의 수하들이 어슬렁거리며 우리 주변을 맴돌고 있다. 언제라도 틈만 보이면 공격할 태세로 다니고 있다. 우리 평화를 깨뜨릴 최적의 기회를 엿보고 있다. 우리에게 가장 취약한 순간을 노릴 것이다. 완전히 지쳐 있거나 화가 나 있을 때, 두려워할 때, 외로워할 때를 노릴 것이다. 아니면 긴장이 풀어져 방패를 내리고 경계를 게을리하며 방심할 때를 노릴 것이다.

지금 그것을 스스로는 모를 수도 있다. 오늘은 더없이 화창한 날일 수도 있다. 괜찮다. 즐기고 누리라. 인생이 형통할 때는 사탄이 어떤 음모를 꾸미고 있을지 경계심이 느슨해질 수 있다. 과도하게 걱정하거나 염려할 필요는 없지만, 그렇다고 순진하게 기만을 당해서도 안 된다.

베드로는 사탄이 호시탐탐 기회를 노리고 있음을 알고 "근신하라 깨어라"(벧전 5:8)라고 말했다. 사탄은 때를 기다리며 음모를 꾸미고 있다. 그가 원하는 대로 우리가 방심하고 있다면 (아마 오만해서 우쭐거리거나 남의 고통에 무감각하거나 경계심이 풀려 있을 것이다) 가장 효과적이라고 생각하는 순간에 교묘하게 혹은 갑작스럽게 기습 공격을 가해 올 것이다.

구체적으로 어떤 방법을 쓸 것인가? 때에 맞는 유혹일 수도 있다. 때로 우리 생각이 거짓에 흔들리게 하거나, 결혼 생활에 갈등을 일으키거나, 손실과 상실에 대한 낙심과 우울함을 불러일으키는 무기를 사용하기도 한다. 혹은 구약의 느헤미야의 이야기에서 보듯이 때에 맞춘 태만을 무기로 쓸 수도 있다.

느헤미야가 예루살렘 성벽 재건 작업을 주도하고 있을 때 그는 가장 중요한 사명을 태만히 하도록 끊임없이 유혹을 받았다. 세속의 욕심에 눈먼 사람들이 끊임없이 재건 일정을 방해하며 관심을 다른 곳으로 유도하려고 시도했다. "예루살렘으로 가서 치고 그 곳을 요란하게 하자"(느 4:8)고 모의하는 날도 있었다. 어떤 때는 동족들이 크게 부르짖으며(느 5:1) 경제적 불의를 하소연하는 일이 벌어지기도 했다. 그의 신체를 해하지 못한다면 그의 적들은 중요한 모임에 참석할 것을 요구하며 느헤미야의 진행을 방해하려고 했다(느 6:1-4). 그리고 그날 사람들은 "다 우리를 두렵게 하고자 하여 말하기를 그들의 손이 피곤하여 역사를 중지하고 이루지 못하리라"는 소문을 내기도 했다(느 6:8-9).

이런 일을 당할 때마다 '악한 날'이 이르렀다고 생각할 수 있었다. 그러나 느헤미야는 굴복하거나 포기하지 않았다. 기도로 도움을 구했고, 백성들의 마음을 하나로 모으고 그를 정죄하는 자들의 말과 긴급한 일이 있다는 거짓말을 일축한 채 성벽이 완성될 때까지 임무에 집중했다. 사탄은 계속해서 전화를 걸었지만 느헤미야는 그의 전화를 받지 않았다.

다른 일로 관심을 유도하는 공격은 사탄이 전매특허처럼 사용하는 전략 중 하나다. 끊임없이 성가시게 하고 방해해서 소명에 집중하지 못하게 한다. 사탄의 이런 공작을 피부로 실감한 적이 있는가? 자각한 적이 있는가? 표면적으로 보면 본질에 집중하지 못하게 하는 이런 작전이 그냥 인생이 불공평해서 생긴 일처럼 보일 수도 있다. 혹은 놓쳐서는 안 되는 중요한 기회로 보일 수도 있다. 비록 이런 부차적인 일에 매달리다가 하나님의 중요한 일을 멀리하게 되는 상황이 벌어진다 하더라도 꼭 붙들 가치가 있는 기회처럼 보일 수 있는 것이다(눅 10:41).

이런 일로 좌절을 겪을 때 우리는 자연스럽게 관련된 사람들을 탓하는 식으로 반응할 수 있다. 마음을 다른 데로 빼앗기게 한 사람들은 바로 그들이다. 당신이 화가 난 사람들은 바로 그들이다. 주변의 지극히 세속적인 인간들이 문제라고 생각할 수도 있다. 그리고 하나님은 그 사람들이 그런 방해를 하지 못하게 막아 주실 수도 있었지만 그렇게 하시지 않았다.

사탄이 실제로 다른 사람들의 생각에 잘못된 생각이나 악의적인 억측, 혹은 당신에 대한 가차 없는 비난을 심어 줄 수 있는가?

당연히 가능하다. 사탄이라는 단어는 '참소자'라는 뜻이며 거짓된 참소가 그의 전문이다. 유다가 예수님을 배신하도록 부추긴 사실을 기억하라(요 13:2). 사탄은 자연계를 움직일 힘이 있는가? 욥기를 읽어 보라. 사탄이 재앙과 질병을 일으킬 수 있는가? 욥의 경우에는 이렇게 했다. 그렇다고 모든 어려움의 배후에 사탄이 있다거나 사탄이 모든 질병을 일으킨다는 뜻은 아니다. 모든 어려움의 배후가 사탄은 아니다. 하지만 성경은 늘 그의 계략을 경계하고 방심하지 말라고 말한다(고후 2:11).

개인적인 경험이지만 우리는 기독교 영화를 만들 때마다 '때맞추어' 이해하기 힘든 이상한 일이 생기는 경험을 했다. 〈파이어프루프Fireproof〉라는 영화를 찍을 때에는 우리 부부 관계에 이상한 문제가 생기기 시작했다. 〈용기와 구원Courageous〉을 제작하려고 할 무렵에는 아버지가 머릿속에서 하나님을 모욕하는 음성을 듣기 시작했다. 난데없이 병에 걸리기도 하고, 불길하고 심각한 억압이나 배신, 직원들 간에 불화, 영화 제작에 집중하지 못하게 하는 이해하기 어려운 사건들이 때맞추어 일어났다.

"우리의 씨름은 혈과 육을 상대하는 것이 아니요 통치자들과 권세들과 이 어둠의 세상 주관자들과 하늘에 있는 악의 영들을 상대함이라"(엡 6:12)라는 말씀을 보라. 문제의 실제적 근원이 있다. 하지만 사탄이 전략적인 도구로 이용하는 사람들이 문제의 실제적인 근원은 아니다. 예수님은 유다를 적으로 대하지 않으셨다.

이런 일의 배후에는 살아있는 강력한 적이 있다. 그는 공포라는 술책으로 위협하여 스스로 약하다고 믿게 만드는 작전을 좋아한다. 너는 도저히 할 수 없을 거라고, 너는 이 일에 부적격자라고 마음속에 속삭인다. 하나님께 배신당하고 버림받았다고 생각하기를 바란다. 하지만 하나님은 한순간도 우리를 버려두시거나 사랑을 거두어들이신 적이 없다.

한번 생각해 보자. 우리는 어느 때보다 잘 준비되어 있다. 자신의 정체성에 대한 더 새롭고 진정한 이해라는 "전신갑주"를 입고 있다. 그리스도께서 주신 "악한 날에 능히 대적"할 수 있는 수단을 갖추고 철저한 정신으로 준비되어 있다.

이런 사탄의 공격을 당할 때 공포에 질리거나 두려워서 도망가서는 안 된다. 위축될 필요도 없다. 그냥 기도로 그리스도의 몸을 하나로 집결시키고 굳게 서서 하나님의 말씀을 선포하며 사랑으로 주위 사람들에게 진리를 전한 다음 하나님께서 주신 말씀에 순종하라. 그리고 믿음으로 계속 진군하며 하나님이 위임하신 사명에 순종하라. 느헤미야여, 성벽을 세우라! 사탄이 우리를 노릴 때 굳건히 서서 주님을 붙들며 어떤 고통 속에서도 하나님을 높이라. "악에게 지지 말고 선으로 악을 이기라"(롬 12:21).

하나님은 우리를 "함께 일으키사 그리스도 예수 안에서 함께 하늘에" 앉히셨다(엡 2:6). 상상 가능한 모든 곳에서 맹렬한 공격을 받을 때라도 우리 인생은 "그리스도 예수 안에서 우리에게 자비하심으로써 그 은혜의 지극히 풍성함을 오는 여러 세대에 나타내려" 할 수 있다(엡 2:7).

여생 동안, 주님과 동행할 때 우리는 언제까지나 굳건하게 나아갈 수 있다. 이는 우리가 그분의 자녀이자 그분의 소유이기 때문이며, 우리에게 주신 선물이 있고, 우리 안에서 큰 능력으로 살아 역사하시는 분이 계시기 때문이다.

* * *

하나님 아버지, 두려워하는 영이 아니라 능력과 사랑과 근신하는 마음을 주셔서 감사드립니다. 그리스도 안에서 저의 정체성으로 적의 공격에 맞서 싸울 힘을 얻게 해주셔서 감사합니다. 끝까지 저를 사랑하시고 절대 떠나지 않겠다고 약속해주셔서 감사드립니다. 제가 적의 공격을 분별하도록 도우소서. 하나님의 전신갑주를 입고 주의 말씀에 대한 확신으로 굳건히 서게 하시며, 모든 영적 싸움에서 기도로 승리하게 하소서. 머리로 주를 바라보며, 눈은 항상 깨어있게 하시고, 마음이 주의 음성에 주파수를 맞추는 가운데 진리로 행하도록 준비시켜 주소서. 주께서 이미 이기셨고 주의 성령께서 제 안에 거하고 계십니다. 예수님의 이름으로 기도합니다. 아멘.

더 깊이 알아보기

요일 5:18-20 • 벧전 1:5-7 • 유 24-25

"하나님께로부터 난 자는 다 범죄하지 아니하는 줄을 우리가 아노라 하나님께로부터 나신 자가 그를 지키시매 악한 자가 그를 만지지도 못하느니라"(요일 5:18).

그룹 토의 질문

- 사탄은 욥을 어떻게 공격하였는가? 사탄이 욥을 공격한 이유는 무엇인가?
- 사탄은 어떤 다른 방법으로 우리를 공격하는가? 그리스도 안에 있는 우리 정체성이 사탄의 공격에 대비하는 데 어떤 도움이 되는가?
- 사탄의 공격을 받을 때 우리는 무엇을 해야 하고 무엇을 유념해야 하는가? 이 일에 하나님의 말씀이 열쇠인 이유는 무엇인가?

주 안에서 강건하십시오
(고린도후서 6장 2-10절을 참고해서 구성한 사도 바울과의 인터뷰)

- 지금 어떤 어려움을 겪고 계십니까?

  많이 견디는 것과 환난과 궁핍과 고난과 매 맞음과 갇힘과 난동과 수고로움과 자지 못함과 먹지 못함 가운데 있습니다.

- 이런 극심한 어려움 속에서 어떻게 해야 흔들리지 않고 강건하게 믿음을 지킬 수 있습니까?

  깨끗함과 지식과 오래 참음과 자비함과 성령의 감화와 거짓이 없는 사랑과 진리의 말씀과 하나님의 능력으로 의의 무기를 좌우에 가지고 있으면 됩니다.

- 이런 극도로 어려운 상황에서, 그리스도 안에서 우리 정체성과 우리가 가진 유업은 하나님을 위해 굳건히 서는 데 어떤 도움이 됩니까?

  (이 땅에서) 우리는 속이는 자 같으나 (그리스도 안에서) 참되고
  (이 땅에서는) 무명한 자 같으나 (그리스도 안에서는) 유명한 자요
  (이 땅에서는) 죽은 자 같으나 보라 (그리스도 안에서는) 우리가 살아 있고
  (이 땅에서는) 징계를 받는 자 같으나 (그리스도 안에서는) 죽임을 당하지 아니하고
  (이 땅에서는) 근심하는 자 같으나 (그리스도 안에서는) 항상 기뻐하고
  (이 땅에서는) 가난한 자 같으나 (그리스도 안에서는) 많은 사람을 부요하게 하고
  (이 땅에서는) 아무 것도 없는 자 같으나 (그리스도 안에서는) 모든 것을 가진 자라는 사실을 알고 기억하게 됩니다.

29장
유혹을 받을 때 승리할 수 있다

> 사람이 감당할 시험 밖에는 너희가 당한 것이 없나니 오직 하나님은 미쁘사
> 너희가 감당하지 못할 시험 당함을 허락하지 아니하시고 시험 당할 즈음에
> 또한 피할 길을 내사 너희로 능히 감당하게 하시느니라
> 고전 10:13

하나님은 죄의 위험성에 대해 경고하시기 위해 실제로 유혹을 받았던 이들의 여러 사례를 소개해 주셨다. 이런 사례들은 성경의 복도에서 심심찮게 맞닥뜨릴 수 있다. 하나님의 말씀에서 상당한 지면을 차지하는 거의 모든 성경의 인물들이 이런 저런 유혹으로 씨름하는 모습을 보여 준다.

그러나 이 사례들 중 세 가지는 매우 중대한 이야기다. 그중 두 이야기는 거대한 실패로 이어지고 세 번째 이야기는 놀라운 승리로 끝난다.

첫 번째는 아담과 하와의 이야기다(창 3:1-7). 이 세 이야기를 살펴보면, 적은 **기만**이라는 작전을 공통으로 사용한다. 기만 작전은 옛날 못지않게 오늘날에도 효과적이다. 우리는 적의 이 작전을

예상할 수 있고, 그 본질을 파악함으로 작전에 대비할 수 있다. 기만이란 본질적으로 하나님의 정체성을 공격하는 은밀하면서도 강력한 작전이다.

"하나님이 참으로 너희에게 동산 모든 나무의 열매를 먹지 말라 하시더냐"(창 3:1). 이 말은 성경에서 우리가 처음으로 듣는 사탄의 대사이며, 최초의 남자와 여자가 하나님의 사랑과 선하심에 의문을 품도록 유도하는 질문이다. 실제로 하나님은 그들에게 "동산 각종 나무의 열매는 네가 임의로 먹되"(창 2:16)라고 말씀하셨고, "선악을 알게 하는 나무의 열매"(17절) 단 한 가지만 금하셨다. 그 나무의 열매를 먹으면 그들이 죽을 것을 아셨기 때문이다. 그러므로 사실 하나님은 온 동산의 식물들을 마음껏 먹을 수 있도록 아낌없이 배려하신 셈이었다. 금령을 주실 때에도 그들을 보호하고 그들의 안녕을 바라는 아버지의 마음으로 하셨다. 지금까지 보았듯이 하나님은 바로 이런 분이다. 우리에게 아낌없는 축복을 베푸시며 우리 스스로 상처입지 않도록 보호하기를 원하시는 분이다.

그러나 우리 마음 한편에는 이것이 정말 사실인지, 하나님이 정말 이런 분인지 의심하는 마음이 있다. 창세기 3장에서는 사탄이 오늘날 우리를 시험할 때처럼 하와를 시험하는 장면을 볼 수 있다. 하나님에 대해 착각하고 있었던 것은 아닌지 의심하게 하는 것이다. 뱀의 말대로라면 금단의 열매에는 다른 진실이 숨어 있었다. "너희가 그것을 먹는 날에는 너희 눈이 밝아져 하나님과 같이 되어 선악을 알 줄 하나님이 아심이니라"(창 3:5).

이것은 왜곡된 진실이었다. 그들의 눈은 밝아지겠지만 그들이 생각하는 방향이 아니었다. 하지만 그 열매는 꽤 먹음직스러워 보였다. 확실히 먹으면 사망에 이르게 할 열매가 아니라 지혜롭게 할 탐스러운 열매로 보였다. 유혹이란 항상 이런 식으로 찾아오지 않는가? 적은 우리가 원하는 것을 눈앞에 들이민다. 그것을 한 입 베어 물면 결국 스스로의 명을 재촉할 뿐이라는 사실을 우리가 보지 못하거나 기억하지 못하기를 바라면서 말이다. 그러나 그것은 우리가 당하는 기만의 표면, 즉 음란한 영상, 정크 푸드, 위스키 한 모금, 생활의 압박을 받을 때 도피처로 선호하는 수단처럼 눈에 보이는 부분에 불과하다. 그 표면 아래에는 '선하신 사랑의 하나님이 우리에게 그렇게 달콤한 것을 왜 맛보지 못하게 하는가'라는 기만적 의심이 감추어져 있다. 이런 이유로 그는 하나님의 명령과 반대로 하도록 유혹할 수 있다. 하지만 그가 믿도록 유혹하는 거짓말은 진실과는 거리가 멀다.

두 번째 이야기는 다윗의 이야기다(삼하 11:1-5). 사탄이 성경에서 '적절한 때'(눅 4:13, NASB)라고 부르는 기회를 어떻게 사용하는지 잘 살펴보라.

알다시피 극도의 어려움과 좌절을 맛볼 때 우리는 고통을 덜겠다는 핑계로 스스로를 합리화하며 죄에 탐닉하곤 한다. 그러므로 피곤해서 지쳐 있을 때나, 화가 나 있거나 기분이 상하거나 마음이 눌릴 때는 항상 사탄이 본격적으로 나설 것이라고 예상해야 한다. 그러나 또한 사람들의 칭찬을 받고 있을 때, 큰돈이 수중에 들어왔을 때, 계획한 목표를 이루고 한숨 돌릴 여유가 생길 때처럼 좋은 일이 있을 때도 방심해서는 안 된다.

　어느 저녁 지붕에서 느긋하게 여유를 즐기던 다윗이 바로 이런 유혹의 덫에 걸렸다. 다윗은 계속 승승장구했다. 거듭된 승리로 그는 "그 해가 돌아와 왕들이 출전할 때가"되었지만(삼하 11:1) 예루살렘에 남는 편을 택했고 한가롭게 여유를 즐겼다. 그러나 그는 있어야 할 곳에 있지 않아서, 자신의 정체성에 충실하게 살지 않아서 원수의 쉬운 목표물이 되었다. 사탄은 그가 옥상으로 올라가리라는 것을 알았다. 높은 왕궁 옥상에서 내려다보다가 마음이 흔들릴 무엇인가를 보리라는 것을 알았다. 석양빛이 부드럽게 하늘을 감싸고 있을 때 목욕을 하고 있는 한 여인의 나신을 본 것이다. 나머지는 알다시피 역사에 남을 스캔들이었다.

　다윗의 인생과 그의 왕국은 곧 바닥까지 내려갈 것이다. 그는 파국이 오고 있음을 전혀 몰랐다. 경계심이 완전히 풀려 있었다. 승승장구하던 안락한 생활은 적에게 신선한 먹잇감이 있다고 냄새를 품기는 것과 마찬가지라는 사실을 스스로 주지하지 않았다.

　무엇인가를 해낸 뒤 자부심으로 마음이 벅찰 때나, 놀라운 축복을 경험하거나 그 축복의 일부가 되었을 때처럼 산의 정상에 올랐을 때를 조심하라. 성공과 축복을 즐기고 그 축복으로 하나님께 감사를 드리라. 그러나 그 축복에 취해 있을 때, 이제 하룻밤 정도는 경계 단계를 내려도 되겠다고 생각하는 바로 그 순간 사탄이 근처 어디선가 노리고 있다는 사실을 기억하라. 좋은 때라도 자신의 정체성과 가진 것을 망각해 버릴 수 있다. 조심하라.

　마지막으로, 광야에서 마귀에게 시험을 받으신 예수님의 승리의 이야기가 있다(마 4:1-11). 이 유혹을 세세하게 살펴보면 그 공격이 모두 정체성에 대한 공격임을 알게 된다.

바로 앞의 마태복음 3장 마지막 절에서 예수님이 요단강에서 요한에게 세례를 받으신 일은 우연이 아니다. 앞에서 보았듯이 예수님이 지상 사역을 시작하시는 바로 이 시점에 하늘에서 성부 하나님의 음성이 갑자기 들렸다. "이는 내 사랑하는 아들이요 내 기뻐하는 자라"(마 3:17). 예수님은 이 사실을 잊지 말고 기억하셔야 했다.

우리가 받는 유혹처럼 예수님의 유혹도 무엇보다 정체성에 대한 시험이었기 때문이다. 적은 예수님에게 **"네 정체성을 증명해 봐. 한번 보여 달란 말이야. 하나님 말씀대로 네가 그런 사람인지 보여 봐"**라고 말하고 있었다. "네가 만일 하나님의 아들이어든 명하여 이 돌들로 떡덩이가 되게 하라"(마 4:3). "네가 만일 하나님의 아들이어든 (성전 꼭대기에서) 뛰어내리라"(6절).

예수님이 자신의 신분을 알지 못했다면, 하늘 아버지의 사랑을 받는 아들이라는 자신의 정체성에 대한 확신이 없었더라면 이런 일련의 유혹을 받았을 때 아버지께서 부여하신 소명에서 이탈할 수 있었을 것이다. 사탄은 자신의 논리가 설득력을 갖도록 하나님의 말씀을 왜곡했지만 예수님은 참된 하나님의 말씀을 이용해 완벽하게 자신을 방어하셨다.

우리도 예수님처럼 할 수 있다. 유혹을 받을 때 **내가 누구인지 기억하라**. "나는 하나님의 조건 없는 사랑을 받는 사람이다. 그 안에서 자녀로 선택함을 받아 입양되었고 새로운 피조물이 되었다.

나는 자유인이다. 존귀하다. 구속함을 입었고 성령의 능력을 덧입었다. 새롭게 살도록 살리심을 받았다. 보호해 줄 구원의 투구가 있고 하늘에 큰 유업이 나를 기다리고 있다. 그러니 사탄아, 네가 만든 하찮은 빵으로 배를 채울 이유가 없다. 나는 내게 능력 주시는 자 안에서 무엇이든지 할 수 있다."

다음에 또 다른 유혹으로 우리를 흔들려고 할 때 그가 이런 말을 들을 것을 안다면 유혹에 성공할 확률이 어떻게 되겠는가?

* * *

주님, 유혹을 받을 때 적이 사용할 작전들을 알 수 있는 여러 사례들을 말씀으로 보여 주시니 감사합니다. 그리고 적이 나를 속이려 하거나 상황이 좋지 않을 때 맞설 수 있는 새로운 정체성을 제게 주신 것에 감사합니다. 사탄의 모략과 거짓말로 공격을 받을 때마다 주님은 나의 힘이 되시고 반석이 되시며 피난처가 되십니다. 주님, 사탄의 계략을 늘 경계하게 해주시고 영적 싸움에서 승리하게 해주소서. 예수님의 이름으로 기도합니다. 아멘.

더 깊이 알아보기
딤전 6:9-12 • 히 2:14-18 • 약 1:12-18

"믿음의 선한 싸움을 싸우라 영생을 취하라 이를 위하여 네가 부르심을 받았고 많은 증인 앞에서 선한 증언을 하였도다"(딤전 6:12).

그룹 토의 질문
- 과거에 유혹을 받을 때 어떻게 반응했는가? 그리스도 안에 있는 우리 정체성을 아는 것은 유혹을 받을 때 우리 생각에 어떤 영향을 미치는가?
- 사탄은 예수님을 어떻게 유혹했는가? 어떻게 해야 유혹을 받을 때 흔들리지 않고 강건할 수 있는가?

30장
비난을 받을 때 묵묵히 자리를 지킬 수 있다

> 누가 능히 하나님께서 택하신 자들을 고발하리요
> 의롭다 하신 이는 하나님이시니
> **롬 8:33**

사탄이 속이는 자라는 사실을 우리는 이미 알고 있다. 그는 지극히 교활하며 한 번 기회를 포착하면 놓치지 않는다. 우리를 유혹하여 중요하지 않은 일에 관심을 쏟게 하거나 하나님을 의심하게 한다. 그러나 그의 이력서에 이런 내용만 적혀 있는 것은 아니다. 그는 "우리 형제들을 참소하던 자 곧 우리 하나님 앞에서 밤낮 참소하던 자"다(계 12:10).

사탄은 비난하고 정죄한다. 대체로 거짓을 이용해 정죄한다. 우리 생각으로 하나님의 사랑을 비방하게 하며, 마음에 우리를 정죄하는 생각이 떠나지 않게 한다. 그는 하나님이 그리스도 안에서 우리 정체성에 대해 구체적으로 말씀하신 내용을 모두 역이용해 정반대 사실을 주입하고자 조직적으로 작전을 벌인다. 진리를 왜

곡하고, 정반대로 뒤집으며, 하나님이 확정하신 내용을 일일이 의심하도록 만든다. 현재의 우리 정체성을 부정하고, 그리스도를 알기 전의 정체성을 여전히 유지하고 있다고 믿도록 만든다.

그의 작전은 유독성이 강하다. 성경 말씀을 맥락과 맞지 않게 잘못 인용하여 우리가 말씀을 오해하도록 한다(눅 4:9-11). 진리를 균형에 맞지 않게 제시하며, 죄의 삯은 사망이라고 말하지만 하나님의 은사는 그리스도 예수 안에서 영생이라는 내용은 언급하지 않는다(롬 6:23). 극단적으로 생각하도록 몰아가서 은혜를 완전히 배제하고 율법만을 강조하거나, 은혜를 다시 죄를 지어도 되는 구실로 사용하도록 한다(롬 6:1-3).

그러나 그는 교활하고 간교하다. 좀처럼 자신을 드러내지 않는다.

사탄이 마귀의 복장으로 현관문을 두드리면서 겉면에 '믿어서는 안 되는 거짓말'이라고 쓴 끈적거리고 만지기 싫은 봉투를 내민다면, 바로 빗장을 걸어 잠그고 시편 91편 1절로 전화를 걸어 예수의 이름으로 우리 땅에서 당장 나가라고 말할 것이다.

그러나 그는 빛의 천사, 신뢰해도 되는 충직한 메신저처럼 위장하고(고후 11:14) 사탄의 말이 아니라 우리 스스로의 탁월한 생각인 것처럼 자신의 메시지를 포장한다. 또한 우리 자신에 대해 세상의 그 누구도 진심으로 이해하거나 깨닫지 못하는 비밀을 우리가 발견한 것처럼 거짓말로 우리를 속이려고 한다. 그런 다음 그 메시지를 정죄하는 어조로 우리가 두 손 들 때까지 지겨울 정도로 반복해서 재생해 들려준다.

사실을 정확히 알고 있지 못하다면 하나님의 말씀은 정반대로 이야기하고 있음에도 불구하고 그가 조달하는 메시지를 통째로 삼키는 자신을 보게 될 것이다. 그는 우리가 완전히 패배자이며, 아무 쓸데가 없고, 누구에게도 사랑받지 못하며, 실패가 예정되어 있으며, 결코 용서받지 못할 것이라고 생각하게 만들 것이다. 그런 다음 과거의 실패나 절반의 사실과 두려운 감정들을 자신의 메시지가 확실한 진실임을 뒷받침하는 증거로 들이밀 것이다.

실제로 그의 이런 비난은 완전한 사실처럼 들린다. 특별히 그의 비난이 우리가 느끼는 감정과 일치하고 이것을 뒷받침할 한두 가지 경험을 떠올릴 수 있다면 그 비난을 철석같이 믿을 수밖에 없다. 그럴 때는 이제 결단을 내려야 하는 순간이다. 그의 말을 믿을 것인가? 믿지 않을 것인가? 스스로 인식하든지, 하지 않든지, 사탄의 거짓말을 믿는 그 순간 전투 중에 갑옷을 벗고 적이 우리 머리와 가슴을 불화살로 직접 겨냥하도록 내어주는 것이다. 우리가 받아들이는 거짓말은 하나같이 매우 파괴적이다. 우리를 옭아매고 혼란에 빠뜨릴 뿐 아니라 낙심의 수렁으로 끌고 간다.

그가 우리 머릿속에 심어 준 주장과 증거가 아직 뿌리를 내리지 않았다고 생각하면 주변 사람들을 이용해 자신의 메시지를 강화할 수도 있다.

우리가 아는 누군가가 시의적절하게 가하는 언어적 공격은 상당히 효과가 있음을 그는 알고 있다. 욥이 보여 주었듯이, 사탄은 의심할 줄 모르는 순진한 사람들을 그 대신 나서서 싸워 줄 전략적인 도구로 이용한다는 사실을 기억해야 한다. 신뢰하는 관계를 맺고 있는 선량한 사람들을 이용할 수도 있다. 누군가의 입을 제어하지 않고 이용할 수 있다면, 분노하거나 좌절하게 할 수 있다면, 사탄은 거짓으로 가득하고 미움을 조장하는 말을 그들의 마음에 신속히 주입하여 숙고 과정을 거치지 않고 바로 입에서 튀어나오도록 만들 것이다. 준비, 사격, 조준! 방심한 상태에서로 듣고 있고, 지금 우리 정체성이 그리스도 안에서 믿음으로 뒷받침되어 있지 않다면 상황은 한순간에 악화되고 심각한 수준으로 치달을 수 있다.

부주의한 말의 불씨가 엄청난 대형 화재로 번질 수 있다(약 3:5-6). 사람들의 마음이 상하고, 서로 얼굴을 붉히며, 다툼이 생기고, 미움이 싹트는 경우는 많은 경우 부주의한 말이 원인이다. 이런 부주의한 말로 관계들이 휘청거리고 결혼 생활이 삐걱거리며 가정이 무너진다. 지도자들이 그리스도 안에서 자신들의 정체성을 자각하고 있지 않을 때 대형 교회들도 무너질 수 있다. 이것은 영적 전쟁이다. 사람들은 종종 뒤늦게야 이 사실을 깨닫는다.

인생에서 영적 갑옷을 벗지 않고 착용한 채, 사람들이 하는 말이 성령이 주시는 말인지 육신이 주는 말인지, 하늘의 보좌에서 온 것인지 지옥 구덩이에서 온 것인지 분별하는 작업은 매우 중요하다(약 3:6). 상대방이 사랑에 얼마나 적극적이고 지혜로운지, 혹은 존경받는 사람인지는 중요하지 않다. 그런 사람이라 해도 그들의 말을 무조건 복음의 진리라고 즉각 받아들이고 인정해서는 안 된다.

가이사랴 빌립보에서 예수님이 하신 일을 생각해 보라. 베드로가 예수님을 메시아이자 하나님의 아들이라고 담대히 선언하던 역사적인 순간이 있었다. 그의 이 선언은 참으로 명확하고 확실한 고백이었다. 예수님은 즉시 베드로의 고백을 하나님이 주신 것이라고 인정하시고 다른 제자들 앞에서 그를 칭찬하셨다. 그러나 바로 이어 베드로는 예수님이 십자가에서 절대 죽지 않으실 것이라고 호언장담하며 예수님을 거칠게 나무랐다. 예수님은 베드로의 이 말이 어디서 온 것인지 바로 간파하시고 사탄을 대변한다고 즉각 책망하셨다(마 16:13-23).

예수님은 여기서 사탄의 공격에 기민하고 분별력 있게 대처하는 모범을 보여 주셨다. 한순간에 같은 사람이 진리의 샘이 되었다가 바로 독을 탄 우물이 될 수 있다고 생각해 보라. 이런 경험은 우리가 잘 분별해서 들어야 할 뿐 아니라 숙고해서 말해야 함을 명확하게 알려 준다. 우리는 누구라도 한순간에는 걸어 다니는 축복이 되었다가도, 혀에 재갈 물리지 않는 순간 바로 독을 탄 우물이 될 수 있다.

이제 다음 단계를 다루어 보자. 비난이나 책망과 거짓 무고에 어떻게 반응하는지를 보면 그리스도 안에 있는 정체성에 우리가 얼마나 단단히 뿌리내리고 있는지, 영적 전투를 위해 얼마나 무장이 되어 있는지 알 수 있다. 말의 폭탄이 우리 위에 떨어질 때 어떻게 반응하는가? 비난을 들을 때 제대로 잘 대처하는 편인가? 아니면 못 견딜 정도로 싫어하는가? 비난의 성격을 제대로 분별하는가? 아니면 충격으로 부들거리며 주저앉는가? 듣고 배우는가? 아니면 심하게 동요하며 무너지는가? 누군가 던진 부정적인 말에 한 주간을 송두리째 허비하지는 않는가? 이런 반응은 결코 해서는 안 되는 반응이다.

살다 보면 언젠가 누군가에게 비난과 언어적 폭력을 당할 수 있음을 기억해야 한다.

성경의 모든 위인은 많은 비난에 시달렸다. 요셉의 형들은 그를 미워하여 그에게 편안하게 말할 수 없었다(창 37:4). 홍해를 건너게 해주신 하나님을 기쁨으로 찬양한 지 3일이 채 지나지 않아 백성들은 광야에서 신선한 물을 마시지 못한다고 모세를 원망하며 비난했다(출 15:23-24). 욥의 친구들은 그가 한사코 숨기는 죄가 있어서 하나님의 벌을 받고 있다고 비난함으로 욥을 괴롭게 했다. 다윗은 사악한 자로 저주를 받았다(삼하 16:5-8). 엘리야는 "이스라엘을 괴롭게 하는 자"라는 오명을 뒤집어썼다(왕상 18:17). 바울은 가는 곳마다 그를 비난하는 자들에게 괴롭힘을 당했다.

예수님은 가족들과 변덕스러운 추종자들과 질투심으로 이글거리는 대적들에게 끊임없이 거짓 무고를 당하고 비난을 받으셨다. 그분의 가족들에게는 "그가 미쳤다"라는 말을 들으셨다(막 3:21). 종교 엘리트들은 틈만 나면 "이 사람이 신성을 모독하도다"라고 그분을 비난했다(마 9:3). "당신은 귀신이 들렸도다"라고 공개적으로 소리치는 이들도 있었다(요 7:20). "보라 먹기를 탐하고 포도주를 즐기는 사람이요 세리와 죄인의 친구로다"(마 11:19).

십자가 형장으로 나아가시는 동안에는 공격이 더욱 거칠어졌다. "예수를 쳐서 거짓 증언 하는 자가 많으나 그 증언이 서로 일치하지 못함이라"(막 14:56). "그들이 다 예수를 사형에 해당한 자로 정죄하고"(64절). "예수의 얼굴에 침 뱉으며 주먹으로 치고 어떤 사람은 손바닥으로 때리며 이르되 그리스도야 우리에게 선지자 노릇을 하라 너를 친 자가 누구냐 하더라"(마 26:67-68). "저가 남을 구원하였으니 만일 하나님이 택하신 자 그리스도이면 자신도 구원할지어다"(눅 23:35).

일정한 패턴이 보이는가? 그리스도를 믿는 신자로서 우리는 언어폭력 희생자의 긴 계보에 속해 있다. 어디를 가든지 비난과 거짓 무고에 시달릴 수 있다. 그리스도를 따르기 위해서는 당연히 감당해야 할 과정이라고 각오해야 한다. 베드로는 "너희를 연단하려고 오는 불 시험을 이상한 일 당하는 것같이 이상히 여기지 말고"(벧전 4:12)라고 말했다. 예수님은 제자들에게 "사람들이 나를 박해하였은즉 너희도 박해할 것이요"(요 15:20)라고 말씀하셨다.

기록된 예수님의 첫 설교에서 예수님은 이렇게 말씀하셨다. "나로 말미암아 너희를 욕하고 박해하고 거짓으로 너희를 거슬러 모든 악한 말을 할 때에는 너희에게 복이 있나니 기뻐하고 즐거워하라 하늘에서 너희의 상이 큼이라 너희 전에 있던 선지자들도 이같이 박해하였느니라"(마 5:11-12).

나중에 예수님은 아무에게도 비판을 받지 않는다면 사실상 그다지 긍정적인 신호가 아니라고 지적해 주셨다. "모든 사람이 너희를 칭찬하면 화가 있도다 그들의 조상들이 거짓 선지자들에게 이와 같이 하였느니라"(눅 6:26). 그러므로 믿든지 믿지 않든지, 사실상 우리는 올바로 가고 있다는 증거로 세상의 당연한 비난을 고대해야 한다.

그러나 실제로 이런 상황이 닥칠 때는 어떻게 대처해야 하는가? 누군가가 당신을 공격하고 비난하거나 험담할 때 그리스도의 전신갑주를 입으라. 구원을 아는 지식의 투구, 하나님과의 관계를 회복했다는 흉배, 하나님의 말씀을 신뢰한다는 방패를 착용하라. 우리 아버지의 사랑과 은혜와 용납하심 가운데 쉼을 누리라.

그런 다음 비난을 당할 때 기꺼이 귀 기울이고 말은 더디게 하며 화도 더디게 내라(약 1:19). 반응하기 전에 멈추어 생각하라. 하나님의 말씀으로 걸러내는 작업을 하라. 그리스도 안에서 축복과 사랑을 받았고, 선택과 용납과 죄 용서를 받았음을 기억하라. 그들의 비난이 사실이 아니라면 믿음의 방패를 들어 올리고 맹렬하게 불타는 화살을 막아내며 한치도 흔들림 없이 굳건히 서라. 그들의 지적이 사실이라면 겸손함으로 받아들이고 그것을 통해 배우고 성장하라. 하지만 그 과정에서 자신의 정체성은 의심하지 말라.

진실에 근거한 비판은 실제로 주님이 주신 선물일 수도 있다. 비판으로 위장된 탁월한 조언일 수도 있다. 모세가 아침부터 늦은 밤까지 쉬지 못하고 백성들을 섬기고 있을 때 그의 장인은 이렇게 조언했다. "네가 하는 것이 옳지 못하도다 너와 또 너와 함께 한 이 백성이 필경 기력이 쇠하리니 이 일이 네게 너무 중함이라 네가 혼자 할 수 없으리라"(출 18:17-18).

모세는 이런 조언을 반드시 들을 필요가 있었다. 이런 조언은 비난이 아니었지만 내면적으로 불안정한 사람이었다면 귀담아들을 조언으로 여기지 않았을 것이다. 모세는 장인의 조언을 자신의 지적 능력과 리더십 능력에 대한 공격으로 받아들일 수도 있었다. 그러나 모세는 장인의 말을 겸허히 경청하고 고민했다. 이런 지적이 정확하고 유익하다고 판단한 그는 장인의 조언을 흔쾌히 수용했고 이 결정은 그의 인생에 획기적인 성장의 순간이자 온 민족에게 축복이 되었다.

솔로몬 왕은 "친구의 아픈 책망은 충직으로 말미암는 것이나"(잠 27:6)라고 말했다. "지혜 있는 자를 책망하라 그가 너를 사랑하리라"(잠 9:8).

그러므로 우리는 비난과 책망과 질책을 하나님의 말씀의 체로 걸러서 들어야 하며, 우리 마음에 드러나지 않은 오만이나 잘못 살고 있는 부분들을 확인하는 계기로 삼아야 한다. 신자가 된다고 오류를 저지를 가능성이 사라지지는 않는다. 야고보서는 "우리가 다 실수가 많으니"(약 3:2)라고 말했다. 이런 이유로 감사하게도 "대저 여호와께서 그 사랑하시는 자를 징계하시기를 마치 아비가 그 기뻐하는 아들을 징계함 같이" 하신다(잠 3:12). 예수님은 제자들을 사랑하신 나머지 필요하다면 언제라도 그들을 책망하기를 주저하시지 않았다. 시간이 흐르면서 그들은 예수님의 조언을 경청하고 수용함으로 성장하는 법을 배웠다.

그러므로 스스로에게 자문해 보라. 지금 받는 이 비판이 옳은 비판인가? 심지어 나 스스로에게 하는 이 자기 비판은 옳은가? 그런 다음, 입에는 쓰지만 몸에 좋은 약으로 그 비판을 받아들이고, 스스로에게 맡겨진 책임을 감당하며, 지적받은 잘못에서 돌이키

라. 하나님의 사랑하는 자녀라는 정체성에 부합하게 행동하며, 스스로의 정당성을 확인하고자 더 이상 죄를 짓거나 자기 의를 내세우거나 남을 탓하지 말라. 누군가의 지적이 잘못된 비난이라면 화를 내고 짜증을 내는 것이 아니라, 믿음의 방패를 높이 세우라. 이것이 마땅한 반응이다. "믿음의 방패를 가지고 이로써 능히 악한 자의 모든 불화살을 소멸"(엡 6:16)해야 하는 것이다.

언제나 그렇듯이 이런 부분은 예수님의 모범을 확인해 보아야 한다. 사람들이 비난할 때 그분은 자신의 정체성에 대해 흔들리지 않으셨고 침묵으로 반응하신 적도 적지 않았다. 사람들의 비난이 그분에 대한 사실과는 거리가 멀다는 것을 알고 계셨으므로 그 비난을 개인적으로 받아들이지 않으셨고 마음이 흔들리지도 않으셨다. 마땅히 우리도 그러해야 한다. "우리가 육신으로 행하나 육신에 따라 싸우지 아니하노니 우리의 싸우는 무기는 육신에 속한 것이 아니요 오직 어떤 견고한 진도 무너뜨리는 하나님의 능력이라"(고후 10:3-4).

우리는 새로운 정체성을 소유했으므로 "모든 생각을 사로잡아 그리스도에게 복종하게" 해야 한다(5절). 우리를 옭아맬 과거는 잊으라. 흔들리지 말고 중단 없이 진군하라. 지혜로운 이들의 말에 귀 기울이며 성장하라. 그러나 어리석은 자나 거짓말쟁이의 말은 우리 일정이나 생각에 반영할 필요가 없다. 그리스도 안에서 우리가 누구인지 늘 되새기며 사람들이 무슨 말을 하든지 아버지를 우리 변호사로 모신다면, 더욱더 강건하고 지혜롭게 나아가며 하나님께 영광을 돌릴 수 있을 것이다(롬 12:18-21).

✳ ✳ ✳

하나님 아버지, 당신은 저의 힘이 되십니다. 저의 피할 곳이 되십니다. 적의 참소를 더 이상 감당할 수 없는 상황이 될 때, 진실을 선명하게 보기가 어려울 때 당신은 흔들리지 않도록 확신을 주시는 분입니다. 주의 말씀으로 확신을 주십니다. 당신은 믿음의 방패가 되시니, 모든 거짓된 공격에서 저를 지켜 주소서. 주님, 제가 알아야 하는 것이 있다면 가르쳐 주소서. 매일 그리스도를 더욱 닮아가게 하시고, 더 간절하게 기도하며 믿음의 견고한 닻을 내리게 해주소서. 예수님의 이름으로 기도합니다. 아멘.

더 깊이 알아보기

사 54:11-17 • 롬 8:1-4 • 벧전 2:21-25

"너를 치려고 제조된 모든 연장이 쓸모가 없을 것이라 일어나 너를 대적하여 송사하는 모든 혀는 네게 정죄를 당하리니 이는 여호와의 종들의 기업이요 이는 그들이 내게서 얻은 공의니라"(사 54:17).

그룹 토의 질문

- 과거에 어떤 비난을 받았으며 그 비난에 어떻게 대처했는가? 지금은 대체로 어떻게 반응하는가?
- 하나님은 어떤 방법으로 비난을 우리의 유익을 위해 사용하시는가?
- 성경에서 비난을 받은 사람들은 누가 있는가? 예수님은 어떤 비난을 받으셨는가?

31장
넘어지더라도 일어날 수 있다

대저 의인은 일곱 번 넘어질지라도 다시 일어나려니와
잠 24:16

　베드로는 예수님을 부인했다. 우리는 대부분 세세한 내용까지 이 사실을 잘 기억하고 있다. 무리들이 예수께서 기도하시던 동산으로 와서 그분을 체포한 후 대제사장 앞으로 끌고 갔다. 베드로는 상황을 살피려고 뒤를 따랐고 발각될까 두려워 먼발치에서 지켜보았다. 예수님과 한패라는 게 밝혀지면 위험한 상황에 내몰릴까 무서웠던 것이다.

　그는 뜰에서 불을 쬐던 중 사람들에게 세 번이나 정체를 들켰다. "이 사람도 그와 함께 있었느니라"(눅 22:56), "너도 그 도당이라"(58절), "이는 갈릴리 사람이니 참으로 그와 함께 있었느니라"(59절). 그럴 때마다 그는 아니라고 단호하게 부인했다. "이 여자여 내가 그를 알지 못하노라"(57절), "이 사람아 나는 아니로라"

(58절), "이 사람아 나는 네가 하는 말을 알지 못하노라"(60절). 그때 멀리서 수탉 우는 소리가 들렸다. 예수님은 고개를 돌려 그를 보셨고 두 사람의 시선이 부딪혔다. 두 사람 사이에 미묘한 표정이 오고 갔고 "내가 주와 함께 죽을지언정 주를 부인하지 않겠나이다"(마 26:35)라는 베드로의 맹세가 떠올랐다. 복음서 저자들 중 세 저자가 그가 "밖에 나가서 심히 통곡하니라"(눅 22:62)라고 보고하고 있다.

기억하는가? 당연히 그럴 것이다.

그러나 우리가 그렇게 즉각적으로 떠올리지 못하는 부분이 있다. 베드로에 대한 내용뿐 아니라 실패한 후 우리 자신에 대한 내용이다. 실제로 무슨 일이 일어났는지 기억해야 한다. 사람들의 눈의 표정을 기억해야 한다. 우리 자신에 대해 화가 나서 외쳤던 질문들을 기억해야 한다. **"왜요? 어떻게 이럴 수가 있습니까? 당신이 더 잘 알잖아요. 대체 무슨 생각이었던 겁니까?"** 그러나 우리가 누구인지 기억하고 있는가? 지금이라도? 실패를 한 후에라도? "우리가 아직 죄인이었을 때"(롬 5:8) 예수님이 우리를 위해 하신 일을 기억하는가? "그러면 이제 우리가 그의 피로 말미암아 의롭다 하심을 받았으니 더욱 그로 말미암아 진노하심에서 구원을 받을 것이니"(9절)라는 말씀을 기억하는가?

인생 최악의 실수를 저지른 후 바닥에 주저앉아 큰 소리로 우는 베드로의 모습은 예수님을 부인하기 전날 밤 예수님이 미리 내다보셨던 그 베드로의 모습이었다. 예수님은 그곳에서 기도하실 때 베드로와 모든 제자를 위해 기도하셨고, 아버지께 "그들을 보전하고 지키었나이다 그 중의 하나도 멸망하지 않고 다만 멸망의 자식뿐이오니"(요 17:12)라고 기도하셨다.

예수님은 베드로와 제자들에게 포도나무 가지처럼 그 안에 "거하라"고 말씀하셨다. "가지가 포도나무에 붙어 있지 아니하면 스스로 열매를 맺을 수 없음 같이 너희도 내 안에 있지 아니하면" 열매를 맺을 수 없기 때문이다(요 15:4). 언제나 그들은 순종해야 한다. 그분을 의지하고 신뢰해야 한다. 실제로 그들이 더 많은 열매를 맺도록 하기 위해 아버지께서 그들에 대한 가지치기를 계속하실 것이며, 그들과 함께하심으로 건강하고 알찬 열매를 맺도록 도우실 것이라고 예수님은 약속하셨다. 그러나 또한 베드로와 다른 제자들에 대해서는 "너희는 내가 일러준 말로 이미 깨끗하여졌으니"라고 말씀하셨다(3절). 그들은 예수님을 믿었다. 그분의 말씀을 믿었다. 그들은 믿음으로 죄 용서함을 받았다.

예수님이 자신을 부인하기 전 베드로에게 구체적으로 "내가 너를 위하여 네 믿음이 떨어지지 않기를 기도하였노니 너는 돌이킨 후에 네 형제를 굳게 하라"(눅 22:32)라고 말씀하실 수 있었던 이유가 여기에 있다. 예수님은 베드로가 자신을 부인할 줄 아셨을 뿐 아니라, 회개한 후 어떤 인생을 살지 이미 알고 계셨던 것이다.

또한 자신을 부인한 후에 예수님이 베드로에게 구체적으로 "네가 나를 사랑하느냐"(요 21:15)라고 물으실 수 있었던 이유도 여기에 있다. 한 번이 아니라 상징적인 의미로 세 번이나 이 질문을 하셨다. 예수님이 부활하신 이후 베드로는 예수님과 만나면서 그리스도께서 얼마나 완벽하게 자신을 용서해 주셨는지 확인했을 것이다. 베드로는 "내가 주님을 사랑하는 줄을 주님께서 아시나이다"(17절)라고 확신에 차서 말할 수 있었다. 예수님은 베드로의 고백을 들으시고 "나를 따르라"(19절)라고 도전하셨다. **"베드로야, 넌 할 수 있어. 내가 함께할게."** 실패는 그의 인생을 포기하게 만든 것이 아니라, 새롭게 신실한 믿음의 모험을 할 수 있도록 준비시켜 주었다.

다윗이 밧세바와 동침한 일이든, 베드로가 그리스도를 부인한 일이든, 혹은 지금도 도무지 잊을 수 없는 개인적 실패의 고통스러운 경험이든, 사람들이 실족해 넘어지거나 완전히 상황을 망쳐 버렸을 때 적이 어떻게 나올지는 너무나 뻔하며 전혀 비밀이 아니다. 그는 우리의 급소를 칠 절호의 기회로 활용할 것이다. 죄를 지은 후 찾아오는 죄책감으로 우리를 무력화시키고, 다시는 하나님이 우리를 도구로 사용하시지 않을 것이라고 믿게 만들 것이다. 설상가상으로 자제하지 못하고 다시 죄를 짓도록 부추김으로 자신에 대해 느끼는 수치심과 절망감을 십분 활용할 것이다. 이런 아픔과 고통을 멈추거나 고통스러운 마음에서 벗어날 수 있다면 무슨 일이든 하고 싶게 만들고 다시 그것을 악용하는 것이다. **"참지 말고 누려. 마음대로 먹으라고. 마약이든 술이든 먹고 마시고 다 잊어버려. 소셜 미디어를 사용하고 싶으면 해."**

이것이 사탄의 방법이다. 우리가 실패할 때 예측할 수 있는 그의 반응이다.

그러나 "만일 우리가 우리 죄를 자백하면", 우리가 저지른 죄를 인정하고 그 잘못에서 배우기로 결단하면, 주님은 "미쁘시고 의로우사 우리 죄를 사하시며 우리를 모든 불의에서 깨끗하게 하실 것"이다(요일 1:9). "하나님의 능하신 손 아래에서 겸손"하면 하나님은 "때가 되면 너희를" 높이실 것이다(벧전 5:6). "너희 염려를 다 주께 맡기라 이는 그가 너희를 돌보심이라"(7절).

우리는 성경과 인류 역사에서 엄청난 실수를 했더라도 진심으로 회개하고 돌이켰을 때 놀라운 믿음의 도약을 이룬 사례들을 적지 않게 확인할 수 있다. 넘어지고 실패하더라도 결국 그것을 계기로 하나님과 진정한 믿음의 행보를 시작하고, 그 어느 때보다 하나님과 깊은 친밀함을 누리는 수준으로 성장할 수 있다. 넘어지더라도 다시 일어나면 그토록 오랫동안 고통스러운 갈등의 원인이자 걸림돌로 작용했던 교만이 마침내 세력을 잃고 약화될 수 있다.

그러나 이것은 자신의 현재 정체성을 잊지 않고 기억할 경우에만 가능하다. 사탄은 우리가 과거의 정체성을 기억하기를 원한다. 이전에 우리는 죄로 죽었고 세상의 방식과 우선순위들을 따랐다. 불의의 노예였고 하나님도 없었고 어떤 평안이나 미래의 희망도 없었다. 적은 우리가 여전히 이런 상태에 있다고 거짓을 말한다. 우리가 그동안 저지른 일로 더 이상 그리스도 안에 있지 않다고 말한다.

그러나 성경은 그렇게 말하지 않는다. 성경은 우리 신분에 대해 "그의 죽으심과 합하여 세례를 받음으로 그와 함께 장사되었나니 이는 아버지의 영광으로 말미암아 그리스도를 죽은 자 가운데서 살리심과 같이 우리로 또한 새 생명 가운데서 행하게 하려 함이라"(롬 6:4)라고 말한다. 그러므로 우리는 실패한 후에도 자유롭게 "너희 자신을 죄에 대하여는 죽은 자요 그리스도 예수 안에서 하나님께 대하여는 살아 있는 자로" 여겨야 한다(11절). 유일한 예외는 아무 가책도 없고 회개할 마음도 없어 진정한 정체성대로 살아가는 것이 불가능한 경우다.

베드로는 주님을 부인한 이후에도 주님을 부인하기 이전과 같은 사랑을 받았다. 전과 다름없이 부르심을 받고 제자로 살았으며 지금 하늘에서 그리스도와 함께 앉아 있다. 그가 그 이후로 보여 준 삶의 모습은 수탉 우는 소리에서 시작되었다고 생각했던 죽음을 단호하게 거부하는 여정이었다. 오히려 그의 신실한 미래가 시작될 준비 과정이었다. 우리도 마찬가지다.

* * *

하나님 아버지, 저를 용서해 주소서. 주께서 저를 용서하심을 알고 있습니다. 주의 말씀은 제가 주님의 용서를 받았다고 말합니다. 아무리 가증한 죄라도 주의 은혜는 그 죄를 깊은 망각의 강으로 던져 버리고 신실한 삶을 살도록 저를 회복시켜 줄 수 있습니다. 그러므로 진심으로 회개하며 겸손하게 오늘 주님 앞으로 나아갑니다. 저의 의가 아니라 다함이 없는 주의 의를 전적으로 의지합니다. 저를 통하여, 당신이 제 안에서 회복하신 일을 통하여 영광을 받으소서. 예수님의 이름으로 기도합니다. 아멘.

더 깊이 알아보기
시 73:21-28 • 시 85:4-9 • 호 6:1-3

"내 육체와 마음은 쇠약하나 하나님은 내 마음의 반석이시요 영원한 분깃이시라"(시 73:26).

그룹 토의 질문
- 실패는 우리의 자기 정체성 인식에 어떤 영향을 미치는가?
- 베드로의 실패는 그에게 어떤 영향을 미쳤는가? 하나님은 그것을 어떻게 유익한 방향으로 사용하셨는가?
- 극복하기 어려웠던 실패에 대해 이야기해 보라. 하나님은 우리가 실패에 대해 어떻게 반응하기를 원하시는가?
- 그리스도 안에 있는 정체성을 아는 것이 우리에게 어떤 도움이 되는가?

32장
상실의 고통을 겪더라도 믿음을 지킬 수 있다

위의 것을 생각하고 땅의 것을 생각하지 말라
이는 너희가 죽었고 너희 생명이 그리스도와 함께 하나님 안에 감추어졌음이라
골 3:2-3

옛날에는 툭하면 길을 잃었다. 고작 종이 지도 한 장이나 누군가가 휘갈기듯 적어 준 쪽지만을 믿고 집에서 출발해 낯선 길들을 가다 보면 몇 번이고 유턴을 하며 헤매는 일종의 모험을 할 때가 많았다. 교차로에서 좌회전을 해야 하는지 혹은 저 길을 그대로 통과해야 하는지 혼란을 느끼면 당혹스러움으로 불쾌감이 더욱 가중되곤 했다.

마침내 GPS 기술이 차량에 도입되면서 갑자기 이곳에서 저곳으로 이어지는 길을 운전하기가 한층 수월해졌다. 랜드 마크를 찾고 신호등을 몇 개 지나면 된다는 식으로 대충 알려 주는 방식은 이제 사라졌다. 이제 내비게이션 화면을 눈으로 슬쩍 훑어도 옛날과는 완전히 다른 완벽한 정보를 얻을 수 있다. 현재 위치를 정확

히 알 수 있는 것이다.

우리의 정체성을 알 때, 그 정체성을 확신하고 지속적으로 적용할 수 있을 때, 차선을 변경해야 할 길에서 이탈할 위험이 의미 있는 수준까지 줄어들 수 있다. 엉뚱한 길로 가다가 헤맬 때, 지각력을 상실할 때 여전히 흔들림 없이 의지할 북극성을 따라갈 수 있다. 우리가 누구인지 우리는 안다. 그리스도께서 우리를 어떤 존재로 창조하셨는지 알고 있다. 그와 함께 서 있는 지점이 어디인지 알고 있다. 불가피하고 예기치 못한 상실을 경험하더라도 무기력감으로 무너지지 않는다.

그러나 불신자의 인생은 절대 종이 지도 단계를 벗어날 수 없다. 그리스도 없이 사는 사람은 직감이나 추측으로 길을 다닌다. 그러나 너무나 많은 이유로 상황이 예상과 다르게 바뀌거나 흘러갈 수 있다. 경력상으로나 재정적으로 20년 동안 꾸준하게 상향 궤도를 유지하고 안정되고 풍족한 생활을 누리고 있더라도 갑자기 고도를 잃고 아래로 추락할 수 있다. 용기와 힘과 조언이 필요할 때 믿고 의지할 수 있었던 부모님이 질병으로 사망할 수 있다. 심지어 의사에게 진단 결과를 통보받고 건강과 생의 의욕이 위협받을 수도 있다. 관심을 한 몸에 받던 순간이 쏟아지는 비난으로 퇴색하고 삶이 무너져 내릴 수도 있다.

지금 자신이 어떤 사람이든 인생은 우리의 정체성을 시험한다. 우리가 어디에 가치를 두고 무엇을 중요하게 생각하는지 분명하게 확인할 수 있을 것이다. 그러나 그리스도 안에 정체성이 있다면 이런 것들이 없어도 무너지지 않고 살아낼 수 있다. 어떤 것을 상실하더라도 여전히 충만한 삶을 살 수 있다.

바울은 이런 개념을 이해했고 실제로 그렇게 살았다. 그의 인생 초반기는 대부분 아침에 일어나는 목적이 종교적 완전성을 추구하기 위해서였다. 의란 오직 자기 수행으로 획득할 수 있다고 생각했다. 거리에서 당당하게 활보할 수 있었던 이유는 훈련과 가문의 후광으로 이룬 업적 덕분이었다. 그는 이렇게 말했다. "그러나 나도 육체를 신뢰할 만하며 만일 누구든지 다른 이가 육체를 신뢰할 것이 있는 줄로 생각하면 나는 더욱 그러하리니 나는 팔일 만에 할례를 받고 이스라엘 족속이요 베냐민 지파요 히브리인 중의 히브리인이요 율법으로는 바리새인이요 열심으로는 교회를 박해하고 율법의 의로는 흠이 없는 자라"(빌 3:4-6).

그러던 어느 날 주님은 다메섹으로 가는 길에서 그가 무릎을 꿇도록 하셨다. 그 뒤로 몇 년 동안 그는 안정과 출세를 위해 의지했던 모든 것에 더 이상 무게를 둘 수 없다는 사실에 대해 치열하게 고민했다. 그의 마음의 경제학에서는 완전히 새로운 통화가 통용되기 시작했다. 결국 그는 "무엇이든지 내게 유익하던 것을 내가 그리스도를 위하여 다 해로" 여기겠다고 결정했다(7절). 이제 그에게는 오직 한 가지만이 중요하게 되었다. "그리스도를 얻고 그 안에서 발견되려 함이니 내가 가진 의는 율법에서 난 것이 아니요 오직 그리스도를 믿음으로 말미암은 것이니"(8-9절).

스스로의 용감한 선택이었든지, 어쩔 수 없이 고통스럽게 포기할 수밖에 없었든지 간에, 모든 것이 사라질 때에도 우리는 그리스도 안에 있는 우리 정체성으로 충분할 것이다. 아니 그 이상

일 것이다. 그분 안에서 자신이 누구인지 알고 기억하는 것이 일생 자족할 수 있는 삶의 비결이다.

텔레비전 광고나 낭만적인 크리스마스 영화는 인생을 황홀하게 그려내지만(친구와 지인들의 소셜 미디어도) 실제로 인생은 세속적 형태의 평가 기준으로 보더라도 더 보상이 커지는 우상향의 그래프만 그리지 않는다. 모세는 "우리의 연수가 칠십이요 강건하면 팔십이라도 그 연수의 자랑은 수고와 슬픔뿐이요 신속히 가니 우리가 날아가나이다"(시 90:10)라고 정확히 관찰했다.

괜히 우울하게 하려고 이런 이야기를 하는 것이 아니다. 실제로 현실이 그렇다는 말이다. 인생은 예외 없이 상실과 한계와 씨름한다. 우리는 팔팔한 젊음을 자랑하다가 어느 순간 늙어간다. 학창 생활이 끝나고 어느덧 그 모든 일상의 관계들과 갑자기 단절된다. 아이들과 트램펄린에서 공중제비를 하며 신나게 놀았지만 언제부터인지 소파에서 일어날 때 무릎 관절이 아픈 중노인이 되어 있는 자신을 본다.

그러나 조심하지 않으면 우리 정체성을 우리 인생의 '전성기 시절' 이미지로만 엮은 나머지 '전성기 이후 시절' 이미지를 도무지 받아들일 수 없는 처지가 될 수도 있다. 그러면 사탄은 때를 놓치지 않고 자기 연민의 목소리로 위장한 채 이제 한물간 퇴물처럼 아무도 기억해 주지 않는 신세가 되었다고 모멸감을 주며 무차별 공격을 개시할 것이다. 이제 아무 보잘것없고 무능력하고 처량한 신세가 되어 다시는 행복감으로 충만했던 나날로 돌아갈 수 없을 것이라고 자조하도록 할 것이다.

이것은 사실이 아니다. 요동치 않고 변함이 없으신 그리스도와 그분의 영원한 사랑의 확신 안에 정체성을 굳건히 뿌리내린 사람들에게는 아무 상관이 없다. "의인의 길은 돋는 햇살 같아서 크게 빛나 한낮의 광명에 이르거니와"(잠 4:18). 한 시편 기자는 말했다. "의인은 종려나무 같이 번성하며 레바논의 백향목 같이 성장하리로다 이는 여호와의 집에 심겼음이여 우리 하나님의 뜰 안에서 번성하리로다"(시 92:12-13). "그는 늙어도 여전히 결실하며 진액이 풍족하고 빛이 청청하니 여호와의 정직하심과 나의 바위 되심과 그에게는 불의가 없음이 선포되리로다"(시 92:14-15). 예레미야는 이런 미래를 묘사했다. "청년과 노인은 함께 즐거워하리니 내가 그들의 슬픔을 돌려서 즐겁게 하며 그들을 위로하여 그들의 근심으로부터 기쁨을 얻게 할 것임이라 내가 기름으로 제사장들의 마음을 흡족하게 하며 내 복으로 내 백성을 만족하게 하리라"(렘 31:13-14).

한없이 밝고 건강하며 풍성하고 기쁨으로 충만하다.

풍요롭고 만족스럽다. 즐거움이 넘치고 풍족한 결실이 있다.

이것은 무의미하고 암울한 미래와는 거리가 멀다. '세상의 것이 아니라 위의 것'을 찾았던 사람들에게는 해당 사항이 없는 얘기다. "육신의 정욕과 안목의 정욕과 이생의 자랑"의 노예로 살았던 옛 사람에 대해서는 죽고, 대신 "오직 하나님의 뜻을 행하는 자는 영원히 거하느니라"(요일 2:16-17)라는 새로운 믿음으로 살기로 한 사람들은 여기에 해당하지 않는다. 바울은 "우리가 주와 함께 죽었으면", 우리의 개인적 요구와 출세욕을 포기하고 그리스도를 의미와 기쁨의 원천으로 신뢰하였다면 우리도 그와 "함께 살 것"이라고 말한다(딤후 2:11).

이 시나리오에 절대 패배란 없다. 도중에 길을 잃고 헤매도록 하는 장면도 없다. 어느 날 겨우 집으로 가는 길을 찾아내는 것이 아니라 이 여정의 처음부터 끝까지 모든 부분에 누리며, 의미를 확인하며 나아가게 될 것이다.

* * *

주님, 주 안에서는 어떤 상실감과 박탈감으로도 앗아갈 수 없는 소망과 만족함과 풍성함을 누릴 수 있습니다. 주께서 주의 영원한 성령으로 충만하게 해주셨으니 일생 주의 도구로 온전히 사용되게 하시고 낙관적인 마음을 잃지 않게 해주소서. 주님, 저는 쉽게 망각하고 옛 생활을 그리워하는 육신을 가지고 있지만 여기 이 땅의 시간은 주님과 함께하는 삶의 아주 짧은 순간을 통과하고 있을 뿐임을 기억하며 늘 당신을 의지하겠습니다. 조금도 퇴색하지 않고 가치를 잃지 않을 축복의 유업을 당신은 제게 허락하셨습니다. 주님, 당신을 찬양합니다. 예수님의 이름으로 기도합니다. 아멘.

더 깊이 알아보기

빌 4:10-13 • 히 11:13-16 • 벧후 1:5-11

"그들이 이제는 더 나은 본향을 사모하니 곧 하늘에 있는 것이라 이러므로 하나님이 그들의 하나님이라 일컬음 받으심을 부끄러워하지 아니하시고 그들을 위하여 한 성을 예비하셨느니라"(히 11:16).

그룹 토의 질문

- 바울은 그리스도를 위해서라면 무엇을 잃을 각오까지 했는가? 당신은 어떤 대가를 치렀고 앞으로 치를 가능성이 있는가?
- 명예, 지위, 관계를 잃을 때 우리 정체성은 어떻게 검증을 받는가?
- 그리스도 안에 있는 우리 정체성을 알 때, 상실에 대한 우리 관점에는 어떤 변화가 생기는가?
- 우리의 영원한 집은 어디인가?

33장
항상 하나님께 영광을 돌릴 수 있다

> 만일 누가 말하려면 하나님의 말씀을 하는 것같이 하고 누가 봉사하려면
> 하나님이 공급하시는 힘으로 하는 것같이 하라
> 이는 범사에 예수 그리스도로 말미암아 하나님이 영광을 받으시게 하려 함이니
> 벧전 4:11

예수님은 어떤 환경에 처하시더라도 언제나 아버지께 영광을 돌리기를 원하셨다. 모든 일에 하나님을 높이고 찬양하는 자세를 일관되게 유지하며 사셨다. 자신이 하늘 아버지의 사랑을 받는 아들임을 아셨고 늘 성령과 하나 되어 행하셨다. 평생 죄를 알지 못하셨고 그분의 걸음을 가로막을 위선이나 성적 부도덕이나 미움을 품지 않으셨다.

매일 맞는 신선한 아침은 또 다른 진리를 가르치고, 누군가의 필요를 겸손하게 섬기며, 또다시 놀라운 기적을 일으키고, 절망적인 암울한 세상에 아버지의 신비한 속성의 새로운 면을 계시하는 기회가 되었다.

하나님의 아들은 아버지를 완벽하게 대변하고 영광을 돌리셨

으므로 성경은 예수님을 "하나님의 영광의 광채시요 그 본체의 형상"으로 묘사하고 있다(히 1:3). 어디에 있든지, 누가 함께 있든지, 혹은 상황이 얼마나 암울하든지 전혀 개의치 않고 개입하셨고, 진리의 빛을 비추어 주며 사랑을 쏟으셨으며, 직접적인 필요를 채워 주심으로 아버지께 영광을 돌려드렸다.

그분이 사람들과 매일 상호 교류하심으로 한결같이 드러난 결과를 잘 살펴보라.

"그들이 다 놀라 하나님께 영광을 돌리며"(막 2:12).
"모든 사람이 두려워하며 하나님께 영광을 돌려"(눅 7:16).
"온 무리는 그가 하시는 모든 영광스러운 일을 기뻐하니라"(눅 13:17).
"백성이 다 이를 보고 하나님을 찬양하니라"(눅 18:43).

하나님은 우리 예배를 받아 마땅하신 분이고 우리는 우리 삶으로 하나님을 예배하도록 창조되고 구원을 받았다. 그러므로 일상의 상황 속에서 내리는 결정으로 하나님을 영화롭게 하는 일보다 더 보람되고 영원한 가치를 지니는 것은 없다. 예수님은 이 일의 전문가셨고 우리 역시 이렇게 하나님께 영광을 돌릴 수 있도록 배우라고 부르고 계신다.

첫 설교에서 예수님은 제자들에게 "너희 빛이 사람 앞에 비치게 하여 그들로 너희 착한 행실을 보고 하늘에 계신 너희 아버지께 영광을 돌리게 하라"(마 5:16)라고 권면하셨다. 우리 자신에게

가 아니라 하나님께 영광을 돌리라고 권면하신 점을 유의해 보라. 이런 이유로 예수님은 종종 사람들이 모르게 선행을 행하라고 가르치셨다(마 6:1-6). 그분은 아버지께서 오롯이 영광을 받으시기를 원하셨다. 사람들이 그분을 진심으로 따르는 것인지 혹은 자신이 거짓 무고를 당하고 있는지 개의치 않으셨고, 사람들이 그분을 숭배하는지 맹렬히 비난하는지도 개의치 않으셨다. 그리스도는 언제나 아버지의 사랑을 받고 선택함을 받은 아들로 반응하시며 모든 상황에서 신실하게 아버지께 영광을 돌려드렸다.

자비와 사랑을 베푸심으로 아버지를 영화롭게 하셨을 뿐 아니라, 악을 대적하고 귀신을 쫓아내며 종교적 위선자들을 책망하고 탐욕스러운 환전꾼들을 성전에서 쫓아내실 때도 하나님께 영광을 돌리셨다. 예수님의 이런 조치를 원치 않았던 사람들은 예수님을 순순히 받아들일 마음이 없었다. 세상 사람들의 눈에는 예수님의 이런 방식이 매우 이상하게 보였을 것이다. 하지만 그때에는 바로 이런 예수님의 방식이 필요했다.

예수님은 아버지를 대변하기 위해서는 때로 숨은 악을 드러내고, 하나님의 뜻을 거스르는 교만한 자들을 치며, 사람들에게 외면당하는 사회적 소외자들의 친구가 되어 주고, 필요하면 사랑의 매를 들어야 함을 아셨다. 그분은 매일 그렇게 사셨다. 사람들에게 배신당하고 십자가에 못 박히시기 전 예수님은 아버지께 "아버지께서 내게 하라고 주신 일을 내가 이루어 아버지를 이 세상에서 영화롭게 하였사오니"(요 17:4)라고 기도하셨다.

제자들에게 배신당하고 부인당하며 거짓 무고에 심하게 맞고 버림을 받으셨음에도, 갈보리의 잔인한 십자가 형틀에서 극심한 고통을 받고 홀로 버림당하셨음에도 예수님은 끝까지 말과 행동으로 아버지께 영광을 돌려드렸다.

이제 수천 년이 흐른 지금, 예수님의 희생적 사랑의 삶은 어디에 살든지 모든 사람에게 가장 최고의 절대적 모범이 되고 있다. 세상에 미치신 그분의 영향력은 생존했던 어떤 인간과도 비교할 수 없을 정도로 강력하다. 무슨 일을 하든지 하나님께 영광을 돌리는 그분의 삶의 방식은 실제로 하나님이 우리 각자에게 일생동안 본받고 실천하기를 원하시는 방식이다.

"그런즉 너희가 먹든지 마시든지 무엇을 하든지 다 하나님의 영광을 위하여 하라"(고전 10:31).

우리 역시 하늘에 계신 우리 아버지의 사랑을 받는 자녀이자 은혜와 용서와 구원을 받은 새로운 피조물로서, 풍성한 유업과 성령의 능력을 받은 자로서 우리 주 예수 그리스도를 겸손하게 온 마음으로 따르며 하늘에 계신 우리 아버지 하나님을 본받아 사랑하며 살아가도록 부르심을 받았다.

그분의 생명을 환하게 드러내며 그분의 말씀에 순종하고 그분의 진리를 삶으로 살아내도록 부르심을 받았다.

모든 상황에서 그분의 성품을 높이며 반영하도록 부르심을 받았다.

다른 사람들이 개인적인 상황에서 하나님을 경험하고 알게 도우도록 부르심을 받았다.

이런 소명은 견디기 지루한 짐이거나 거부하고 싶은 종교적 허드렛일이 아니다. 가장 위대한 삶을 살라는 초청이다. 우리는 인생의 모든 좋은 것을 주시는 놀랍고 신비로운 주님을 섬긴다. 그분은 "생명을 얻게 하고 더 풍성히 얻게" 하려고 오셨다(요 10:10). 영원하며 전체적인 시각으로 우리 삶을 보실 수 있는 그분은 공허하고 자기중심적이며 악하고 죽어있어서 소모적으로 살 수밖에 없는 삶에서 우리를 건져내셔서 하늘에 계신 그분을 찬양하는 새롭고 영광스러운 삶을 살게 해주셨다. 그분은 의미 있는 강력한 경험으로 우리를 손짓해 부르시고 영원히 변화되도록 인도해 주신다.

우리는 주일에 교회에서나 세상이 우리를 보고 있을 때뿐 아니라 날마다 모든 일에서 항상 하나님의 은혜와 사랑을 대변하도록 부르심을 받았다. 아무리 상황이 어렵고 엉망이라도, 아무리 까다로운 사람들을 대할 때라도 그 은혜와 사랑을 드러내야 한다. 사탄과 세상과 우리 육신은 이렇게 사는 것이 불가능하고 지루하며 따분할 것이라고 말한다. 하지만 사실은 정반대다. 하나님은 바로 이런 삶을 살도록 우리를 준비시키고 훈련시키셨다.

그리스도인들은 미지근하고 그저 그런 공허한 삶에 안주할 때가 너무나 많다. 주일에 잠시 하나님을 예배한 다음, 주중에는 자신의 쾌락과 영광을 위해 살아간다. 삶의 전 영역에서 주님을 인정하는 것이 아니라, 일신이 편안할 때만 예수님을 주님으로 인정하고 곤란하고 불편하거나 희생이 필요할 때는 절대 주님으로 인정하지 않는 식으로 믿음을 분할해서 행사한다.

하지만 주님을 따르면 진정한 자유에 눈을 뜰 수 있다. 죄에서 자유할 수 있는 것은 물론이고, 위선과 무성의에서도 자유할 수 있다. 불성실한 동기, 종교적 행위에서도 자유할 수 있다. 남들에게 잘 보이려고 하거나 남들보다 뛰어나야 한다는 강박에서도 자유할 수 있다. 나아가 하나님과 친밀한 교제를 누리며, 하나님의 사랑을 받고, 좋을 때나 어려울 때나 하나님을 드러내는 자유를 누릴 수 있다.

언제라도 우리는 그리스도 안에서 이 자유를 누릴 수 있다. 언제나 자유로운 삶을 살 수 있다.

이 자유를 우리는 그분에게서 유업으로 받았다. 그렇게 해서 우리는 하나님을 온전히 알고 온전히 그분을 드러낼 수 있다.

구원을 받기 전에 우리는 이런 일을 하기에 전혀 준비되어 있지 않았지만, 이제 우리 안에서 능력으로 역사하시는 분과 우리가 지금 그분 안에서 가지는 정체성으로 인해 이 일에 필요한 모든 것을 완벽하게 공급받을 수 있게 되었다(하루 종일 일관되게 밀착 상태로).

삶으로 하나님을 영화롭게 하는 데 온전히 헌신하면 우리가 행하는 모든 일이 더 중요하고 가치 있는 수준으로 격상된다. '영광(glory)'과 '영광을 돌리다(glorify)'라는 단어는 그리스도인들이 가끔 기도하고 말할 때 언급하는 추상적인 단어이지만, 실제 생활 속에서 적용하지 않으면 이해하기가 어려울 수 있다. 첫째, 하나님의 '영광'은 하나님의 경이로운 속성이 표현되거나 드러날 때 나타난다. 하나님의 신비한 성품이 공개적으로 드러날 때 하나님의 영광이 나타나는 것이다. 하나님이 특정한 상황에 나타나셔서 자신을 비추실 때 우리는 그 영광을 볼 수 있다. 우리가 범죄한 후 사랑과 자비를 베푸시거나, 상황을 바로잡고 완벽한 정의를 시행하시거나, 필요를 채워 주는 은혜를 베푸시거나, 혹은 곤경에서 보호하고 건져 주시는 능력을 보이시는 경우가 여기에 해당한다.

그분의 영광은 하나님의 무한한 능력과 위엄과 사랑을 드러낸다. 이렇게 영광 가운데 드러난 하나님의 능력과 위엄과 사랑은 말씀을 통해 자신에 대해 계시하셨던 속성과 일치한다. 단언컨대 우리는 이 영광의 아주 일부만 맛보았을 뿐이다. 성경은 하나님이 "하늘 위에 높이 들리시며 주의 영광이 온 세계 위에" 높아진다고 말한다(시 57:5). 항상 드러나 있는 하나님의 영광을 조금이나마 맛보고 싶다면 별이 빛나는 밤에 밖으로 나가 하늘을 올려다보라.

그러나 '영광을 돌리다'라는 단어는 어떤 일이나 사람이 눈앞에 드러난 영광을 찬양하거나 드높일 때 사용된다. 하나님이 출애굽기에서 홍해를 가르시자 그분의 영광이 아름답고 찬란하게 빛났고, 이스라엘 백성들은 그 일로 노래를 부르며 하나님을 예배하고 찬양하면서 하나님께 영광을 돌렸다. 하나님이 아브라함에게 수풀 속에 숫양을 준비해 주셨을 때 필요를 채워 주시는 완벽한 부양자로서 그분의 영광이 드러났다. 그리고 아브라함이 하나님을 '여호와 이레'라고 부르며 찬양을 돌릴 때 그는 하나님의 나타난 영광에 대해 영광을 돌려드렸다.

성경을 보면 예수님이 친구 나사로가 병들었다 하는 말을 듣자 제자들에게 이렇게 말씀하셨다고 한다. "이 병은 죽을 병이 아니라 하나님의 영광을 위함이요 하나님의 아들이 이로 말미암아 영광을 받게 하려 함이라"(요 11:4). 예수님이 "나사로야 나오라"라고 큰 소리로 부르실 때 죽은 친구가 무덤에서 나오는 것을 그 현장에서 보았다면 "내 말이 네가 믿으면 하나님의 영광을 보리라 하지 아니하였느냐"(40절)라는 예수님의 말씀이 무슨 뜻인지 정확히 이해했을 것이다.

명령으로 나사로를 무덤에서 살리시는 예수님의 부활의 능력을 사람들이 직접 눈으로 확인하면서 하나님의 영광이 드러났다. 예수님의 놀라운 정체성의 또 다른 면을 이렇게 해서 볼 수 있었다. 그 기적을 보았을 때 모든 사람이 하나님께 영광을 돌려드렸고 하나님은 그 일로 영광을 받으셨다. "부활이요 생명"이신 분(요 11:25)의 신비한 능력이 사람들에게 공개적으로 드러났다.

그러나 이것으로 끝이 아니었다. 예수님이 그들이 사는 베다니로 돌아가시자 그들은 예수님을 위해 잔치를 베풀었고 나사로가 그 자리에 함께 참석했다. 나사로는 하나님의 영광에 대한 살아있는 증거나 마찬가지였다. 나사로의 누이인 마리아가 "지극히 비싼 향유 곧 순전한 나드 한 근을 가져다가 예수의 발에 붓고 자기 머리털로 그의 발을 닦으니 향유 냄새가 집에 가득"했다(요 12:3).

마리아는 향기로운 제물을 드렸다. 오빠의 부활로 하나님의 영광을 경험한 그녀는 달콤한 향유를 부어 드렸다. 공기 중에 가득한 향은 예수님과 그분이 행하신 놀라운 이적을 찬양하고 그 영광을 드높였다. 마리아는 이런 향기로운 찬양으로 주님의 영광을 높이고 또한 영광을 돌려드릴 수 있었다.

마찬가지로, 우리 예배는 하나님께 영광을 돌리는 한 가지 방법이지만 유일한 방법은 아니다. 바울은 우리가 모든 사람에게, 다시 말해 "구원 받는 자들"에게나 "망하는 자들"에게나 "그리스도의 향기"라고 말했다(고후 2:15). 그러므로 그리스도께서 우리를 사랑하시고 자신을 주신 것같이 우리도 사랑 가운데 행하면, 사람들에게 그분의 희생적 사랑을 알리고 "향기로운 제물과 희생제물로 하나님께" 드려진 데 대해 그분에게 영광을 돌리게 된다(엡 5:2).

따라서 우리가 하나님의 속성이나 하나님의 놀라운 행적을 자신이나 서로에게 확인하며 하늘에 계신 우리 아버지를 찬양할 때마다 하나님은 영광을 받으신다. 그분의 성품과 위대한 이름을 예배할 때나 그분의 선하심을 드러내며 찬양하거나 은혜의 복음을 선포할 때마다 영광을 받으신다. 원수를 사랑하고 우리를 학대한 자들을 용서할 때도 하나님은 영광을 받으신다. 그렇게 할 때 우리는 예수님을 닮아가고 하늘에 계신 우리 아버지께 영광을 돌려드릴 수 있다. 이렇게 하나님이 우리를 통해 영광을 받으시는 방법은 수없이 많다. 매일 매순간이 하나님께 영광을 돌려드릴 수 있는 또 다른 기회가 된다.

사람들에게 하나님을 알리거나, 우리를 위해 행하신 일들을 거리낌 없이 나누거나, 그분의 이름으로 남들을 섬길 때도 마찬가지다. 하나님은 항상 이렇게 영광을 받으신다고 베드로는 말했다(벧전 4:11). 성적으로 성결하게 행할 때 우리는 하나님이 우리 몸의 주인 되심과 그분의 성전인 우리 몸에 내주하심을 존중하는 셈이 될 것이다. "값으로 산 것이 되었으니 그런즉 너희 몸으로 하나님께 영광을 돌리라"(고전 6:20).

에베소서 마지막 3장은 우리에게 사랑을 부어 주시고 영광스러운 은혜를 부어 주심으로 현재 그리스도 안에서 누리는 모든 것을 가능하게 해주신 분께 영광을 돌리고 찬양하는 순간순간의 기회를 소개하고 있다.

거짓으로 무고를 당하고, 친구에게 배신을 당하거나, 조롱을 받거나, 학대를 당하는 암울하고 절망적인 나날도 예외가 아니다. 우리는 그리스도의 모범을 따라 원수를 사랑하고, 우리를 괴롭히는 이들을 위해 기도하며, 용서를 받은 대로 용서하며, 우리를 사랑하시고 대신 죽으신 분을 드러내며 사랑으로 행함으로 하나님께 영광을 돌릴 수 있다.

어떤 상황에 처하더라도 그 누구도 하나님께 영광을 돌릴 기회를 훔쳐가거나 가로막을 수 없다. 다른 이들에게 죄를 짓고 피해를 입혔다 하더라도, 회개하고 죄를 고백하며 피해를 입은 사람들과 관계를 회복함으로 하나님의 은혜와 자비를 찬양하고 영광을 돌려드릴 수 있다.

겸손하고 온유하게 행할 때 온유하시며 우리를 위해 스스로 낮아지신 그리스도를 드러내게 된다(마 11:29). 우리를 괴롭히는 사람들에 대해 인내하고 오래 참을 때 자비하시며 우리에 대해 오래 참으시는 하나님을 따라가게 된다(롬 2:4). 성령의 하나 되게 하심을 지키고 평화를 지킬 때 우리로 그와 화평을 누리게 하시며 스스로 하나이신 하나님께 영광을 돌려드릴 수 있다(롬 5:1). 매일 하나님의 영광을 위해 살아야 한다. 우리는 하나님을 영화롭게 할 수 있다.

언제라도.

"항상 기뻐하라 쉬지 말고 기도하라 범사에 감사하라 이것이 그리스도 예수 안에서 너희를 향하신 하나님의 뜻이니라"(살전 5:16-18).

이제부터는 지금 하는 일이 시간 낭비라거나, 주어진 책무로 노예처럼 얽매여 살 수밖에 없다거나, 고난과 고통 속에서 자신의 가치가 훼손되고 있다는 식으로 생각하지 말자. 그 어떤 것도 오늘 우리의 생각과 태도나 말과 기도로, 나아가 이제 내려야 할 결정으로 하나님을 구하고 영광을 돌리기를 원하는 우리를 막을 수 없다. 그분 안에서 우리는 우리에게 필요한 모든 것을 공급받을 수 있다. 그분과 동행하며, 그분 안에서 우리의 정체성을 흔들림 없이 확신하고, 우리에게 주신 하나님의 자원을 의지하며 살아가자. 그렇게 해서 하루하루를 넓게 펼쳐진 깨끗한 도화지처럼 생각하고, 커튼을 활짝 열어 이 세상에 예수의 생명이라는 빛을 비추며, 하나님의 위대하고 비길 바 없는 영광의 삶으로 초상화를 그려 나가자.

하나님이여 영광을 받으소서!

＊ ＊ ＊

하나님 아버지, 오늘 주님을 예배함으로 영광을 돌려드리고 제가 하는 일로 영광을 돌려드리기를 원합니다. 주님이 제게 행하신 놀라운 일을 전하고 주님이 제게 얼마나 존귀한 분인지 알리기를 원합니다. 주를 높이며 주의 선하심과 지혜를 찬양하고 주의 사랑과 놀라운 긍휼을 찬양합니다. 다가오는 모든 날에도 늘 예수를 닮아가게 도와주시고 입술과 마음과 삶으로 주께 영광을 돌리게 하옵소서. 헤아릴 수조차 없는 영광스러운 방법으로 주를 찬양할 수 있도록 이 일생의 선물을 주셔서 감사합니다. 예수님의 이름으로 기도합니다. 아멘.

더 깊이 알아보기

시 66편 • 요 17:1-5 • 벧전 2:11-12

"하나님께 아뢰기를 주의 일이 어찌 그리 엄위하신지요 … 하나님을 두려워하는 너희들아 다 와서 들으라 하나님이 나의 영혼을 위하여 행하신 일을 내가 선포하리로다"(시 66:3, 16).

그룹 토의 질문

- 예수님은 모든 환경에서 어떻게 아버지께 영광을 돌리셨는가?
- 우리는 어떻게 하나님께 영광을 돌릴 수 있는가?
- 나사로나 마리아를 통해서 하나님은 어떻게 영광을 받으셨는가?
- 어떤 환경에서도 하나님께 영광을 돌릴 수 있는 방법은 무엇인가?

생활 태도에 대한 에베소서의 8가지 권면

다음은 에베소서 5장 15-21절에 나오는 매우 실용적인 생활 방식으로, 우리 각자가 일상생활에서 하나님께 영광을 돌려드리는 데 도움이 된다.

성경에서 하나님의 사랑을 받는 자녀들이 해서는 안 된다고 말하는 4가지

15절	부주의하게 행하지 말라	하루하루를 목적의식을 가지고 지혜롭게 행하라
16절	시간을 허비하지 말라	기회를 최대한 활용하라
17절	어리석게 행하지 말라	주의 뜻이 무엇인지 분별하고 실천하라
18절	술 취하지 말라	하나님의 성령으로 충만할 때 얻는 기쁨을 누리라

성경에서 하나님의 사랑을 받는 자녀들이 꼭 해야 한다고 말하는 4가지

19절	서로 화답하라	하나님을 찬양하는 말로 서로를 세우라
19절	찬송하라	목소리와 악기로 하나님을 찬양하라
20절	감사하라	모든 환경에서 하나님이 하시는 모든 일에 감사하라
21절	섬기라	자기중심적으로 살지 말고 서로 복종하며 지지하라

34장
끝까지 진실하라

*우리는 뒤로 물러가 멸망할 자가 아니요
오직 영혼을 구원함에 이르는 믿음을 가진 자니라
히 10:39*

누군가를 사랑하는 가장 확실한 행동을 하나 꼽는다면 심판의 날에 대비하도록 돕는 것이다. 이 땅에 살았거나 살고 있는 사람은 누구나 이 두려운 날을 향해 나아가고 있다. 모두 동등하게 이 일을 맞닥뜨릴 것이다. 모두가 궁극적으로 이 현실과 직면할 것이다. 어디로도 피할 수 없다. 누구에게도 탓을 돌릴 수 없다. 이 일을 미루고 다시 돌아가서 대비할 방법도 없다. 종말은 올 것이다. 생명의 책을 펼 날이 올 것이며 하나님 앞에서 위탁받은 인생을 어떻게 살았는지 직고할 날이 올 것이다(계 20:11-15).

영원은 오직 하나의 길로만 지나간다. "이는 우리가 다 반드시 그리스도의 심판대 앞에 나타나게 되어 각각 선악간에 그 몸으로 행한 것을 따라 받으려 함이라"(고후 5:10). 이 심판의 날에 하나님은 "어둠에 감추인 것들을 드러내고" 우리 마음의 동기를 밝혀내실 것이다(고전 4:5). 예수 그리스도는 우리가 했던 말(마 12:36)과 했던 행동(롬 2:5-8)을 심판하실 것이다.

이 최후의 심판은 사람들에게 경각심을 주기 위한 종교적 비유가 아니다. 모든 일에 정의를 실현하실 거룩한 하나님이 확정하신 미래의 사실이다(렘 9:24). 우리 양심은 이 심판을 본능적으로 인정하고 있다(롬 2:15). 우리도 각기 우리 자신의 죄성을 의식하면서 악한 불의가 드러나고 처벌받으며, 정의가 바로 서고, 무고한 희생자들이 신원을 받으며, 선행이 보상을 받기를 내면에서 갈망하고 있다. 이 모든 일은 그리스도께서 심판자로 앉으실 때 이루어질 것이다.

세상에서 가장 지혜로운 왕인 솔로몬은 "일의 결국을 다 들었으니 하나님을 경외하고 그의 명령들을 지킬지어다 이것이 모든 사람의 본분이니라 하나님은 모든 행위와 모든 은밀한 일을 선악간에 심판하시리라"(전 12:13-14)라는 말로 모든 조언을 마무리했다.

그러나 유한한 인생 여정을 최종 결산하는 이 최후의 심판 자리에서도 우리 정체성에 따라 모든 결과가 좌우될 것이다. 그리스도를 떠나서는 누구도 의롭지 않고 무죄하지 않으므로 그 이름이 "어린 양의 생명책에 기록된" 이들만이 이 이후의 세계로 들어가도록 허락을 받을 것이다(계 21:27). 우리의 영원한 운명은 우리가 누구인가에 달려 있다(딛 3:5-7).

하나님의 말씀은 "아들을 믿는 자에게는 영생이 있고 아들에게 순종하지 아니하는 자는 영생을 보지 못하고 도리어 하나님의 진노가 그 위에 머물러 있느니라"(요 3:36)라고 말한다.

최후의 심판에 대한 개념이 끔찍하게 들릴 수 있겠지만 (그리고 실제로 자기 자신이나 자신의 업적으로 자기 정체성을 확인하는 사람들은 당연히 그렇게 받아들여야 하지만) 성경은 우리가 그리스도 안에 거하면 담대하게 이 두렵고 무서운 날을 맞이할 수 있다고 말한다. 그렇다. '담대하게' 맞을 수 있다. 사도 요한은 "이제 그의 안에 거하라 이는 주께서 나타내신 바 되면 그가 강림하실 때에 우리로 담대함을 얻어 그 앞에서 부끄럽지 않게 하려 함이라"(요일 2:28)라고 말했다. 요한은 이 심판을 생각하며 사랑으로 행하고 주님을 늘 가까이하라고 권면했다.

그는 이렇게 썼다. "하나님은 사랑이시라 사랑 안에 거하는 자는 하나님 안에 거하고 하나님도 그의 안에 거하시느니라 이로써 사랑이 우리에게 온전히 이루어진 것은 우리로 심판 날에 담대함을 가지게 하려 함이니 주께서 그러하심과 같이 우리도 이 세상에서 그러하니라"(요일 4:16b-17).

예수님은 당연히 의롭게 사셨고, 희생적으로 사랑하셨으며, 모든 삶으로 아버지를 기쁘게 해드렸다. 완전하게 순종하시고, 신실하게 사랑하셨으며, 하나님의 모든 율법을 온전히 이루셨다. 죄도 없으셨고 어떤 결함도 없으셨다. 그러므로 당연하겠지만 아버지께서는 예수님이 세상의 인생을 마무리하시자 즉각 하늘로 그를 받아들이셨다(히 4:14). 심판 날에 그분 안에서 발견되는 우리도 동일한 결과를 얻게 될 것이다. 그리스도의 의가 우리의 의이기 때문이다(빌 3:9). 우리 노력으로 이 의를 얻은 것이 아니다. 그것은 하나님의 은혜의 선물로 우리에게 주어진 것이다(롬 5:17).

그리스도 안에서 우리는 "하나님을 따라 의와 진리의 거룩함으로 지으심을 받은 새 사람을" 입을 수 있다(엡 4:24). 이런 이유로 그리스도는 우리를 "티나 주름 잡힌 것이나 이런 것들이 없이 거룩하고 흠이 없게" 하시고 당당히 내세우실 수 있다(엡 5:27). 이것은 하나님의 사랑을 받는 자녀로서 우리가 받을 유업의 일부다.

그러므로 이제 이 책을 마무리하는 이 시점에서, 이 세상에서의 여생과 하나님과 함께할 영원한 미래를 내다보는 이 상황에서 "하나님의 날이 임하기를 바라보고 간절히 사모"하는 우리는 "어떠한 사람이 되어야"(벧후 3:11-12) 마땅한가?

바울은 "자다가 깰 때가 벌써 되었으니 이는 이제 우리의 구원이 처음 믿을 때보다 가까웠음이라 밤이 깊고 낮이 가까웠으니 그러므로 우리가 어둠의 일을 벗고 빛의 갑옷을 입자"(롬 13:11-12)라고 말했다. 베드로는 "만물의 마지막이" 빠르게 다가오고 있으므로 "너희는 정신을 차리고 근신하여 기도하라"고 덧붙였다(벧전 4:7).

달리 말해 매우 **엄중한** 시간이라는 말이다. 인생은 아침 햇살에 사라지는 안개와 같다. 시간은 짧고 덧없다. 지금 당장 최후의 심판의 날을 준비하라. 영원을 늘 되새기며 살아가라.

"주를 향하여 이 소망을 가진 자마다 그의 깨끗하심과 같이 자기를 깨끗하게 하느니라"(요일 3:3). 그러나 눈을 부릅뜨고 우선순위를 지키며 열정적으로 매일매일 살아가면서 이웃을 변함없이 진심으로 사랑하는 가운데 "마음에 허리를 동이고" 근신한다 하더라도 "예수 그리스도께서 나타나실 때에 너희에게 가져다 주실 은혜를 온전히" 바라야 한다(벧전 1:13). 주께서 약속대로 이루어 주시며 말씀하신 대로 행하실 것을 믿으라. "너희 안에서 착한 일을 시작하신 이가 그리스도 예수의 날까지 이루실 줄을 우리는 확신하노라"(빌 1:6).

그러나 그분이 우리 안에 착한 일을 이미 시작하셨다는 사실을 확실히 믿고 신뢰하는 것이 중요하다. 성경에는 누군가가 하루만 기도하면, 그리스도와 영원히 등지고 죄를 회개하지 않고 주님 없이 죽더라도 영원한 생명을 기대할 수 있다는 내용이 전혀 나오지 않는다. 구원은 우리의 착한 행실이 아니라 오직 그리스도를 믿는 믿음으로 얻는다. 그러나 참 구원을 얻는 믿음은 끝까지 순종하며 영원히 그를 등지지 않는 믿음이다. 성경에는 이와 관련된 경고가 심심찮게 보인다.

"미쁘다 이 말이여 우리가 주와 함께 죽었으면 또한 함께 살 것이요 참으면 또한 함께 왕 노릇 할 것이요 우리가 주를 부인하면 주도 우리를 부인하실 것이라 우리는 미쁨이 없을지라도 주는 항상 미쁘시니 자기를 부인하실 수 없으시리라"(딤후 2:11-13).

그래서 우리는 그리스도만을 우리의 유일한 희망이자 자비로운 구주로 늘 가까이한다. 그리스도 외에는 구원을 받을 다른 방법이 없고 우리 죄를 대속할 분이 없음을 확실히 알기 때문이다.

"우리가 진리를 아는 지식을 받은 후 짐짓 죄를 범한즉 다시 속죄하는 제사가 없고 오직 무서운 마음으로 심판을 기다리는 것과 대적하는 자를 태울 맹렬한 불만 있으리라"(히 10:26-27). "그러나 하나님의 견고한 터는 섰으니 인침이 있어 일렀으되 주께서 자기 백성을 아신다 하며 또 주의 이름을 부르는 자마다 불의에서 떠날지어다 하였느니라"(딤후 2:19).

그렇다면 당신은 어떤가? 이 책을 덮으면서 앞으로 당신에게 매우 희망적이고 즐거운 나날들이 펼쳐지기를 바란다. 그러나 먼저, 이 세상에서나 영원에서 최고의 삶을 살아가도록 하기 위해 진심 어린 관심과 사랑으로 다시 한 번 묻고자 한다. 예수 그리스도를 진정으로 당신의 주님으로 모시고 있는가?

죄에서 진심으로 돌이켜 회개하고 그분을 믿으며 그분이 우리를 용서하시고 영생을 주시려고 죽으시고 부활하셨음을 믿는가? 이 질문에 그렇다고 대답했다면 인생에 실제적 변화가 일어났는가? 그리고 믿음과 사랑과 순종의 증거를 지속적으로 보여 주었는가?(약 2:17-26). 갈수록 퇴색하는 공허하고 일시적인 종교적 결단에 지나지는 않았는가? 아니면 진정으로 그분을 믿고 마음으로 돌이켜 순종하며 시간이 흐를수록 더욱 주를 의지하는 결실로 나타나고 있는가?

후자라면 "한 번 빛을 받고 하늘의 은사를 맛보고 성령에 참여한 바 되고 하나님의 선한 말씀과 내세의 능력을 맛보고도" 타락하여 죽음으로 향하는 자들에 해당하지 않는다(히 6:4-6). 당신은 자신을 "미쁘신 창조주"께 의탁하였고(벧전 4:19) "큰 상을 얻게"

하는 "담대함을 버리지" 않을 것이다(히 10:35). 요한이 "그들이 나간 것은 다 우리에게 속하지 아니함을 나타내려 함이니라"(요일 2:19)라고 말한 사람들에 해당하지도 않을 것이다. 우리 아버지께서는 그분의 품에서 그분의 사랑하는 자녀들이 벗어나지 않도록 자기 아들의 보배로운 피를 흘리게 하실 정도로 우리에게 과분한 투자를 하셨다.

예수님은 그분의 백성들에 대해 "내가 그들에게 영생을 주노니 영원히 멸망하지 아니할 것이요 또 그들을 내 손에서 빼앗을 자가 없느니라"(요 10:28)라고 말씀하셨다. 우리는 "나는 아직 내가 잡은 줄로 여기지 아니하고 오직 한 일 즉 뒤에 있는 것은 잊어버리고 앞에 있는 것을 잡으려고 푯대를 향하여 그리스도 예수 안에서 하나님이 위에서 부르신 부름의 상을 위하여 달려가노라"(빌 3:13-14)라고 말한 바울처럼 될 수 있다.

예수님이 "내 아버지께 복 받을 자들이여 나아와 창세로부터 너희를 위하여 예비된 나라를 상속받으라"(마 25:34)라고 말씀하시는 날 하나님의 자녀들이 느낄 안도와 확신을 지금 바로 소망으로 누릴 수 있다. 이날을 두려워하지 않고 오히려 "성령으로 믿음을 따라 의의 소망을" 기다리는(갈 5:5) 과거의 성도들처럼 간절히 이 소망을 기다릴 수 있다.

우리 중 많은 이들이 여전히 우리가 이 소망대로 살지 못하고 있다는 자괴감을 버리지 못하고 있으며, 영적으로 가야 할 길이 너무나 멀고 아득하며 필요한 훈련은 아무리 해도 모자란다고 느끼며 살아간다. 감사하게도 이전에 짓던 많은 죄에서 벗어났지만 이제는 다른 죄들이 깨어진 틈으로 계속해서 침투할 틈을 엿보며 끊임없이 노리고 있다(요일 1:8-10; 롬 7:17). 때로는 빙판에서 서너 번이나 넘어진 후 최악을 예상하며 심사원들의 점수 집계를 허탈하게 기다리는 아이스 스케이팅 선수처럼 느껴진다.

실수와 잘못으로 얼룩진 과거 때문에 하나님 앞에서 자신의 위치에 대해 확신이 서지 않을 수도 있다. 내가 과연 순종하고 죄를 이기며 부르심에 합당하게 행할 수 있는지 자신에 대해 여전히 많은 의심을 하고 있을 수도 있다. 그러나 우리 정체성은 우리 감정이나 행위로 결정되지 않는다. 우리 정체성은 예수님과 그분의 삶과 죽음과 부활을 믿는 믿음의 결과다. 하나님이 그분을 통해 우리에게 값없이 주시는 구원과 의에서 우리 정체성을 확인할 수 있다(롬 10:10).

그러므로 성경은 우리 "속량이 가까웠으니" 우리 머리를 들라고 말한다(눅 21:28). "능히 너희를 보호하사 거침이 없게 하시고 너희로 그 영광 앞에 흠이 없이 기쁨으로 서게 하실 이"(유 24)를 바라보라고 말한다.

우리 소망은 우리에게 있지 않다. 우리는 우리 자신을 구원할 수도 없고 구원을 유지할 수도 없다. 그러므로 믿음으로 행하며 믿음의 주요 완전하게 하시는 그리스도만을 바라보아야 한다(히 12:2). 예수님은 "자기를 힘입어 하나님께 나아가는 자들을 온전히 구원하실 수 있으니 이는 그가 항상 살아 계셔서 그들을 위하여 간구"하신다(히 7:25).

그분의 희생과, 우리 인생에 그분이 이미 하신 일과, 우리에게 베푸신 그분의 은혜와, 우리 안에 계시는 성령으로 인해 이제 우리는 그리스도 안에서 우리 정체성에 부합한 삶을 살 수 있다. 소망으로 가득하며, 모든 선한 일에 열매를 맺고, 하나님의 영광을 위해 살며, 마지막 날에 하나님께 충성되고 진실한 자로 발견될 날을 고대할 수 있다.

이런 삶은 우리 인생을 살아가는 가장 위대하고 보람된 방법일 뿐 아니라, 최후의 심판을 준비할 수 있는 최고의 방법이기도 하다. 그러므로 이 사실을 염두에 두고 날로 퇴색해갈 인생의 달력에서 여생이 하루하루 지워져갈 동안, 우리 하나님 아버지께서 우리 각 사람을 도와주셔서 그분의 사랑받는 자녀로서 전심을 다해 살아가며 사랑과 진리로 행하도록 해주시기를 기도한다.

죄로 죽었던 우리의 옛 생명의 더럽고 냄새나는 모든 방해물을 벗어던지고 그리스도 안에서 우리의 새 생명의 깨끗하고 새로운 옷과 영적 갑옷을 입고 다시는 뒤돌아보지 않도록 하자.

성령 안에서 행하는 법을 배울수록 우리 육신의 악한 욕망에 더 이상 휘둘리지 않을 것이다. 더 이상 악에 굴복할 필요가 없을 것이다. 우리는 이제 그분 안에서 우리 정체성과 주신 능력으로 선으로 악을 이길 수 있다. 주 안에서 강할 수 있고 그분의 영광스러운 힘의 권능으로 살아갈 수 있다(엡 6:10-12).

그러므로 그분으로 인하여, 그분 안에 있는 우리의 정체성과 허락된 능력으로

- 굳게 서서 사탄의 정죄와 공격과 계략에 맞서 싸우자.

- 예수를 통해 아버지께 거리낌 없이 나아갈 수 있음을 알고 담대히 기도하자.
- 깜깜한 어둠 속에서 그의 빛으로 어둠을 밝히며 진리를 증거하자.
- 생각이나 말이나 관계에서 우리 아버지를 닮아가며 부르심에 합당하게 행하자.
- 복음을 전파하고 모든 열방을 제자로 삼으며 부지런히 일하자.
- 성령께서 우리 안에 계시며 매일 우리에게 힘을 주심을 알고 승리의 삶을 살아가자.

그러면 우리도 사도 바울처럼 마지막 날에 이렇게 선언할 수 있다.

"나는 선한 싸움을 싸우고 나의 달려갈 길을 마치고 믿음을 지켰으니 이제 후로는 나를 위하여 의의 면류관이 예비되었으므로 주 곧 의로우신 재판장이 그 날에 내게 주실 것이며 내게만 아니라 주의 나타나심을 사모하는 모든 자에게도니라"(딤후 4:7-8).

하나님이 우리에게 주신 약속은 마지막 날에 확실히 이루어지지만, 오늘 지금 우리 마음속에서도 효력을 발휘하고 있다. 우리가 누구인지 혹은 우리가 그분 안에서 가지고 있는 유업을 알기 위해 그분 앞에 설 때까지 기다릴 필요가 없다(요일 5:13; 빌 3:20-21).

그리스도 안에서 우리는 사랑받고 용납하심을 얻었으며 축복과 용서하심을 받았다. 그리스도 안에서 우리는 인치심을 받아 강하고 거룩하며 흠이 없다. 그분 안에서 우리는 아버지와 화평을 누리며 그분에게 나아갈 수 있고 아들과 교제를 누리며 성령으로 풍성하고 영광스러운 유업을 받을 수 있다. 그분 안에서 우리는 하나님의 거처가 되며 우리는 영원히 그분과 함께 거할 것이다. 이 모든 것으로 하나님께 영광을 돌려드릴 수 있다!

이것이 바로 우리다. 우리의 **정체성**이다.

하나님이여, 영광을 받으소서!

* * *

주님, 주님이 부어 주시는 자비와 용서하심과 은혜가 과분할 따름입니다. 저의 인생과 미래가 주의 강하신 손에 있으니 찬양을 드립니다. 구원과 영원한 생명을 주시니 오직 예수 그리스도의 십자가만을 붙들고자 합니다. 저의 정체성과 하늘의 보상에 대해서는 주님의 변치 않은 은혜만을 의지하려 합니다. 영원에 비추어 저의 모든 삶을 구속해 주소서. 어떤 일이 있더라도 오직 주님만을 바라보게 해주소서. 주의 성령으로 저를 매일 인도해 주시고, 믿음에 닻을 내리도록 도와주시며, 소망이 흔들리지 않게 해주시고, 사랑을 포기하지 않게 해주소서. 주 예수여, 속히 오소서. 그 영광스러운 날이 이를 때까지 제 인생을 주의 영광을 위해 온전히 사용해 주소서. 예수님의 이름으로 기도합니다. 아멘.

더 깊이 알아보기

살전 5:4-11 • 히 12:1-2 • 계 14:1-5

"평강의 하나님이 친히 너희를 온전히 거룩하게 하시고 또 너희의 온 영과 혼과 몸이 우리 주 예수 그리스도께서 강림하실 때에 흠 없게 보전되기를 원하노라 너희를 부르시는 이는 미쁘시니 그가 또한 이루시리라" (살전 5:23-24).

그룹 토의 질문

- 하나님의 마지막 심판이 인생을 살아가는 태도에 어떤 영향을 미치는가? 하나님은 무엇을 심판하시는가? 누가 심판을 받는가?
- 신앙을 버리고 그리스도를 떠난 사람들은 어떤 면에서 유다와 같은 운명에 처하는가?
- 인생이 끝날 때까지 그리스도 안에 굳게 서기 위해 우리가 할 수 있는 일은 무엇인가?

그리스도인의 정체성을 말하다

1판1쇄 인쇄 2023년 1월 25일
1판1쇄 발행 2023년 1월 30일

지은이 알렉스 켄드릭, 스티븐 켄드릭
옮긴이 김진선
발행인 조애신
편집 이소연
디자인 임은미
마케팅 전필영, 권희정
경영지원 전두표

발행처 도서출판 토기장이
주소 서울시 마포구 동교로 71-1 신광빌딩 2F
출판등록 1998년 5월 29일 제1998-000070호
전화 02-3143-0400
팩스 0505-300-0646
이메일 tletter77@naver.com
인스타그램 togijangi_books_

ISBN 978-89-7782-486-7

- 이 책은 저작권 법에 따라 보호를 받는 저작물이므로 무단 전재와 무단 복제를 금합니다.
- 이 책의 전부 또는 일부를 이용하려면 반드시 저자와 도서출판 토기장이의 동의를 받아야 합니다.

도서출판 토기장이는 생명 있는 책만 만듭니다.
"우리는 진흙이요 주는 토기장이시니 우리는 다 주의 손으로 지으신 것이니이다" (이사야 64:8)